海外公共安全与合作评估报告（2022）

ANNUAL REPORT ON OVERSEAS PUBLIC SECURITY AND COOPERATION（2022）

主　编◎张蕴岭
副主编◎张　洁

世界知识出版社

图书在版编目（CIP）数据
海外公共安全与合作评估报告 . 2022 / 张蕴岭主编；
张洁副主编 . -- 北京：世界知识出版社，2023.10
ISBN 978-7-5012-6655-5

Ⅰ . ①海… Ⅱ . ①张… ②张… Ⅲ . ①公共安全－安
全管理－研究报告－世界－ 2022 Ⅳ . ① D523.29

中国国家版本馆 CIP 数据核字（2023）第 085517 号

书　　名　海外公共安全与合作评估报告（2022）
Haiwai Gonggong Anquan yu Hezuo Pinggu Baogao (2022)

主　　编　张蕴岭
副 主 编　张　洁

责任编辑　王瑞晴
责任出版　赵　玥
责任校对　陈可望
特约编辑　李真巧
出版发行　世界知识出版社
地址邮编　北京市东城区干面胡同 51 号（100010）
电　　话　010-65233645（市场部）
010-85112689（编辑部）
网　　址　www.ishizhi.cn
印　　刷　北京虎彩文化传播有限公司
经　　销　新华书店
开本印张　710 毫米 ×1000 毫米　1/16　16¼ 印张
字　　数　218 千字
版次印次　2023 年 10 月第一版　2023 年 10 月第一次印刷
标准书号　ISBN 978-7-5012-6655-5
定　　价　120.00 元

本书为中国社会科学院-上海市人民政府
上海研究院研究项目
海南中金鹰和平发展基金会为本项目研究提供资助

编　委　会

序　言

张蕴岭*

海外公共安全受到国家、地区和世界总体形势发展的影响，涉及政治、安全、经济和社会诸多方面。当前，影响海外公共安全的主要因素包括：气候变化、乌克兰危机、新冠疫情、战略竞争，以及国家与地区局势动荡引发的综合影响和世界经济下滑的总体形势。较之以往，多数负面影响不仅没有改善，而且还有恶化的趋势。因此，可以说，海外公共安全的形势仍然严峻。

气候变化在加速，极端天气现象向更多的地区扩散，气候变化所引起的海外公共安全问题越来越多。夏季高温、干旱影响的地区更广，欧洲国家、美国的高温创纪录，中国长江流域干旱导致江湖断流干枯，非洲一些国家的干旱也越来越严重。高温、干旱引起的次生灾害多发，这给海外公共安全带来长期和复杂的影响，有些是直接的，有些是间接的，有些具有突发性，有些具有长期性，都可能带来生命和财产的巨大损失。

俄乌冲突的影响继续发酵并且扩大。战事已经持续数月，还可能拖得更长。对俄制裁的综合影响，乌克兰国内安全、经济形势的恶化，不仅直接对俄乌两国的财产、人员安全造成严重影响，而且也波

* 张蕴岭，中国社会科学院学部委员，山东大学国际问题研究院院长，海南中金鹰和平发展基金会学术委员会主席，研究方向为国际问题。

及欧洲和世界其他地区，使得能源和其他贸易要么停止，要么大幅度减少，并且导致价格上涨。特别是能源、粮食贸易的减少或停止，推高了欧洲乃至世界范围的通货膨胀，对欧洲一些国家的经济、社会、安全形势也产生不利的影响。这场冲突如何结束，什么时候结束，仍然难以定论。

新冠病毒仍然以不断变异的形式蔓延。尽管大多数国家对疫情防控政策与方式进行了调整，在国内活动和国际交流中采取了积极预防的措施，但是，各国管理政策和方式的差别，以及疫情发展的不确定性，仍然对国际贸易、投资、旅行造成诸多限制，对正常的经济活动、人员来往影响很大。

美国对华全面战略竞争所引发的市场分割、供应链重构与分离、技术封堵以及规则限制等，从经济上，破坏了现行的市场与产业分工基础，导致企业资产贬值、经营环境恶化，甚至倒闭。其实，这些影响不仅使直接相关的公司、个人受到损失，也会影响关联者。拜登政府的做法是，通过联合盟友和伙伴，构建基于世界和地区的网络和机制，造成具有综合性与规模性的影响。在安排上，很多方面都是直接针对中国的。因此，中资企业在海外的资产、投资经营及其他领域都受到很大的影响。

在多种因素的作用下，世界经济陷入低增长、高通胀的困境。经济的下行使得海外投资经营的环境发生变化。在这种形势下，社会问题多发，极端势力处于活跃期。因此，海外公共安全面临复杂和变化的环境，进而影响海外的投资、经营和人员安全。

总体来看，海外公共安全形势面临诸多挑战，有些是百年大变局中的重大变化所致，比如大国战略竞争，具有长期、综合的影响；有些则是突发性的重大事件，比如新冠疫情，其规模之大，影响之深，前所未有；有些则是长期性的问题，比如针对发展安全、供应链安全所采取的措施。

总体而言，海外公共安全的研究大体可分为三类：一是形势分析，二是对策分析，三是理论研究。安全形势变化快，变化大，因此，对形势分析的要求更高。安全问题既具体，又复杂，安全形势分析所涵盖的内容越来越多，其变化的复杂性凸显，因此，有关海外公共安全的分析研究要向专业化发展，需要专门研究海外公共安全的机构和专家为政府、企业与个人提供服务。

由于海外公共安全涉及的领域很多，案例复杂，对策分析不仅涉及政策对策，也涉及企业、个人的议程方案和行动方案，因此，官方机构、社会机构、大型公司集团、在海外拥有重要利益的机构都需要建立专门的机构和海外经营安全机制。同时，在对策分析中，一个重要的领域是海外公共安全联络与合作网络的构建，有的涉及官方，有的涉及社会、企业及个人，鉴于海外公共安全问题的多发性、突发性和多样性的特征，多重网络的构建非常必要。

海外公共安全的理论研究，既需要体系化，也需要具体化，当前这方面的研究存在很大的不足。从国家的角度出发，海外公共安全应该列入总体安全构建体系，作为总体安全体系下的海外公共安全子体系。从国际安全的角度出发，海外公共安全是全球安全体系的重要组成部分，需要提出海外公共安全与国际安全关系理论。同时，目前的研究主要聚焦外在因素对海外公共安全的影响，缺少海外公共安全自身要素对其他要素具体和综合影响的研究。

组织撰写和出版《海外公共安全与合作评估报告》基于两个目的，一是组织力量开展有关问题的研究，提供团队研究的成果，分享有关海外公共安全知识的公共产品；二是推动有关海外公共安全的现实与理论研究，动员各方力量，形成从现实到理论研究的庞大队伍。我国海外公共安全利益越来越大，越来越重要，海外公共安全方面的问题需要得到更多的重视。如今，国家安全学已经列为交叉学科下的一级学科，海外公共安全学在国家安全学中是不可或缺的重要组成部分。我们将继续在组织研究和推动研究上作出不懈的努力。

目前，我们的研究已经纳入中国社会科学院与上海市人民政府共同成立的“上海研究院智库丛书”系列，具体以上海研究院国际战略研究中心为执行单位、山东大学国际问题研究院为项目管理单位。上海研究院国际战略研究中心还与海南中金鹰和平发展基金会、北京中坤鼎昊国际安全科学技术研究院、中国社会科学院地区安全研究中心和外交学院中国海外利益保护研究中心形成战略合作，共同组织完成年度评估报告。

目　录

总报告

分报告

专题篇

实践治理篇

个案研究篇

附　录

总 报 告

海外公共安全的新挑战与治理合作的新进展

张 洁*

摘 要： 大国博弈、新冠疫情是影响2021年中国海外公共安全的主要因素，尤其是美国对华全面战略竞争对全球局势的负面影响持续增加，导致海外中国公民与企业面临的安全威胁种类增加、严峻度提升。鉴于此，外交部等各级职能部门、海外公民与企业、非政府组织、安保公司等各方相互配合，不断从安全意识、物质基础、机制建设等多方面加强安全治理合作，提升治理方式与手段的精确性，共同维护中国的海外公共安全。

关键词： 海外公共安全 大国博弈 新冠疫情

* 张洁，中国社会科学院亚太与全球战略研究院研究员，主要研究领域为中国与东南亚关系、中国周边安全、南海问题。

海外公共安全包括遍布全球的中国公民与企业的生命和财产安全。2022 年，新冠疫情对全球的影响继续发酵，尤其是迟滞经济复苏，导致一些国家政局动荡、社会矛盾丛生、暴恐事件频发。同时，拜登政府执政后，美国及其盟友全面加强对华战略竞争，出现经济问题“政治化”“安全化”，导致大国合作停滞，全球治理遭遇挫折。在上述双重因素影响下，国际环境的不稳定性、不确定性增加，海外中国公民应对新冠疫情的同时，不得不面对种族歧视、绑架、电信诈骗勒索等各类威胁，海外中资企业的营商环境也显著恶化。

领事安保为海外中国公民提供了最重要的安全保障，“春苗行动”“以预防为主”的活动和理念体现了中国领保工作的针对性、主动性和创新性。针对新形势与新变化，海外中资企业的安全意识与安保措施也在同步提升和不断完善。在各方的积极实践和通力合作下，中国海外公共安全治理在经验积累、应变能力、机制建设等方面得到了进一步的加强。

一　中国海外公共安全形势依然严峻

在新冠疫情和大国博弈双重因素影响下，世界政治、安全、经济、社会、文化形势正在发生深刻变革，这些变革相互影响，迫使海外中国公民与大量海外企业面临日益复杂的多重挑战。

（一）国际政治与安全形势：大国博弈加剧，地区动荡不安

首先，大国竞争主导 2021 年全球政治态势。突出表现为，美国联合欧洲、亚太盟友与伙伴国家，试图遏制中国与俄罗斯，在全球塑造阵营对立。2021 年年初拜登政府执政后，很大程度上延续了特朗普政府的对华政策，宣称中国是“唯一拥有经济、外交、军事和技

术力量挑战稳定与开放的国际体系的国家，该国际体系事关我们希望世界运行的方式，例如规则、价值观和关系等方面”。[①] 基于这一认知，美国发动对华全面战略竞争，在基础设施、高新科技、区域经济合作等多领域对中国采取战略竞争政策；加快调整特朗普时期的盟伴政策，试图构建美国主导下的遏华全球经济联盟。随着中国海外利益及海外利益保护能力的不断增长，中国的高科技企业、参与全球治理的努力和提供公共产品的建设性举动成为美国重点打击的目标。

欧洲对华政策的意识形态化进一步加强，导致海外中资企业面临严峻挑战。2021 年 5 月，欧盟宣布暂停《欧中全面投资协定》（CAI）的批准。中东欧地区国家对华立场复杂化，部分国家更是频频在涉藏、涉台问题上触及中国“底线”。中东欧是共建“一带一路”的重要区域，但该地区国家对华合作意愿弱化，将中国投资政治化，甚至出现了抵制中国投资的现象，尤其是在涉及国家安全利益的 5G 基站、核能等领域的合作意愿降低。例如，罗马尼亚出台法案禁止华为等中国企业参与 5G 网络开发，同时还将逐步拆除已安装的前代电信设备。[②]

其次，新冠疫情迟滞全球经济的复苏，导致部分国家政治动荡，社会矛盾激化，投资环境持续恶化。英国、加拿大、荷兰、比利时、奥地利和澳大利亚等国频频发生反防疫抗议活动，部分活动甚至演变为暴力骚乱。在非洲特别是西非地区，马里、几内亚、布基纳法索等国先后发生政变，尼日尔等国政变未遂，苏丹、突尼斯、乍得等国政

① Antony J. Blinken, “A Foreign Policy for the American People,” U. S. Embassy & Consultates in China, March 3, 2021, accessed February 18, 2022, https://www.state.gov/a-foreign-policy-for-the-american-people/.

② 《对外投资合作国别（地区）指南 罗马尼亚》，中华人民共和国商务部网站，2022 年 1 月，www.mofcom.gov.cn/dl/gbdqzn/upload/luomaniya.pdf，访问日期：2022 年 2 月 18 日。

局动荡。这些情况均殃及中资企业和中国公民。2021 年，拉美多国举行大选或中期选举。由于民众对政府的不信任度普遍上升，多国的街头政治升温，整个地区的稳定性堪忧，营商和投资环境恶化。中国是拉美地区第二大贸易伙伴国，中拉的贸易与投资在 2021 年保持了较高增长，在拉美的中资企业已超过 2700 家。严峻的疫情形势导致拉美多国的失业率上升，社会治安恶化，直接冲击了中国海外公共安全。例如，在阿根廷、厄瓜多尔的中国公民、华人超市多次被抢劫，巴西还发生过针对中国公民的暴力谋杀案件。

再次，传统安全问题有喜有忧，全球差异性增大。中东地区乱中有治。中东是“一带一路”建设的重点地区之一，中国是中东能源领域的重要外国投资者和工程承包劳务市场的运营商。2021 年，巴以冲突局部升级，叙利亚内战与也门战争持续多年，和平仍然无法在短期内实现；伊拉克重建面临政局动荡、恐怖主义等多种挑战；中东地区多国国内政治危机频发。这些局部冲突以及恐怖主义等非传统安全挑战复杂难解，使中资企业面临诸多投资风险。不过，2021 年，主要中东国家的问题出现暂时性缓和迹象，这将有助于中外企业推进在能源、基础设施等领域的合作。

东南亚地区整体局势较为平稳，但是缅甸政局发生突变，引发国内大规模示威游行乃至军事冲突，造成大量人员伤亡。这导致部分中资企业厂房被毁，人员受伤。部分缅甸民众将对军政府的不满情绪转嫁给中国，威胁对在缅中国公民与企业打击报复。

南亚地区安全风险上升。2021 年，美国从阿富汗撤军，塔利班重新掌握政权，阿富汗面临严峻的政治与安全风险。一方面，美国仓促撤军引发的混乱局面以及阿富汗塔利班治理能力有限，导致恐怖主义在阿富汗强势反弹；另一方面，阿富汗的武装反叛和社会动乱四起。经年跌宕的冲突战乱再加上新冠疫情及旱灾的影响，阿富汗经济亟待重启。塔利班重新掌权后，多次向中方释放友好信息，期待中国投资。但是，鉴于当前形势的复杂性，塔利班政府主导引进的投资项目在落实过程面临诸多挑战。

非洲地区危机凸显。西非地区政治与安全形势动荡加剧，2021年9月，几内亚突发政变，首都多处发生枪战。几内亚拥有铝土、铁矿等丰富的自然资源，几内亚中资企业数量众多，政变发生后，中国驻几内亚大使馆及时通报中资企业和华侨华人，并发布安全提醒。在东非地区，自2020年开始的埃塞俄比亚内战仍未结束，政局极度不稳。2021年7月，埃塞俄比亚部分地区发生数起中国公民被不明身份武装分子扣押案件。后经中国驻埃使馆协调后获释。到2021年年底，埃塞俄比亚局势持续恶化，当地货币贬值，物价飞涨，海外中国公民与企业面临的安全风险进一步提升。

最后，以恐怖主义为代表的非传统安全问题严重威胁中国海外公共安全。2021年，恐怖组织频繁发动暴恐袭击，南亚、东南亚、非洲等地区已成为国际反恐的前沿阵地。其中，突出表现为“伊斯兰国”和“基地”组织利用乱局坐大成势，谋求卷土重来。阿富汗塔利班（以下简称“阿塔”）重新问鼎政权使“基地”组织倍受鼓舞，但引发“伊斯兰国”南亚分支“呼罗珊省”的强烈反击，因为双方的意识形态、战略目标不同，必然存在严重分歧。同时，“呼罗珊省”还明显增加对美军、什叶派及平民的攻击，将巴基斯坦开普省纳入其活动范围，在巴基斯坦策动的恐怖袭击数量显著增加。阿富汗政局变化与恐怖主义升级，也使中亚国家对溢出风险忧心忡忡。

近年，海外中国公民与企业成为巴基斯坦恐怖分子袭击的主要目标之一，暴恐袭击频率显著加快。无论是巴基斯坦塔利班（TTP，以下简称“巴塔”）等“圣战”组织还是俾路支分裂势力，都将矛头对准中国。2021年，在巴基斯坦的中资项目遭遇多起恐袭事件。

非洲暴恐威胁继续升级。随着“伊斯兰国”与“基地”组织激烈争锋，未来非洲或取代中东成为恐怖主义的主战场。马里、莫桑比克、乌干达、刚果（金）等国内忧外患，恐怖势力、反政府武装横行无忌，中国的海外企业、机构、人员亦成为其袭击目标。此外，美欧等国白人至上种族主义恐怖袭击频发，极右恐怖主义威胁再次泛滥。东南亚恐怖势力在政府反恐高压下有所收缩，但并未全面溃败。

形成鲜明对比的是，美西方国家反恐战略日益内顾，国际反恐合作受到削弱。一些国家经济民生困顿、社会矛盾激化，为恐怖势力作乱提供了可乘之机。个别国家将反恐政治化、工具化，无端抹黑指责国际社会反恐和去极端化正当举措，甚至利用恐怖势力谋求地缘私利，客观上助推了恐怖主义回潮之势。

（二）国际经济形势：经济问题被严重“安全化”“政治化”

受全球通胀持续飙升、新冠疫情持续蔓延和美国对华战略竞争加剧等因素的影响，2021 年世界经济形势在复苏中充满不确定性，导致中国外部经济环境继续趋向恶化。

首先，全球高通货膨胀率推动大宗商品价格持续飙升，资源民族主义重新抬头。受此影响，中国作为全球最大的大宗商品交易国之一，由于自身定价权有限，面临着产业发展被抑制、经济安全受威胁、国际影响力被制约的严峻挑战。同时，由于一些国家未能采取有效措施应对高通胀压力，国内民众对当局的不满增加，当地治安状况日趋恶化，严重影响中国海外公共安全。尼日利亚、南苏丹等国均发生中国公民遇袭、被绑架等恶性事件。

其次，新冠疫情加剧中国海外企业的生存困境。一是疫情使中资海外企业的既定发展战略受到影响，企业生存安全面临困境。二是疫情严重冲击全球供应链，导致供应链模式由全球性和开放性逐渐向区域性和封闭性转型，互补性和合作性的产业体系逐步转向替代性和竞争性的产业体系。这种转型对中国这样已高度嵌入现行供应链体系的国家造成很大冲击，给海外中资企业的正常运营带来极大挑战。

最后，美国对华战略竞争持续升温，深刻影响了两国间的政治关系与经济往来，严重危及海外中资企业在美国的投资和经营活动，并对海外中国公民的生存造成不利影响。同时，美国对华竞争已经从经济技术领域向意识形态领域蔓延，通过大肆炒作涉华负面言论，利用所谓人权、新冠疫情等煽动对华敌意，导致美国民众对华负面舆论持续发酵，助长了美国社会的仇华排华情绪。

（三）国际社会文化环境：正负双重影响并存发展

随着新冠疫情有所缓解，国际社会既具有疫情时期的“非常性”，又逐步恢复到“正常化”。因此，国际社会文化明显具有变化与稳定相互交织的矛盾性。

国际社会现实的复杂性主要表现在以下几个方面。第一，新冠疫情逐渐缓解。新冠疫情已不是全球民众最为担忧的问题，失业率增加、贫富差距扩大等经济和社会问题已取而代之成为关注焦点。第二，全球经济形势逐步好转。全球范围内的失业率有所下降，民众对经济复苏的信心有所增强。第三，贫富差距在国际、国内多层面加大。不仅在国家间，各国内部不同阶级之间的贫富差距也日益加大，已成为影响社会稳定的严重问题。第四，民粹主义运动仍具影响。民粹主义的兴起增加了国际社会和各国内部的不稳定性、不确定性。

国际社会文化的新特点对中国海外公共安全的影响具有两面性。首先，社会治安持续恶化危及海外中国公民的人身及财产安全。作为少数群体，海外中国公民极易受到社会治安恶化的影响，成为违法犯罪案件的受害者，遭受人身及财产损失。其次，海外中国公民和企业面临的隐形歧视和制度限制增多。一方面，世界范围内的种族主义和排外主义加剧，海外中国公民遭遇不同类型的种族歧视，欧美国家通过诸多手段对海外中国公民在就业、留学、投资等方面加以限制，并将其视为泄愤、仇视、嫁祸的对象；另一方面，经济民族主义、贸易保护主义的盛行，使海外中国公民和企业在就业、投融资等方面面临着隐形歧视和制度限制。更为严重的是，欧美国家将经济政治化、安全化、工具化，将针对中国的高科技封锁、海外投资限制、产业“脱钩”上升为国家行为，其根本目的是利用经济手段阻碍中国发展。

有利的变化是，社会生活逐步正常化将减少海外中国公民和企业所面临的极端安全威胁，针对海外中国公民的仇恨犯罪或将逐渐减少。

二　中国海外公共安全的现状

受上述多重因素影响，2021 年中国海外公共安全面临的风险与挑战有增无减，但类型、重点领域和地域有所变化，出现了一些新情况、新特征。

（一）海外中国公民的安全现状

2021 年，受新冠疫情影响，海外中国公民人员构成与相关安全事件具有三个主要特征：第一，海外安全事件的数量明显下降；第二，海外安全事件涉及主体是长期居住海外的中国公民，涉事海外中国游客的数量仍然很少；第三，电信诈骗、种族歧视和公共卫生安全是海外中国公民面临的三大威胁。其中，2020 年至今，新冠疫情一直是威胁海外中国公民安全的重要因素。同时，美西方国家借新冠疫情污名化中国，受此影响，欧美国家发生的涉华种族歧视案件明显增多。此外，电信诈骗活动对海外中国公民的安全挑战值得高度关注。一方面，“传统”的电信诈骗活动仍然猖獗，包括以捏造招工需求、提供免费旅游、参与跨境赌博等方式将中国公民骗至境外后限制人身自由甚至暴力殴打的“传统”手段；另一方面，新冠疫情引发新型电信诈骗活动，既包括假借办理回国机票、办理健康码、提供接种疫苗、提供包机、售卖“健康包”等实施的诈骗活动，也包括通过使用技术手段冒用使领馆之名的各类诈骗活动，如利用办理签证、旅行证件等事宜，骗取海外公民的护照、银行账户等个人信息，进行各类金融诈骗活动。此类事件发生在全球各国，引发中国驻外使领馆的高度重视。

不同类型的海外中国公民群体所遭遇的安全事件类型具有一定的差异性。2021 年，受全球新冠疫情的持续影响，涉及中国游客的海外安全事件数量历年来最低，“旅游参赌”成为引发社会治安事件的主要原因。未来，跨境赌博、“旅游参赌”将是中国游客海外安全新的风险点。涉及中国留学人员的安全事件出现新特点：首先，诈骗事件数量上升，尤其是围绕疫情的虚假办理回国机票和健康码等新型诈骗事件多发；其次，留学人员的出入境受阻事件增多；再次，留学人员在海外遭遇种族歧视的情况增加，尤其是在欧美国家；最后，新冠疫情引发留学人员的心理疾病增多。关于中国劳务人员，受各国防疫政策，以及众多国家政治动荡、经济恶化的影响，大量中国员工不得不滞留海外，社会治安始终是威胁他们安全的首要因素。同时，在非洲、南亚等地区，暴恐活动对海外中国劳务人员的生命安全威胁也显著上升。

（二）海外中资企业面临的主要安全风险

延续 2021 年的基本特点，新冠疫情以及美国对华经济博弈加剧，仍然是海外中资企业安全风险的主要来源。尤其是美国利用规则制定、机制构建等多种手段对共建“一带一路”重点项目的围追堵截，在高科技、芯片等战略性产业的对华“脱钩”，对海外中资企业的安全构成多重挑战。

首先，中国海外发展，特别是共建“一带一路”项目成为美国遏制中国的重点目标。美国通过在七国集团（G7）、美日印澳“四边机制”等框架下出台替代性基础设施建设方案，通过炒作“债务陷阱”呼吁各国减少对华依赖，以及象征性向部分国家提供项目援助等方式，设置新的规则障碍对冲“一带一路”建设，分化参与“一带一路”建设的国家。同时，美国泛化国家安全概念，以各种理由升级对海外中资企业的制裁和打压。未来，美国与所谓的“民主阵营国家”将继续阻挠中国海外利益的拓展，遏制中国发展，这会持续增加中资企业在海外生存发展的复杂性、敏感性和联动风险。

其次，全球部分国家政局与社会动荡，社会治安恶化，意外事故频发。正如前文所述，新冠疫情与全球经济形势的恶化，导致部分国家存在政局不稳、失业率增加、腐败丛生等现象。如非洲国家政变频发，欧美国家游行抗议不断，南太平洋所罗门群岛等国发生反政府游行，这些都不可避免地威胁海外中资企业的安全。更为普遍和严重的是，各国抢劫、绑架等恶性犯罪事件多发的同时，中资企业和人员多成为攻击目标。2021 年以来，安哥拉、赞比亚、纳米比亚、南非等非洲国家接连发生多起中资企业驻地、华侨华人商店遭遇武装抢劫案件，甚至出现人员伤亡。

再次，各类非传统安全风险居高不下。“一带一路”沿线部分国家的恐怖主义活跃，针对中方人员和机构的恐袭风险持续上升。2021 年，“巴塔”、俾路支分裂势力等接连实施对中方项目的恐怖袭击，造成中方人员伤亡，例如巴基斯坦“7・14”恐怖袭击事件。未来，随着国际恐怖主义势力进一步活跃以及南亚地区矛盾的持续突出，加之美西方对涉疆问题的恶意抹黑，海外中资企业和人员仍将处于各种恐怖主义势力的直接或潜在威胁之中。

几内亚湾海盗活动日益猖獗，已取代亚丁湾成为世界“最危险海域”。近年几内亚湾的海盗绑架案频频发生，甚至导致船员死亡，其中就包括多艘中国船只。对此，中国外交部和驻有关非洲国家使馆多次发布安全提醒。

新冠疫情的出现凸显了全球公共卫生安全对人类的挑战，也对海外中资企业带来安全风险。海外中资项目多处于发展中国家，这些国家公共卫生治理能力有限，极大增加了中资项目企业防控疫情的难度。

最后，负面舆情及民意冲击风险。疫情之下，部分国家受美西方国家政客和媒体的蛊惑，扩散涉华负面言论，引发“排华”情绪升级。中亚一些国家出现反对政府与中国开展合作的个案，非洲国家出现“中国种族歧视论”，尼日利亚奥贡州一中资企业的尼方员工甚至借此围攻企业中方人员。

此外，根据本书对中国海洋石油国际有限公司的案例研究，特定行业面临的安全风险具有特殊性。全球能源结构分布的特性与新冠疫情导致的经济困难和社会动荡相叠加，导致油气开发行业近两年面临的社会安全风险尤为突出，包括公共卫生安全、游行骚乱、局部军事冲突对企业经营发展和海外员工人身安全构成的复合型威胁。加强海外公共安全的微观研究，制定并采取相应安全措施，是未来海外公共安全治理的发展趋势。

三　中国应对海外公共安全的主要治理措施

2021 年，中国海外公共安全治理仍然以应对新冠疫情为重点，同时，针对种族歧视、新型电信诈骗、暴恐活动等突出安全风险，中国驻外使领馆开展了大量的安保工作，预防性措施显著增多，机制建设继续加强。中国海外企业、中资与国际安保公司等机构，也在实践中不断加强实力建设与制度完善，从而共同较好地维护了中国海外公共安全。

（一）领事保护在维护海外公共安全中发挥关键性作用

截至 2021 年 12 月，中国已经与 181 个国家建立外交关系，共有驻外外交机构 240 多个。此外，外交部还分别在香港、澳门两个特别行政区设有特派员公署。中国已成为世界上外交机构总数最多的国家。根据统计，仅 2021 年，驻外使领馆处理各类领事保护与协助案件约 6 万件，外交部“12308”热线接听求助来电超过 50 万通。①

首先，应对新冠疫情的冲击，展现了国际担当。第一，及时发布所在国新冠疫情发展动态，为海外公民提供各类防疫抗疫的安全提示、必要的公共卫生安全保障，推动东道国切实维护海外中国公民生命健康安全。确保新冠疫情下海外中国公民的健康安全成为各驻外使领馆的重要职责。第二，“春苗行动”致力于帮助海外中国公民尽快接种新冠疫苗。2021 年以来，该行动陆续在世界多国启动，一些具备条件的国家还设立了地区接种点，为周边国家有需要的同胞提供服务。截至 2021 年 7 月 1 日，外交部和各驻外使领馆已协助超过 170 万名海外中国公民在 160 多个国家接种新冠疫苗。“春苗行动”成为“外交为民”理念的生动实践。② 第三，针对各类借疫情之机频发的电信诈骗事件，及时发布警示信息和具体应对指南。2021 年，各驻外使领馆的此类通告数量显著增加。

其次，针对部分国家政局动荡、战事持续等安全态势，中国驻外

---

① 《王毅谈 2021 年中国外交：以人民为中心，是中国外交的价值底色》，人民网，2021 年 12 月 20 日，world. people. com. cn/nl/2021/1220/c1002 - 32312473. html，访问日期：2022 年 2 月 25 日。

② 《“春苗行动”，外交为民的生动实践》，国务院侨务办公室网站，2021 年 7 月 13 日，http://www. gqb. gov. cn/news/2021/0713/51807. shtml，访问日期：2022 年 2 月 25 日。

使领馆及时发布安全通告，与各方协调配合，加强安全保障工作，并及时开展人员营救。例如，在马里、喀麦隆、尼日尔、刚果（金）、叙利亚、阿富汗等国发生战乱和暴力冲突后，中国驻外机构不定期发布安全警示。尤其是一些暴力活动殃及海外中国公民与企业时，中国驻外机构积极协调各方力量，合作维护海外公共安全。例如，南非夸祖鲁-纳塔尔省新堡市是华人纺织厂的聚集地，有百余家华人开办的纺织工厂。2021 年 7 月该地发生暴乱后，中国驻南非大使馆紧急提醒在南中国公民加强安全防范。同时，该市的华人警民中心还组建了自卫队，负责在工业区主要路段不间断巡逻，以此保障区域内华人的生命财产安全。

再次，加强对海外公民安全意识、遵法守法意识的教育管理。针对中国公民违反所在国防疫政策、擅自篡改相关信息等做法，中国驻外机构提醒中国公民严格遵守当地法律法规和抗疫规定，注意个人安全和个人防护，按要求提供真实有效的核酸检测证明。

最后，驳斥和防范各类污名化中国的言论与种族歧视性人身攻击事件，维护海外中国公民安全与中国国家形象。针对部分国家污名化中国的不当言论，中国驻外机构及时表示强烈不满和坚决反对。对于部分国家出现的种族歧视导致的对海外中国公民的暴力袭击，驻外机构及时发出安全风险警示，提供安全保障指南，并与所在国政府和相关部门交涉、处理，以保护海外中国公民的安全。

（二）海外中资企业致力于安保机制与能力建设

第一，防疫抗疫常态化。从 2020 年新冠疫情暴发之初的紧急应对，到 2021 年开始，防疫抗疫已经成为企业生产活动的一部分，实现了常态化管理，有效保护了中资项目人员的卫生安全，并逐步恢复了正常的生产作业。

第二，继续推进安保的机制建设与能力建设。在这方面，一些“走出去”时间早、规模大、实力强的企业积累了丰富的经验，形成了完备的管理模式。例如，国际油气作业者协会（IOGP）推荐油气企业按照安全管理体系的理念、模式来管理，将员工健康管理体系与安全管理、环保管理等体系融合，形成统一的管理体系。在具体实践中，中国海洋石油国际有限公司（以下简称“海油国际”）完成了包括对项目所在国进行综合评估、及时有效识别风险源、建立完善的应急预案，以及对外派人员的培训等安保机制的建设。

但是，应该看到，在海外安全风险多样化的冲击下，中资企业间的安保能力差距较大。大量中小企业，尤其是一些从事零售业的华人商铺等被战乱殃及、因种族主义仇视等遭受暴恐袭击的情况显著增加。尽管各驻外使领馆及时发布各类安全风险提示，这些小型企业也采取了一些自救措施，但相关安全治理能力仍有待提升。

（三）国内、国际专业安保行业的服务供给能力仍然有限

安保企业是为中国海外公共安全提供保障的重要力量之一。但是从实践来看，国际、国内安全企业所发挥的作用仍相当有限。

国际安保行业的特殊性制约了中国海外安保力量的“走出去”，中国民间海外安保行业建设任重道远。一方面，国内安保行业自身发展不足，主要问题包括数量少、体量小、业务单一且同一化严重等，服务供给不足。同时其国际化经验不足，在海外缺乏情报信息网络支撑，难以提供多元化、系统化服务，缺乏国际市场竞争力。另一方面，海外安保市场壁垒较多，竞争激烈，美西方已占据约70%的国际市场份额，尚未涉足的国家大多明令禁止外国安保公司进入，原则上准入的国家也普遍由本国强力部门垄断安保行业。此外，在大国博弈日益激烈的国际环境下，以政府牵头或是以安保企业抱团取暖方式“走出去”的政治敏感性显著增加，极易成为美西方国家舆论炒作的

焦点。

当前，国际安保行业的进展是，根据全球形势变化特点调整行业机制管理。防控新冠疫情以及各国经济复苏加大了对高标准国际安保服务的需求。但是较之世界各国各地区高涨的安保服务需求，国际私营安保行业的服务供给能力有限，国际私营安保行业亟须规范化。

国际私营安保行业具有较强的跨国性，而各国对该行业的监管方式并不统一。海外安保职能私有化程度的不断提高以及跨境私营安保行业的普遍发展使得加强对海外安保行业的法律规范更具急迫性，其中主要涉及儿童、采掘业、性别、移民和边境管理、人道主义服务、网络行为和隐私数据泄漏等群体和领域。同时，考虑到特定群体在新冠疫情影响下的脆弱性，包括加强海外安保服务在采掘业面临的合规风险防范，警惕海外安保服务中性别脆弱性的风险管理，促进移民和边境管理领域安保服务的合规风险防范，提升对人道主义环境的安保服务合规管理，关注海外安保服务所涉新技术和网络行为的合规管理。

四　加强海外公共安全治理合作的策略

尽管受新冠疫情的影响，中国公民出境人员数量减少，海外投资暂时受阻。但是，中国经济发展与社会发展特征决定，未来海外经商、旅游、留学的中国公民数量还会重新增长，中国企业的海外投资意愿仍然强烈，这就意味着随着中国海外群体继续扩大，维护海外公共安全任重道远。

（一）继续推进多元一体的海外公共安全保护机制建设

美西方国家加大对华战略博弈，部分地区仇视华人的社会情绪在短期内难以彻底消减。同时，美西方国家主导下的资源民族主义高涨、产业“脱钩”进程也将严重影响海外中资企业的生产与安全。因此，应对国际环境的大变局，未来中国海外公共安全治理仍应继续巩固和完善中央、地方、驻外使领馆、企业和公民个人“五位一体”的安保工作联动网络。其中，政府应该发挥引领作用，统筹协调各部门、海外公民和企业，以及国内外各种安保力量，加强与东道国的对话协商。而对于治理手段则应加强多样性、灵活性和针对性。

（二）优先保障海外中国公民安全

领事保护为海外中国公民提供了无可替代的安全保障。总结2021年中国领事保护实践的主要特点，未来应继续坚持“以人为本、生命优先”的指导理念，突出领保工作的针对性、主动性与创新性，充分利用新科技、新手段，优化领事服务的便利性，应对海外公共安全的新挑战。同时，在疫情防控常态化时期，应继续加强对驻外使领馆的物力和人力投入，改变长期存在的“小马拉大车”局面。

同时，应加强对特定安全威胁的研究与经验传播。鉴于此，本书专门就海外公民绑架风险的防范与应对进行了个案研究，具体分析得出绑架事件在不同地区和国家呈现不同的犯罪形式、方法和手段。强调指出，各方须加强海外公民的安全教育培训，加强风险评估与预警，构建防范绑架劫持的安全体系，以此进一步保障海外公民的人身安全。

（三）海外中资企业的安全治理需要多方协作、共同施策

近年来，海外中资企业的“五位一体”安保机制逐渐形成，其中企业是主体、员工是基础、行业是关键、国家是保障、国际合作是助力。①

① 徐正源、王昶：《试析中资企业“五位一体”海外安保机制的建设路径》，《当代世界》2016年第8期。

企业作为主体，应该进一步有针对性地加强与各方的沟通与合作。

一是强化国家各职能部门与企业的协调。政府主管部门对企业进行安全风险警示，助其防范应对各种安全威胁，必要时协调重大安全事件的处置应对工作，同时加强政策指导，督促企业认真落实项目安全保障主体责任。

二是强化企业内部的管理与协调。例如，海油国际的实践经验是，建立以总部为中心、区域为支撑、海外作业单元为端点的全球区域化安全管理模式。

三是加强行业间的协调合作。“行业是关键”主要是指要把握特定行业的特定安全风险以及防范措施。但同时也要看到，先期“走出去”的企业，实践经验丰富，社会安全维护手段多样，可以为后“走出去”的企业提供更多帮助。例如，能源勘探、矿产开发等行业，包括一些大型基础设施建设项目之间，在人员安全与项目管理方面具有交流项目经验、在东道国及时协调安全防护的必要性与可行性。

四是打通官、商、学之间的协商渠道。随着国际形势的迅速变化，国内智库、研究机构应发挥专业优势，及时为海外企业把控国际发展大势、应对国际安全风险挑战提供学术供给，为相关政府部门提供政策咨询，共同做好海外公共安全保障工作。

（四）重点强化海外中资企业安全风险管控能力建设

海外中资企业在防范和应对各类安全风险方面存在诸多短板，须时刻“绷紧防范安全风险这根弦”。在自身安防能力建设方面，应重点加强以下几方面的工作：一是建立健全境外安全管理体系，包括开展安全风险识别和研判，增加安保投入成本，做好应对各类突发和极端事件的应急预案。二是统筹抓好安全保护、疫情防控和生产经营工作。三是重视加强合规建设，不断提高企业国际化经营能力。四是因地制宜用好外部安保力量。五是强化“大安全观”理念，妥处与当地各党派、政府各部门以及社会各界的关系，积极融入当地社会；履行好企业的社会责任，充分尊重当地民众，善待当地员工。六是积极开展舆情民意应对工作。七是加强对员工的安全管理和人文关怀。八是应借助当地资源积极维护自身权益。

分 报 告

国际政治环境的主要特征与海外公共安全面临的风险挑战

李国辉 *

摘 要： 2021 年，大国战略博弈不断升温，国际形势复杂多变。东南亚地区总体稳定，部分国家出现政治波动；美国从阿富汗的仓促撤军使原本就动荡不安的南亚地区形势更加严峻；中东地区战争冲突不断，但同时出现了一些向好的势头。非洲多国发生政变，暴力冲突不断，安全形势恶化；拉美地区的政治波动加剧。严峻而复杂的全球政治形势，给中国建设“一带一路”、海外中国公民与中资企业的生命与财产安全带来诸多风险与挑战。

关键词： 战略竞争 政局变动 社会动荡

---

* 李国辉，山东大学国际问题研究院助理研究员，研究方向为非传统安全、区域合作、日本政治外交等。

纵观2021年，大国竞争主导全球政治态势。美国拜登政府联合盟友发起对华全面战略竞争，谋求建立反华“统一战线”。西方与俄罗斯围绕“北约东扩”矛盾加剧。在此背景下，美国试图将中俄“捆绑”，企图在全球塑造阵营对立，这对全球化构成严重冲击，也使中国海外公共安全面临更为严峻的国际环境。

一　美国加强对中俄的战略竞争

美国对中国海外公共安全的影响来自国内、国际两个层面。在国内层面，2021年1月，美国发生国会山骚乱事件，骚乱导致5人死亡，140多人受伤。1月20日，拜登总统就职仪式后的几小时，美国俄勒冈州波特兰市又爆发了激烈的抗议活动。① 除了政治运动外，受新冠疫情影响，美国国内针对亚裔的暴力事件不断增多。2021年3月16日，美国亚特兰大地区发生枪击案，造成8人死亡，其中包括6名亚裔女性。② 为抗议亚特兰大枪击案以及针对亚裔仇恨事件的激增，美国多地掀起“停止仇恨亚裔”的示威游行。此外，美国枪支暴力顽疾难除，因枪支而死亡的人数也在急剧增加。据统计，2021年美国造成4人以上受伤的枪支事件共693起，有20726人因枪杀死亡，远超2020年的19486人和2019年的15468人。③

① 《美国纪念国会山骚乱一周年 拜登称须确保类似事件不再发生》，新华网，2022年1月7日，http://m.news.cn/2022-01/07/c_1128241313.htm，访问日期：2022年1月8日。

② 《美国针对亚裔暴力事件不断增加 亚裔无力的愤怒能换来公平正义吗?》，凤凰网，2021年3月21日，https://news.ifeng.com/c/84nQJRK1nGH，访问日期：2022年1月8日。

③ 《2021年の米国の「銃販売数」は1990万丁、約2万人が銃で死亡》，Japan Forbes，2022年1月6日，https://forbesjapan.com/articles/detail/45214/1/1/1?s=ns，访问日期：2022年1月8日。

在国际层面，美国发起全面对华战略竞争。拜登政府上台后，很大程度上继承了特朗普时期的对华政策，进一步将中国定义为美国及其主导的国际秩序的“最严峻的竞争者”。拜登政府提出要“竞赢”中国的战略目标。[①] 为此，美国参议院外交关系委员会审议并通过了《2021 年战略竞争法案》，将对中国战略竞争置于整体国家战略之中进行长期运筹。同时，拜登政府一改特朗普时期美国“退群弃约”的做法，重返国际组织，恢复美国在国际机制和规则制定方面的主导权，在经贸、高科技等领域重塑有利于美国的规则体系。与此同时，拜登政府高举所谓“价值观外交”的大旗，与盟友凝聚共识，试图构建连接欧亚盟友的“民主国家共同体”以应对“一带一路”倡议。

“印太”地区是美国遏制中国的重点区域。2021 年 3 月，美日印澳四国举行首次“四边机制”（QUAD）线上首脑会议；9 月，又在美国举行首次线下首脑会议。首脑会议推动美日印澳四国的合作议题不断拓展。同年 9 月，美英澳宣布建立“三边安全伙伴关系”（AUKUS）。上述机制安排涵盖军事、产业、基础设施、高科技等诸多方面，强化了共同遏制中国的“共识”，目的是压缩中国在“印太”地区的发展空间。尤其是美国及其盟友不断将经济问题“政治化”“安全化”，致使中资企业在海外的投资面临更多政治风险。

2021 年，美俄在政治外交、地缘战略领域展开了激烈博弈。拜登政府明确将俄罗斯定性为威胁盟友安全的战略对手以及现有国际秩序和规则的破坏者，并指责俄罗斯干预美国总统大选，称俄罗斯总统

① 黄靖：《拜登政府“竞赢”（outcompete）中国的战略设计：理性与现实》，《北京语言大学国别和区域研究简报》2021 年 6 月总第二十三期。

普京为“凶手”，美俄矛盾迅速激化，陷入外交战。①

美俄围绕乌克兰问题展开激烈的地缘政治博弈。2021 年 3 月，乌克兰东部地区局势再趋紧张，乌军与乌克兰东部民间武装之间的交火次数剧增，死伤人数不断增多。俄乌双方在边境部署了大量军事人员和武器装备，以美国为首的北约称俄方有“入侵”之势。紧张的局势之下，同年 6 月，美俄在日内瓦举行首脑会晤，双方同意启动战略稳定对话，但是未就乌克兰问题、人权等议题取得任何重大突破。② 12 月，美俄首脑举行视频会议，但仍未在重大问题上取得任何进展。③ 此后，美国就乌克兰局势对俄发出威胁，称俄方若采取军事升级行动，将面临美国及其盟友的强力回击。

美俄的竞争加剧了乌克兰地区的紧张局势，甚至有可能引发欧亚地区的全面动荡。俄罗斯和乌克兰都是中国的重要贸易伙伴，是共建“一带一路”国家。2021 年 6 月，中乌两国签署了《关于深化基础设施建设领域合作的协定》，致力于构建更紧密的经济联系。俄乌局势的动荡必然会对在乌中资企业和中国公民的安全产生不利影响。

---

① 4 月，美国以涉嫌干涉选举和网络袭击为由驱逐 10 名俄罗斯外交官，俄罗斯采取同等反制措施。8 月，“外交风波”升级，普京下令禁止美驻俄使馆雇用俄或第三国工作人员，迫使美驻俄使馆解雇 200 余名员工。作为回应，美要求 24 名俄外交人员限期离境，并联合爱沙尼亚、拉脱维亚、立陶宛、波兰、捷克等国，对俄发起外交官“驱逐潮”。参见《美俄在对话与对抗中寻平衡》，人民网，2021 年 12 月 22 日，m. people. cn/n4/0/2021/1222/c24－15359980_ 2. html，访问日期：2021 年 12 月 30 日。

② 《拜登和普京同意启动战略稳定对话》，光明网，2021 年 6 月 18 日，https://m. gmw. cn/2021－06/18/content_ 1302364613. htm，访问日期：2021 年 12 月 20 日。

③ 《美俄领导人举行视频会晤讨论乌克兰局势等问题》，新华网，2021 年 12 月 8 日，www. news. cn/2021－12/08/c_ 1128141409. htm，访问日期：2021 年 12 月 20 日。

二 欧洲国家对外政策严重意识形态化

2021年，在新冠疫情反复、多国政权更迭、经济不景气的背景下，欧洲国家内部矛盾激化，社会危机加剧。欧洲对华政策的意识形态化特征越发明显。

（一）新冠疫情引发欧洲多国社会动荡

2021年，新冠疫情在欧洲持续反弹，民众对政府推行的防疫措施不满，社会矛盾再次激化。1月，荷兰宣布实施全国宵禁，多地随即爆发大规模反封锁抗议活动。之后，欧洲地区疫情形势越发严峻，多个国家在复活节前夕再度实施“封禁”措施。“五一”国际劳动节当天，在英国、法国、德国、西班牙等国，上万人走向街头示威游行，部分抗议示威活动演变成了暴力骚乱。

2021年下半年，欧洲依旧深陷新冠疫情反复和示威动乱的双重影响之中。7月中旬，欧洲多国的示威游行活动规模进一步升级。入冬以后，欧洲疫情再度恶化，多国重新出台防疫封锁政策。在实施重新封锁的前两天，维也纳爆发了新冠疫情以来最大的一次示威活动，共有3.8万人参与。① 此后，暴力示威游行开始蔓延至欧洲其他国家，抗议封锁措施的浪潮再次席卷了欧洲众多国家。其中，荷兰、比利时和法国海外领地瓜德罗普的游行演变为暴力冲突，部分演变为骚乱。②

---

① 《欧洲多个主要城市爆发反防疫游行：街头烟火弥漫如“战场”》，澎湃新闻，2021年11月21日，https://m.thepaper.cn/baijiahao_15485099，访问日期：2022年2月1日。

② 《多国疫情恶化重新封锁、民众抗议示威暴力频发，疫情与骚乱令欧洲面临“失控”》，环球网，2021年11月24日，https://m.huanqiu.com/article/45i3d4WhVK6，访问日期：2022年2月1日。

（二）欧洲对华政策凸显意识形态化

欧盟国家的对华政策突出政治因素，一些国家以人权、价值观为由，频频干涉中国内政，中东欧国家对华不友好声音也越发显著。

2021 年，欧洲以捏造所谓人权等问题多次攻击中国。5 月，欧盟宣布暂停《欧中全面投资协定》（CAI）的批准。7 月，欧洲议会通过所谓的涉华决议，抨击中国的政治制度以及在人权、香港、新疆等方面的政策，还要求欧委会以人权议题为中心订立新的对华政策。9 月，欧洲议会外委会通过所谓《欧盟-台湾政治关系与合作》报告，鼓动欧盟外交与安全政策高级代表采取必要行动，提升与台湾地区所谓的"政治关系"。9 月，欧盟委员会主席冯德莱恩发布盟情咨文，声称欧盟要对"一带一路"倡议发起反击，还将通过立法禁止进口通过"强迫劳动"生产出的中国产品。① 次日，欧洲议会又通过了《新欧中战略报告》，大肆渲染中欧意识形态和价值观差异，将中国定性为欧盟的经济竞争者和制度性对手。欧洲的一系列政策调整，遏华色彩突出，使中欧经济关系显著政治化。

中东欧地区国家对华立场复杂化，部分国家频频触碰中国底线。2021 年 2 月，中国-中东欧国家在线上举行了"17+1"首脑会议，斯洛文尼亚、保加利亚、罗马尼亚、拉脱维亚、立陶宛和爱沙尼亚仅派部级官员出席，立陶宛更是于 5 月宣布退出"17+1"合作机制。② 同

---

① 《欧盟委员会主席冯德莱恩发表年度国情咨文，美媒：一切潜台词都与中国有关》，观察者网，2021 年 9 月 16 日，https://www.guancha.cn/internation/2021_09_16_607454.shtml，访问日期：2022 年 1 月 18 日。

② 中国-中东欧国家领导人会晤，是中国与中东欧 17 国领导人的会晤机制，又称"17+1 合作""1+17"领导人会晤。自 2012 年开始举办，每年一次。中东欧 17 国包括波兰、捷克、斯洛伐克、匈牙利、斯洛文尼亚、克罗地亚、波黑、塞尔维亚、黑山、罗马尼亚、保加利亚、阿尔巴尼亚、北马其顿、爱沙尼亚、拉脱维亚、立陶宛和希腊。

月，斯洛伐克国会外交委员会表决通过支持台湾地区参与“世界卫生大会”的决议。7 月，立陶宛政府不顾中方反复交涉，宣布允许台湾当局以“台湾”名义设立“代表处”。此外，捷克、斯洛伐克、立陶宛、拉脱维亚和爱沙尼亚等国的议会内都设有涉藏的议员小组。①

中东欧是共建“一带一路”的重要区域，该地区部分国家对华政策的变化增加了中国的投资风险。一些国家对华合作意愿弱化，将中国投资政治化，甚至出现了抵制中国投资的现象，尤其是在涉及国家安全利益的 5G 基站、核能等领域的合作意愿降低。例如，罗马尼亚政府批准了禁止华为参与 5G 网络开发的法案，同时还将逐步拆除已安装的前代电信设备。②

（三）欧洲与俄罗斯关系复杂化

2021 年的俄欧关系一直在低位徘徊。欧盟就人权、民主等问题对俄罗斯采取打压政策。1 月，欧盟围绕俄反对派人士纳瓦利内被刑拘事件对俄发起外交战。2 月 5 日，俄罗斯宣布驱逐德国、波兰、瑞典三国外交官。随后，波兰、瑞典、德国采取反制措施，分别驱逐俄罗斯外交官。欧盟及其成员国要求俄罗斯释放纳瓦利内，称将对与纳瓦利内有关的俄方人员追加新的制裁，甚至提出要中止建造“北溪二号”天然气管道项目。尽管 2021 年 9 月 10 日“北溪二号”天然气管道项目逆势完工，但它已经成为俄欧间相互牵制的地缘政治工具。11 月 16 日，德国政府暂停了“北溪二号”天然气运营商的资格

---

① 《沈孝泉：立陶宛是“个案”，但欧洲对华立场更趋复杂》，国际网，2021 年 9 月 14 日，comment. cfisnet. com/2021/0914/1323910. html，访问日期：2022 年 1 月 18 日。

② 《对外投资合作国别（地区）指南 罗马尼亚》，中华人民共和国商务部网站，2022 年 1 月，www. mofcom. gov. cn/dl/gbdqzn/upload/luomaniya. pdf，访问日期：2022 年 2 月 1 日。

认证程序，使这条已经建成的天然气管道无法投入运营，以此来对俄方施压。[①] 12 月 21 日，俄罗斯向德国输送天然气的亚马尔-欧洲管道改变输气方向，使欧洲天然气价格大幅上涨。俄欧之间复杂的矛盾给欧盟能源安全带来了诸多不确定性，可能会加剧通胀。这给中国能源及自然资源企业的海外投资带来了一定的风险。

三　亚洲地区总体稳定、局部动荡

亚洲地区的政治形势总体稳定，但是，美国从阿富汗仓促撤军，中东地区仍然动乱不止。同时，新冠疫情的反复严重影响各国经济，部分亚洲国家的社会矛盾激化，政治局势失稳。海外中资企业和中国公民面临东道国政局不稳定、公共卫生安全风险高、社会治安混乱等多重威胁。

（一）中东地区乱中有治

2021 年，巴以冲突局部升级，叙利亚内战、也门战争持续多年，和平仍然无法在短期内实现；伊拉克重建面临政局动荡、恐怖主义等多种挑战；中东地区多国国内政治危机频发。但同时，主要中东国家间关系出现了暂时性缓和迹象。

2021 年年初，沙特阿拉伯、埃及、阿联酋和巴林宣布同卡塔尔复交，实现了双边关系正常化，持续 4 年的“海合会危机”宣告结束。在中断外交关系 5 年后，沙特开启同伊朗的双边对话，恢复同伊朗的接触。在也门问题和叙利亚问题上，沙特也多次释放停火和谈信号。土耳其则主动改善与阿联酋、埃及、沙特和以色列的关系。阿联酋也调整了强硬的外交风格，向土耳其、伊朗和叙利亚示好。此外，

① 《普京拜登一月内再次通话 乌克兰危机或变“古巴导弹危机”?》，央视网，2021 年 12 月 31 日，https://news.cctv.com/2021/12/31/ARTIpPz2Dwd2X14StcHBoRLp211231.shtml，访问日期：2022 年 1 月 11 日。

以色列与阿联酋、摩洛哥等阿拉伯国家关系持续改善。地区主要国家间的互动也在增强，8月，由伊拉克政府主办的“巴格达合作与伙伴关系峰会”召开，伊朗、沙特、卡塔尔、埃及、约旦、阿联酋和土耳其等国领导人或外长参会，这是一次显示中东和解的重要会议。①

中东地区是“一带一路”建设的重点地区之一，中国是中东地区能源领域的重要外国投资者和工程承包劳务市场的运营商。中国高度关注中东的形势动向，2021年3月和7月，中国国务委员兼外交部长王毅两次访问中东，积极推动该地区的和平发展。中东地区部分国家间关系的缓和，有助于中资企业在当地进一步推进能源、基础设施等领域的合作。但中东地区的局部冲突、恐怖主义等传统与非传统安全问题复杂难解，中资企业仍面临着诸多投资风险。

（二）部分东南亚国家出现政局动荡

2021年，东南亚形势总体稳定，各国以防疫抗疫以及疫后经济复苏为主要任务。新冠疫情的反复迟滞了各国经济的复苏，一些东南亚国家失业率增加，贫富分化加剧。疫情还冲击了国外投资者的投资信心，部分国家的金融资产遭到抛售。在此背景下，东南亚各国纷纷出台激励措施，吸引外资，助推经济复苏。

印尼在2021年的1月和7月两度面对新冠疫情高峰期。疫情严重打击了印尼经济，加剧了社会动荡。印尼多地多次爆发针对劳工法改革、疫情管制措施等的抗议活动。为减轻疫情的负面影响、优化外商投资环境，印尼政府于2020年11月通过了《创造就业综合法》。该法简化了企业申请及政府审批手续，外商投资者可以享有各种优惠。但该法备受争议，遭到了环保团体、工会和土著人民组织等的反

① 《大使说丨2021年的中东局势：持续“变”、“乱”》，上观新闻，2021年12月10日，https://www.jfdaily.com/news/detail? id=431450，访问日期：2022年2月3日。

对。2021 年 8 月，印尼工会联盟（KSPI）呼吁在印尼的 24 个省份举行大罢工，抗议政府疫情相关防控措施，并要求当局采取措施防止企业裁员、撤销《创造就业综合法》。[①] 11 月，印尼宪法法院判定《创造就业综合法》“有条件违宪”，并命令议会在两年内“作出必要调整”，否则该法案将被废除。[②] 该项判决在一定程度上削弱了外资投资的安全性和稳定性。

2021 年 2 月，缅甸政局发生突变，敏昂莱军政府宣布实施为期一年的紧急状态。此后，缅甸国内出现大规模示威游行乃至军事冲突，导致大量人员伤亡。受此影响，内比都、仰光等多个城市出现通信中断、航班全部停飞、证券交易所暂停交易、银行暂停营业等乱象。缅甸政局突变严重影响了外资企业的业务。例如，进行船舶代理业务的船舶代理局，停止相关业务办理。以日企业务为主的提拉瓦港陷入进出口停滞。彪马能源以缅甸政局不安为理由，中止了在缅甸的业务。[③] 缅甸的政局变动使中资企业受到严重冲击。3 月 14 日，位于仰光莱达雅区的两家中资服装厂遭纵火，类似情况还出现在缅甸其他地区。到 3 月 15 日，已有 32 家中资工厂受损，两名中国员工受伤，财产损失约 2.4 亿元人民币。[④] 在反华敌对势力的煽动下，部分缅甸

---

① 《风险预警丨印度尼西亚、赞比亚、智利》，福建投资促进网，2021 年 8 月 11 日，https://fdi.swt.fujian.gov.cn/show-10847.html，访问日期：2022 年 1 月 12 日。

② 《〈创造就业综合法〉被判违宪，佐科安抚投资者》，腾讯网，2021 年 12 月 1 日，https://new.qq.com/omn/20211201/20211201A00PGZ00.html，访问日期：2022 年 1 月 12 日。

③ 《政情不安、外資に影響広がる 関連銘柄の株価下落も》，NNA ASIAN，2021 年 2 月 18 日，https://www.nna.jp/news/show/2153158，访问日期：2021 年 12 月 27 日。

④ 《中国驻缅使馆：打砸事件造成 32 家中资工厂受损，两中国员工受伤，财产损失约 2.4 亿》，上观新闻，2021 年 3 月 15 日，https://export.shobserver.com/baijia hao/html/349975.html，访问日期：2022 年 1 月 5 日。

民众将对军政府的不满情绪转嫁到中国，甚至威胁将对中国在缅企业和人员实施攻击报复。

（三）南亚地区地缘政治态势复杂

2021年南亚地缘战略态势更趋复杂，美国从阿富汗撤军导致阿富汗局势突变，南亚再次面临极端主义、恐怖主义反弹的威胁。印度遭受新冠疫情的严重反弹，对华政策的对抗性凸显。

2021年4月，美国总统拜登宣布美国从5月1日起开始从阿富汗撤军。与此同时，阿富汗塔利班趁势在阿富汗全境向政府军发起攻势，8月，塔利班正式进入阿富汗首都喀布尔，重新掌握了政权。塔利班掌权后，阿富汗面临严峻的政治与安全风险。一方面，美国仓促撤军引发的混乱局面以及阿富汗塔利班治理能力有限，导致阿富汗出现恐怖主义强势反弹；另一方面，阿富汗的武装反叛和社会动乱四起。同年8月，阿富汗前副总统萨利赫公开向塔利班宣战。随后，前阿富汗塔吉克族军事领导人艾哈迈德·沙阿·马苏德之子小马苏德宣布建立“全国抵抗阵线（NRF）”，展开反塔武装斗争。9月初，在赫拉特、喀布尔、马扎尔谢里夫等多地爆发了群众抗议游行。在当前和未来一段时期，塔利班政权将面临着重建中央权威、政治和平及社会信任，消除战乱和动荡隐患等艰巨的政治任务。①

跌宕经年的冲突战乱再加上新冠疫情及旱灾的影响，阿富汗经济亟待重启。塔利班重新掌权后，多次向中方释放友好信息，表达邀请中国投资的期待。2021年9月9日，国务委员兼外交部长王毅出席阿富汗第一次邻国外长会，表示中国将对阿富汗重建工作给予

① 钱雪梅：《阿富汗塔利班再度执政后的政治和解》，《当代世界》2021年第10期。

最大帮助。[①] 同年 11 月，中国从阿富汗进口了塔利班掌权以来的第一批货物。[②] 阿富汗是共建“一带一路”的重要沿线国之一，其重建确实为中资企业提供了商机。但是，由于阿富汗当前形势的复杂性，塔利班政府主导引进的投资项目在落实过程中不免会遭遇诸多挑战。中资企业人员若大量出现在阿富汗，极容易成为政治性袭击目标。[③]

虽然 2021 年 4 月下旬开始的疫情导致印度医疗系统陷入几近崩溃的境地，严重影响了印度政府的公信力，但总体来看，民众的不满并未撼动印度人民党（印人党）的执政地位，再加上美国等西方国家的刻意拉拢，印度自信心空前膨胀，在处理周边关系上采取了激进、强硬的立场。[④] 2021 年 2 月，印度对巴控克什米尔地区发起空袭。2 月 25 日，印巴两国达成停火协议。短暂缓和后，印巴于 12 月再次在克什米尔地区发生激烈冲突。

中印方面，2021 年中印边境仍然处于对峙状态，印度对华政策出现安全泛化，继续推动与中国的经济“脱钩”。双边经贸合作机制与安排遭遇推迟或搁置，中企投资被限制与区别对待，在印中企正常经营活动面临干扰排挤。在印度推动与中国经济“脱钩”大环境下，2021 年中印双边经贸合作机制与安排基本上处于停摆状态，不是被

① 《王毅出席首次阿富汗邻国外长会》，光明网，2021 年 9 月 9 日，https://m.gmw.cn/baijia/2021-09/09/1302564197.html，访问日期：2021 年 12 月 21 日。

② 《塔利班夺权后，阿富汗首次对华出口松子》，观察者网，2021 年 11 月 1 日，https://www.guancha.cn/internation/20211101613091.shtml，访问日期：2021 年 12 月 26 日。

③ 《郑刚：进阿富汗觅重建商机，还得悠着点》，环球网，2022 年 3 月 8 日，https://3w.huanqiu.com/a/de583b/476I8abIqU6?agt=53，访问日期：2022 年 3 月 9 日。

④ 王世达：《南亚地缘博弈的新态势及中国的角色分析》，《南亚东南亚研究》2021 年第 3 期。

推迟就是遭搁置。

莫迪政府不断升级针对中企的歧视性限制措施，打压中企变本加厉。2020 年 4 月莫迪政府将来自与印度接壤国家的外国直接投资审批程序从“自动路径”修改为“审批路径”，中国对印度的投资必须经过严格的安全审查才能获得批准，这严重影响了中国企业投资印度的积极性。尽管 2021 年 2 月以来印度对中印贸易关系和中国投资方面的立场有所调整，但仍有大量中国投资提议在缓慢的审批过程中被搁置。2022 年 1 月，印度开始审查所有来自与印度有陆地边界国家的实体投资计划，并且考虑豁免实际持股低于 10% 的投资计划。但客观来看，莫迪政府对中国投资区别对待的政策并无实质调整。目前，莫迪政府以“防止投机性收购”为由修改外国投资审批路径，以所谓的“国家安全”为由加大对中国投资的审查力度，不仅导致中国对印直接投资持续萎缩，更造成中企投资印度面临严峻的地缘政治、法律制度及营商环境等多重风险。

2021 年 5 月，印度政府宣布，华为、中兴通讯等电信设备供应商不在印度 5G 试验的名单上。① 6 月开始，印度永久禁止 69 款中国手机应用，包括抖音国际版、百度、微信和 UC 浏览器等。8 月，中兴通讯在印度的几个办事处遭到突击搜查。12 月，印度财政部对小米、OPPO、一加、富士康等知名中企在印度的办公室和制造厂进行突击搜查。② 印度政府对中资企业的打压，进一步恶化了在印中资企业的营商环境。

---

① 《印度公布 5G 试验电信设备供应商名单 不见华为、中兴》，环球网，2021 年 5 月 5 日，https://world.huanqiu.com/article/42zrvmrkrsv，访问日期：2021 年 12 月 21 日。

② 《印税务部门突然搜查多家中企，专家：对中企打压主要是受政治驱动》，环球网，2021 年 12 月 24 日，https://m.huanqiu.com/article/4673n8urgSL，访问日期：2021 年 12 月 25 日。

四　非洲多国政局与安全形势动荡

受地缘矛盾、民族冲突、新冠疫情反复等多重因素影响，2021年非洲地区危机凸显。西非地区政治与安全形势动荡加剧，中部和东部非洲冲突与纷争不断，南非骚乱事件多发。

（一）西非地区

2021年9月，政局比较稳定、社会秩序良好的几内亚突发政变。几内亚特种部队上校马马迪·敦布亚领导的部分军人扣押了该国总统阿尔法·孔戴，同时宣布废除宪法、解散政府、关闭边境一周。几内亚首都科纳克里多处发生激烈枪战，严重威胁在几内亚的中国公民人身、财产安全。中国驻几内亚大使馆对在几内亚的中资企业和华侨华人进行通报，并发布了《关于几内亚发生军事政变的安全提醒》。[①]

几内亚拥有丰富的自然资源，经济发展潜力大，也是共建“一带一路”国家，中几两国在多个领域有着紧密合作。几内亚是世界上第二大铝土矿生产国，是中国主要的铝土矿供应国。目前，中国铝业、国家电力投资集团、特变电工、河南国际矿业等多家企业与几内亚政府围绕开采铝土矿资源展开合作。[②] 铁矿方面，几内亚拥有全球储量最大的未开发铁矿——西芒杜铁矿，中国企业在其中投

① 《几内亚突发军事政变 使馆提醒中资企业和华侨华人加强安全防范》，中国新闻网，2021年9月6日，https://www.chinanews.com.cn/hr/2021/09-06/9559646.shtml，访问日期：2021年12月25日。

② 《对外投资合作国别（地区）指南 几内亚》，中华人民共和国商务部网站，2022年1月，www.mofcom.gov.cn/dl/gbdqzn/upload/jineiya.pdf，访问日期：2022年1月29日。

资甚多。其中，由新加坡韦立国际、烟台港集团、山东魏桥创业集团和几内亚联合矿业供应集团共建的“赢联盟”（SMB-Winning Consortium）取得了西芒杜北段两个区块的矿权。① 而南段矿权方面，以中铝集团、中国宝武为首的中方联合体持股 39.95%。几内亚局势的动乱给当前在几内亚的中资项目推进、矿产资源供应带来了一定的负面影响。

（二）东非地区

中国是埃塞俄比亚的第一大贸易伙伴，我国多年来一直致力于加强与埃塞俄比亚的双边关系。为加强对包括亚吉铁路在内的中资在埃重要“一带一路”项目的安全保障，中埃两国于 2021 年 3 月签署了《“一带一路”项目安全保障机制备忘录》。同月，“春苗行动”在埃塞俄比亚顺利实施。② 但是，自 2020 年 11 月以来，埃联邦政府国防军与“提格雷人民解放阵线”（以下简称“提人阵”）武装持续交战，埃塞俄比亚政治安全局势极度不稳，存在较大安全风险。

2021 年 7 月，埃塞俄比亚奥罗米亚州西部地区发生数起中国公民被不明身份武装分子扣押案件。后经中国驻埃塞俄比亚使馆协调，被扣押人员均已安全获释。同时，提格雷州及其周边地区局势也存在极高安全风险。7 月 31 日，外交部和中国驻埃塞俄比亚大使馆提醒中国公民暂勿前往奥罗米亚州西部地区、提格雷州及其周边地区，要

① 《几内亚一夜“变天”！中方投资的这个大项目面临风险?》，上观新闻，2021 年 9 月 7 日，https://export.shobserver.com/toutiao/html/403150.html，访问日期：2022 年 1 月 29 日。

② 《“大疫无情，祖国有爱”（“春苗行动”让海外同胞备感温暖）》，人民网，2021 年 9 月 11 日，world.people.com.cn/n1/2021/0911/c1002-32224071.html，访问日期：2021 年 12 月 26 日。

求上述地区的中国公民和中资机构尽快撤离。[①] 9月15日，埃塞俄比亚中国商会、埃塞俄比亚和统会发布《关于埃塞俄比亚高风险区域撤离的紧急通知》，呼吁德赛与孔博勒查一带的中资企业和中国公民尽快撤离。[②] 10月，中国驻埃塞俄比亚使馆再次发出提醒，称在埃中国同胞尽量不要前往埃塞提格雷州及其邻近地区、奥罗米亚州西部、贝尼山古尔-古木兹州等高风险地区，已在该地区的中国企业和公民尽快组织撤离。[③]

2021年秋冬之际，埃塞俄比亚内战愈演愈烈，埃政府军与“提人阵”之间的冲突不断升级，美英法等多国撤侨。11月，埃塞俄比亚北部安全局势恶化，“提人阵”武装在北部阿姆哈拉州杀死100多名平民。埃塞俄比亚政府决定从11月2日起在全国范围实施为期6个月的紧急状态。[④] 11月9日，我国外交部和中国驻埃塞俄比亚大使馆提醒中国公民近期暂勿前往埃塞俄比亚。[⑤] 战争导致当地货币急速贬值，物价飞速膨胀。当前埃塞俄比亚局势持续恶化，其政府无法为中国海外利益提供较好的安全保障，在埃企业、人员面临的打砸抢、绑架、恐袭等安全风险也陡然增大。

---

① 《埃塞俄比亚发生数起中国公民被扣押案件 中国外交部：尽快撤离》，凤凰网，2021年7月31日，https://news.ifeng.com/c/88KMgJ3k0Fo?ivk_sa=1023197a，访问日期：2022年1月29日。

② 《紧急通知：在埃塞俄比亚高风险地区的中国公民和企业请立即撤离!》，搜狐网，2021年9月16日，https://www.sohu.com/a/490225717_120997268，访问日期：2021年12月20日。

③ 《提醒在埃中国公民注意安全》，中国驻埃塞俄比亚使馆网站，2021年10月13日，et.china-embassy.gov.cn/chn/lsxx_1/202110/t20211013_9556034.htm，访问日期：2021年10月23日。

④ 《对外投资合作国别（地区）指南 埃塞俄比亚》，中华人民共和国商务部网站，2022年1月，www.mofcom.gov.cn/dl/gbdqzn/upload/aisaiebiya.pdf，访问日期：2022年1月31日。

⑤ 《外交部提醒中国公民近期暂勿前往埃塞俄比亚》，中国新闻网，2021年11月9日，https://www.chinanews.com.cn/hr/2021/11-09/9605127.shtml，访问日期：2021年12月31日。

（三）南非

南非是非洲经济最发达的国家之一，但因枪支泛滥、失业率居高不下和贫富悬殊等原因，南非的治安环境较为严峻。2021 年 1 月，南非约翰内斯堡连续发生两起对华商的劫持案。[①] 7 月，因南非前总统祖马被捕，南非夸纳省、豪登省等多地发生了 1994 年结束种族隔离制度以来最严重的骚乱。7 月 7 日，南非前总统祖马因藐视法庭罪向警方投案，其后祖马的支持者发起示威游行，要求释放祖马。随后抗议活动很快蔓延到多个省份，并升级成打砸抢烧等暴力骚乱事件，数百家商铺遭抢劫、纵火。中方在南非人员亦受到波及，部分旅南侨胞和中资企业人员在骚乱中遭受严重损失。[②] 中国驻南非使领馆高度重视，第一时间启动应急响应机制，连续发布警示提醒，并积极就此做南非有关部门工作，要求对方切实加强对在南中国公民和企业的保护。[③] 夸祖鲁-纳塔尔省新堡市是华人纺织厂的聚集地，至少有百余家华人开办的纺织工厂。为减轻损失，该市的华人警民中心还组建成立了自卫队，负责在工业区主要路段不间断巡逻，以保障区域内华人的生命财产安全。[④]

---

① 《约堡连发两起针对华商劫持案 提醒大家务必高度重视》，《非洲时报》，2021 年 1 月7 日，www.africantimes2005.com/nfhs/32532.html，访问日期：2022 年 1 月 8 日。

② 《外交部：已要求南非政府加大对在南中国公民和企业的保护》，中国新闻网，2021 年 7 月 16 日，https://www.chinanews.com.cn/gn/2021/07-16/9521710.shtml，访问日期：2022 年 1 月 17 日。

③ 《中国驻南非使领馆要求南方切实加强对在南中国公民和企业的保护力度》，人民网，2021 年 7 月 16 日，world.people.com.cn/n1/2021/0716/c1002-32159474.html，访问日期：2022 年 1 月 17 日。

④ 《南非华人讲述暴乱亲历：打砸抢严重，华人组建自卫队保护安全》，“红星新闻”搜狐号，2021 年 7 月 14 日，https://www.sohu.com/a/477466978_116237，访问日期：2022 年 1 月 17 日。

五　拉美地区政治波动加剧

2021年拉美迎来了密集选举，多国举行选举，政权更替频繁。在此政治背景下，受新冠疫情反复、经济下滑、贫富分化，政局不稳等因素的影响，拉美地区多国社会动荡加剧，这很可能对营商和投资环境构成不利影响。

（一）拉美政治局势多变

拉美地区的政治形势复杂多变。厄瓜多尔、秘鲁、智利、尼加拉瓜、洪都拉斯和海地等多国举行大选，墨西哥和阿根廷等国举行中期选举，左右力量博弈呈现均势的局面。此外，民众对政府的不信任度普遍上升且处于高位。巴西总统博索纳罗在民调中的不信任率为58%，而阿根廷、哥伦比亚、智利三国总统的不信任率都超过了70%。[①] 2021年7月，海地总统若弗内尔·莫伊兹遇刺。同时，街头政治有所升温。在巴西，政治斗争的升级催生了社会舆论对抗，街头政治呈现正反对立的明显特征。哥伦比亚全国性的大罢工持续数月。厄瓜多尔由于毒品暴力事件的激增，一度进入紧急状态。另外，阿根廷、古巴、智利、萨尔瓦多也在2021年发生了局部社会骚乱。[②] 拉美和加勒比地区的政治局势较为复杂，地区稳定性堪忧，这可能对营商和投资环境造成不利影响。例如，智利总统选举结束后，矿业发展因可能出台的新政策存在一定的不确定性，从而导致全球矿业相关企业股价出现了一定波动。[③]

---

① 周志伟：《拉美：当变局遭遇困局》，《世界知识》2021年第24期。

② 周志伟：《拉美：当变局遭遇困局》，《世界知识》2021年第24期。

③ 《拉美经济回暖但仍面临挑战》，新华网，2021年12月27日，www.news.cn/2021-12/27/c_1128204900.htm，访问日期：2022年1月20日。

（二）拉美新冠疫情形势严峻

2021 年，拉丁美洲和加勒比地区疫情防控形势依然严峻复杂。截至 2021 年 11 月，拉美地区新冠确诊病例数量占全球的 19%，死亡病例全球占比更是高达 31%。[①] 拉美国家 2021 年的主要任务仍是控制新冠疫情、恢复经济。为应对疫情冲击，拉美各国普遍采取了积极财政政策和宽松货币政策，此举可能加剧拉美经济高通胀的风险。另外，拉美国家腐败问题严重，疫情背景下，拉美各国的反腐能力下降，尤其是巴西、哥伦比亚和墨西哥等国。反腐能力方面的变化恐将进一步挫伤投资者对该地区的信心。[②]

中国是拉美地区第二大贸易伙伴国，中拉贸易投资在 2021 年保持了较高增长，在拉美中资企业已超过 2700 家。[③] 在严峻的疫情形势下，中资企业不仅要完善防控措施，及时安排中方及当地员工做好疫苗接种，还要面对疫情持续带来的失业率上升、社会治安恶化等问题。2021 年，拉美地区社会治安环境恶化，部分国家针对亚裔的抢劫绑架案件多发。巴西频繁出现大规模的游行示威，2021 年 5 月，巴西 200 多个城市举行游行示威，抗议巴西政府抗疫不力，要求巴西总统博索纳罗立即下台。[④] 11 月，巴西巴伊亚州郊区发生了一起针对

---

① 周志伟：《拉美：当变局遭遇困局》，《世界知识》2021 年第 24 期。

② 《社会经济与政治“双杀”下的拉丁美洲》，化险集团网站，2021 年 7 月 24 日，https://www.controlrisks.com/zh/our-thinking/chinese/latin-americas，访问日期：2022 年 1 月 20 日。

③ 《拉美地区经济缓慢复苏（国际视点）》，人民网，2022 年 1 月 24 日，world.people.com.cn/n1/2022/0124/c1002-32337789.html，访问日期：2022 年 1 月 20 日。

④ 《巴西 200 城爆发大规模示威游行：数万人上街，高喊“博索纳罗种族灭绝”》，观察者网，2021 年 5 月 30 日，https://www.guancha.cn/internation/2021_05_30_592551.shtml，访问日期：2022 年 1 月 20 日。

中国公民的暴力谋杀案件。[①] 新冠疫情严重的哥伦比亚，反政府游行在各地持续进行。2021 年 7 月，古巴全国多地也罕见地发生了游行示威。阿根廷多次发生华人超市遭抢劫事件，多名在厄瓜多尔的中国公民遭抢劫，中国公民人身财产安全遭到严重威胁。[②]

六　南太平洋岛国地区

随着中国综合国力的上升以及“一带一路”倡议的不断延伸，我国与南太平洋岛国的政治、经济、文化联系也在不断加强。2021 年，部分岛国政局动荡、骚乱升级，直接威胁我国在该地区海外公共安全。

（一）南太岛国萨摩亚政局动荡持续数月

2021 年 4 月，萨摩亚举行选举，执政的人权保护党和信仰统一党获得相同的议席数，双方一时陷入政治僵局。为此，萨摩亚时任总理于 5 月 4 日宣布 5 月 21 日重新举行大选。5 月 17 日，萨摩亚最高法院判定人权保护党获得的一个议席无效，信仰统一党获胜。[③] 长期执政的人权保护党及其领袖图伊拉埃帕不承认选举失败，拒绝移交政权，而是继续履行职务，到 2021 年 7 月 23 日为止，萨摩亚一直处于双重政府状态。

萨摩亚的政治动荡，使中国共建“一带一路”项目陷入舆论风

① 《巴西一中国公民遭歹徒枪击身亡 驻里约总领馆发安全提醒》，《新京报》，2021 年 11 月 11 日，https://www.bjnews.com.cn/detail/163659213614837.html，访问日期：2022 年 1 月 20 日。

② 《多名在厄中国公民遭抢劫 驻厄瓜多尔使馆发安全提醒》，中国新闻网，2021 年 9 月 8 日，https://www.chinanews.com.cn/hr/2021/09-08/9560802.shtml，访问日期：2022 年 1 月 21 日。

③ 《萨摩亚看守政府总理表示现政府仍在执政》，新华网，2021 年 5 月 24 日，www.xinhuanet.com/2021-05/24/c_1127486757.htm，访问日期：2022 年 1 月 22 日。

波。信仰统一党的菲娅梅（Fiame Naomi Mata'afa）曾表示，如果她在选举中获胜，正式成为萨摩亚新任领导人，则会马上停止和中国合作的港口建设项目。西方媒体借机炒作“债务陷阱论”，抹黑中国在萨摩亚的建设项目，瓦伊乌苏港项目陷入风波。[①] 萨摩亚新任总理菲娅梅上任后，取消了瓦伊乌苏湾（Vaiusu Bay）港口项目，但同时表示不会对中国“关上大门”。[②]

中国与萨摩亚自1975年建交以来，两国在经济、贸易、技术、文化等多个领域的合作日益扩大。中国在基础建设、民生等方面给萨摩亚提供了各种援助，民意基础较好，截至2021年，未发生过中资企业或人员请愿及罢工事件。新党派上台后的对华政策虽有不确定性，但中国的投资有助于萨摩亚的经济发展，出于国家利益的考量，萨摩亚新政府不可能完全取消中资项目。2021年8月14日，中国港湾工程有限责任公司承建的萨摩亚阿皮亚港升级项目举行了开工典礼，萨摩亚总理菲娅梅，教会部部长莫利，工程、运输和基础设施部部长奥洛以及港务局局长苏阿洛出席仪式并致辞。[③] 萨摩亚还加入了2021年10月21日举行的首次中国-太平洋岛国外长会，并发表联合声明。

（二）所罗门群岛骚乱升级

2021年11月24日，约有1000名示威者聚集在所罗门群岛的国会

① 《親中派首相、選挙敗北認めず》，日本时事通讯社，2021年5月24日，https://www.jiji.com/jc/article?k=2021052400611&g=int，访问日期：2022年1月22日。

② 《这个太平洋岛国新总理：停掉中方港口项目，但不会对中国关上大门》，观察者网，2021年7月31日，https://www.guancha.cn/politics/2021_07_31_601046.shtml，访问日期：2022年1月22日。

③ 《总理出席！中国港湾萨摩亚阿皮亚港升级项目正式开工》，中国对外承包工程商会网站，2021年8月23日，https://www.chinca.org/CICA/info/21082008453711，访问日期：2022年1月22日。

议事堂前，要求总理索加瓦下台。[①] 参加集会的一部分人暴徒化，冲击政府部门、学校、银行、警察局等机构，洗劫唐人街、焚烧华人店铺。严重的骚乱使在所罗门的中国公民和中资机构安全风险急剧增加。

中国驻所罗门群岛大使馆第一时间向所政府和警方表达严重关切并提出交涉，要求所方采取一切必要措施，加强对中国企业和人员的保护，维护中国企业和公民的安全和合法权益。[②] 所罗门群岛没有军队，只有一支 1000 多人的警察部队，骚乱后，所警察部队暴露出装备匮乏、训练不足等诸多问题。所罗门政府积极寻求外部援助，中国政府向所方提供了一批警用装备，首批援所警用装备物资于 2021 年 12 月 29 日抵达首都霍尼亚拉。[③]

此外，在所中资企业和中国公民还面临着疫情风险，以及新冠疫情可能对投资合作带来的负面影响。截至 2021 年 12 月 30 日，所罗门群岛累计确诊病例 24 例，疫苗完全接种率仅为 8.83%。疫情暴发后所罗门政府迅速采取了"封国""断航"等措施。由于航班中断，在所中资企业国内新派出人员难以及时赴所，只能以搭乘包机方式入境。人员入境除须从移民局取得入境许可或签证外，还须向疫情监管委员会提出申请，并获得批准。[④]

---

① 《"亲台"省份挑起冲突，所罗门骚乱升级，华人店铺遭殃》，《环球时报》人民号，2021 年 11 月 26 日，https://mp.pdnews.cn/Pc/ArtInfoApi/article? id = 24999906，访问日期：2022 年 1 月 23 日。

② 《中国驻所罗门群岛大使馆提醒中国公民加强安全防范》，中华人民共和国外交部网站，2021 年 11 月 25 日，https://www.mfa.gov.cn/wjbzwfwpt/kzx/tzgg/202111/t20211125_10452834.html，访问日期：2022 年 2 月 23 日。

③ 《中国临时警务顾问组致全体旅所侨胞、中资企业的慰问信》，中国驻所罗门群岛使馆网站，2022 年 1 月 31 日，http://sb.chineseembassy.org/sgxw/202201/t20220131_10637841.htm，访问日期：2022 年 2 月 23 日。

④ 《对外投资合作国别（地区）指南 所罗门群岛》，中华人民共和国商务部网站，2022 年 1 月，www.mofcom.gov.cn/dl/gbdqzn/upload/suoluomenqundao.pdf，访问日期：2022 年 2 月 23 日。

结　语

2021 年，在新冠疫情和大国博弈交织叠加背景下，中国以携手抗疫为契机，以务实合作为抓手，切实维护了海外中资企业和中国公民的安全。展望 2022 年，美国拉拢其盟友抗衡中国之势不会逆转，与此同时，美俄之间的紧张关系也难有实质性改善。尤其在乌克兰地区，俄乌冲突酝酿升级，安全局势更趋复杂。世界其他地区的政局不稳迹象已有所显现。

在南亚，美国撤出后的阿富汗面临着诸多复杂的挑战，地区安全形势复杂。巴基斯坦与印度在克什米尔地区的主权问题，以及各自国内的党派、宗教等纷争仍在继续。在东南亚，缅甸形势错综复杂，掌握政权的缅甸军政府将何去何从；在民粹主义高涨背景下，泰国政治局势能否平稳难以预测。中东叙利亚内战持续了 10 年以上，局部战争仍在反复进行，伊拉克激进派可能再次崛起，“伊核协议”的谈判前景不容乐观，巴以问题周期性复发，难有突破性进展。在非洲，埃塞俄比亚内部斗争激化，苏丹的政局持续不稳，索马里、尼日利亚和莫桑比克过激派的袭击持续，与治安部队的冲突扩大。2022 年，美国、法国、日本、菲律宾、巴西等多国将举行重要的选举，选举结果势必影响政治局势。

总之，2022 年全球范围内新冠疫情仍将反复，国家之间的战略博弈仍将继续，地区热点问题的解决困难重重，部分地区安全形势可能恶化，多国面临选举，政权稳定性堪忧。多重不安定因素层叠，中国海外公共安全的不确定性和风险增加。

世界经济环境及其对中国海外公共安全的影响

彭　博*

摘　要： 受全球通胀持续飙升、新冠疫情持续蔓延和美国对华战略竞争持续升温等因素的影响，2021 年世界经济形势在复苏中充满不确定性，中国外部经济环境呈现较为明显的恶化趋势。为了缓解世界经济新特征对中国经济造成的负面影响，中国政府、海外企业和公民应采取具有针对性的对策措施，切实有效地维护中国海外公共安全利益。首先，针对全球通胀持续升高所引发的资源民族主义问题，中国海外企业要通过友好协商或法律手段维护自身权益，并提升风险认知和管理能力。其次，针对新冠疫情导致全球供应链出现范式转型的问题，中国政府应加快构建稳定的区域价值链体系，海外企业需要创新管理思路并升级管理技术，海外公民则应加强自身防疫能力建设并接受必要的心理疏导。最后，针对美国对华战略竞争带来的诸多负面影响，中国应当从提升自身核心竞争能力与创造中美合作环境两方面入手加以应对。

关键词： 外部经济环境　全球高通胀　新冠疫情　战略竞争

* 彭博，中国社会科学院世界经济与政治研究所外交政策研究室助理研究员，研究方向为国际安全。

一 世界经济形势特征：复苏中充满不确定性

2021 年，随着新冠疫情的逐渐缓解，全球经济呈现明显的复苏之势。国际货币基金组织（IMF，International Monetary Fund）发布的《世界经济展望》（*World Economic Outlook*）显示，2021 年全球 GDP 增长率为 5.9%，发达经济体为 5%，新兴经济体为 6.5%。[①] 根据世界贸易组织（World Trade Organization）2021 年 10 月公布的数据，2021 年上半年全球商品贸易量同比增长 13%。2021 年全年增长率预计为 10.8%，北美地区商品出口量增长 8.1%，进口量增长 12.6%；欧洲地区分别为 9.7%和 9.1%；亚洲地区分别为 14.4%和 10.7%。[②] 根据联合国贸易和发展会议（United Nations Conference on Trade and Development）的数据，2021 年全球对外直接投资呈现强力反弹之势，同比增加 77%，高达 1.65 万亿美元，已超过新冠疫情前的水平。2021 年流入发达经济体的对外直接投资增长最快，达 7770 亿美元，是 2020 年的 3 倍，流入发展中经济体的对外直接投资同比增加 30%。[③] 根据国际劳工组织（International Labour Organization）的数据，2021 年全球年失业率为 6.2%，其中低收入经济体 5.9%，中低收入经济体 5.9%，中高收入经济体 6.7%，高收入经济体 5.6%；同

---

① International Monetary Fund, *World Economic Outlook* (Washington, DC: International Monetary Fund, January 2022), p. 5.

② World Trade Organization, *Global Trade Rebound Beast Expectations but Marked by Regional Divergences* (Geneva: World Trade Organization, October 4, 2021), p. 5.

③ United Nations Conference on Trade and Development, *Global FDI Rebound Strongly in 2021, but Recovery Highly Uneven* (Geneva: United Nations Conference on Trade and Development, January 19, 2022), p. 1.

比涨跌幅分别为-0.3%、0.6%、-0.4%、0%和-1.2%。[①] 2022年1月，著名市场研究公司益普索集团公布的全球消费者信心指数（Global Consumer Confidence Index）、全球就业指数（Global Jobs Index）、全球投资指数（Global Investment Index）、全球预期指数（Global Expectations Index）等都基本上恢复到新冠疫情前的水平。[②]

与此同时，中国经济取得诸多突破性成就。全年经济增速实现近十年来最高的8.1%，经济总量达114万亿元。对外进出口贸易总额首次突破6万亿美元，吸引投资规模达11493.6亿元新高点。[③] 尽管如此，2021年中国外部经济环境依旧趋于复杂和充满不确定性，面临的既有挑战与潜在风险不容忽视，这主要源于全球通胀率的持续攀升、新冠疫情的持续流行和美国对华战略竞争的持续升温等因素的交织作用。

（一）全球通胀率持续攀升

2021年，影响世界经济最重要的变量之一是全球通胀率，对世界最大经济体美国而言尤为明显。过去一年，美国连续打破历史最高通胀率。2021年12月，美国消费者价格指数（CPI）同比上涨7%，创下自1982年6月以来的最大涨幅。[④] 除了发达经济体，大多数新

① "Unemployment Rate by Sex and Age—ILO Modelled Estimates, Nov. 2021 (%) - Annual," International Labour Organization, accessed January 20, 2022, https://www.ilo.org/shinyapps/bulkexp lorer 51/? lang = en&segment = indicator&id = UNE_2EAP_SEX_AGE_RT_A.

② "Global Consumer Confidence Indexing at the Same Level as Pre-pandemic," the Ipsos, January 21, 2022, accessed January 23, 2022, https://www.ipsos.com/en/global-consumer-confidence-index-january-2022.

③ 《中国经济彰显强劲韧性》，中国政府网，2022年1月21日，http://www.gov.cn/xinwen/2022-01/21/content_5669634.htm，访问日期：2021年1月22日。

④ 《食住行全涨价！美国通胀率创近40年新高》，新华网，2022年1月13日，http://www.xinhuanet.com/world/2022-01/13/c_1128260301.htm，访问日期：2022年1月22日。

兴市场和发展中经济体在2021年都经历了通胀的飙升，109个新兴市场和发展中经济体中有78个面临年通胀率超过5%的问题。

全球高通胀带来的一系列负面影响，进一步打击了亟待从新冠疫情中恢复的世界经济。发达经济体与发展中经济体共同面临商品价格上涨与全球需求上升的问题。截至2022年1月，油价较2020年12月上涨了77%。随着运输成本的飙升，全球供应链问题较过去两年更为严重。食品价格上涨对低收入国家造成沉重打击。2021年，79%的新兴市场和发展中经济体食品价格涨幅超过5%。食品在这些国家的普通家庭消费中所占份额比发达经济体要大得多，意味着其通胀可能持续存在。高企的能源价格，通过更高的化肥与运输成本进一步传导给食品。[①] 此外，奥密克戎（Omicron）新变异毒株以其更强的免疫逃逸能力和更大的扩散传播规模，使消费结构进一步失衡。消费者更热衷于购买商品，而非将开支重新转向旅游与外出就餐等服务业，进一步加剧了本已高企的通胀率。[②]

中国是全球最大的大宗商品交易国之一，却长期在全球市场中处于相对劣势地位，定价权有限。当前，大宗商品交易基本呈现“东方交易、西方定价、美元计价、期货基准”的格局特征，严重抑制

---

① Carmen M. Reinhart and Clemens Graf Von Luckner, “The Return of Global Inflation,” Project Syndicate, accessed February 28, 2022, https://www.project-syndicate.org/commentary/return-of-global-inflation-by-carmen-reinhart-and-clemens-graf-von-luckner-2022-02?a_la=english&a_d=62067728a72fe630c0cb5cc7&a_m=&a_a=click&a_s=&a_p=homepage&a_li=return-of-global-inflation-by-carmen-reinhart-and-clemens-graf-von-luckner-2022-02&a_pa=curated&a_ps=&a_ms=&a_r=.

② 《英媒分析：奥密克戎对世界经济影响几何》，《参考消息》网站，2021年12月12日，http://www.cankaoxiaoxi.com/finance/20211212/2462700.shtml，访问日期：2022年2月28日。

中国产业发展、威胁中国经济安全并制约中国国际影响力。[①] 这种情况在当前全球高通胀背景下尤为明显。根据中国国家统计局数据，对煤炭、钢铁和其他原材料的强劲需求推动中国2021年12月份全国工业生产者出厂价格指数（PPI）同比增长10.3%，环比下降1.2%。[②] 同月中国消费者价格指数（CPI）同比增长1.5%，环比下降0.3%。[③] 由此可见，受制于终端消费需求的低迷，PPI上涨难以对CPI产生明显影响。尽管两项指数涨幅均较前一个月有所下降，但两者间存在的"剪刀差"从年初的0.6%一路飙升至年末的8.8%，并从年中起始终处于7%以上的高位。PPI与CPI"剪刀差"的高位运行，可能加大下游企业经营压力，引发失业率上升、制造业投资放缓以及金融风险加剧等负面影响。[④]

（二）新冠疫情持续流行

新冠疫情大流行对世界经济最明显的影响是对全球供应链的冲击。自2021年11月以来，奥密克戎新变异毒株的突然来袭，打击了人们对全球经济增长的乐观估计。世界银行（World Bank）最新报告《全球经济展望》（*Global Economic Prospects*）指出，不同于20世纪70年代石油危机造成的供给冲击，新冠疫情带来的供给冲击更加多样化和不

---

① 赵雪情等：《全球大宗商品定价机制演进及中国对策》，《人民币国际化观察》2021年第13期。

② 《2021年12月份工业生产者出厂价格同比上涨10.3% 环比下降1.2%》，国家统计局网站，2022年1月12日，http://www.stats.gov.cn/tjsj/zxfb/202201/xxgk/sjfb/zxfb2020/202201/t20220112_1826191.html，访问日期：2022年1月31日。

③ 《2021年12月份居民消费价格同比上涨1.5% 环比下降0.3%》，国家统计局网站，2022年1月12日，http://www.stats.gov.cn/xxgk/sjfb/zxfb2020/202201/t20220112_1826190.html，访问日期：2022年1月31日。

④ 《张启迪：PPI与CPI剪刀差创新高的原因、影响及建议》，界面新闻，2021年10月21日，https://m.jiemian.com/article/6726620.html，访问日期：2022年1月31日。

明朗，使全球供应链更具不确定性。[①] 麦肯锡公司（McKinsey & Company）2021年发布的研究报告《COVID－19如何重塑供应链》（*How COVID-19 Is Reshaping Supply Chains*）指出，过去一年里，供应链领导者采取果断行动应对新冠疫情大流行，包括有效地适应新的工作方式、增加库存并提高数字和风险管理能力。尽管如此，全球供应链仍具有中断风险，区域化布局成为当前大多数跨国公司的优先事项。近90%的受访企业高管表示，希望在未来三年内实现一定程度的区域化，特别是医疗保健和工程、建筑，以及基础设施等行业。[②]

由此可见，新冠疫情对未来全球供应链的影响可能是范式性的。疫情流行不仅加速了"慢全球化"时代的到来，甚至可能已经引领世界走向"去全球化"或"区域化"的时代。相关研究指出，持续数十年的全球化进程将在疫情过后被颠覆性地重塑，向一个更加依赖地区化的世界经济模式转变，以期实现供应链效率与韧性之间的平衡。[③] 更有观点认为，这种基于地区的世界经济能够为可持续增长、减贫、抑制贫富差距以及减缓环境退化等带来较大收益。[④]

即便如此，在疫情长期影响下，供应链模式转型的消极影响依然不

---

① "Global Economic Prospects," World Bank, January 2022, accessed January 30, 2022, https://www.worldbank.org/en/publication/global-economic-prospects.

② Knut Alicke, Ed Barriball and Vera Trautwein, "How COVID-19 Is Reshaping Supply Chains," McKinsey & Company, November 23, 2021, accessed January 30, 2022, https://www.mckinsey.com/business-functions/operations/our-insights/how-covid-19-is-reshaping-supply-chains.

③ Martin Reeves and Raj Varadarajan, "When Resilience Is More Important than Efficiency," BCG/Henderson Institute, January 30, 2020, accessed January 30, 2022, https://www.bcg.com/publications/2020/resilience-more-important-than-efficiency.

④ Peter Enderwick and Peter Buckley, "Rising Regionalization: Will the Post-COVID-19 World See a Retreat from Globalization?" Transnational Corporations, vol. 27, no. 2 (2020): 99-112.

容忽视，即呈现由全球性和开放性逐渐向区域性和封闭性转型的趋势，由互补性和合作性的产业体系逐步转向替代性和竞争性的产业体系。[①]这种转型势必给世界经济带来较大冲击与震动，特别对中国这样已高度嵌入现行供应链体系的国家来说更是如此。2021年，中国连续11年成为世界最大的制造业国家，“十三五”时期中国制造业对世界制造业贡献的比重接近30%；[②] 同年，中国进出口贸易额首次突破6万亿美元大关，稳居世界第一大贸易国地位。改革开放40多年，中国产业链、供应链与全球生产和物流网络实现了深度融合，已经从制造品装配的“世界工厂”发展成为全球生产网络的枢纽。一方面，中国可以凭借自身产业链和供应链的韧性，维持必要生产和服务的重要能力，在全球供应链中发挥“压舱石”作用。另一方面，对全球供应链的深度嵌入，也提醒中国应对生产、贸易和投融资等领域的不确定性提前布局。

（三）美国对华战略竞争持续升温

2021年是拜登就职美国总统的第一年，其对华经济政策总体上没有脱离特朗普政府对华经济竞争的逻辑，甚至更加突出了应对“中国挑战”的首要性和唯一性。特朗普将中俄崛起视为“大国竞争”时代回归的标志，拜登政府更是将中国定义为“21世纪最大的地缘政治考验”。[③] 拜登政府《美国印太战略》指出，美国的目标不

① 刘振中：《构建以我为重心的“3+2”区域供应链体系》，《中国发展观察》2021年第16期。

② 《我国“十三五”制造强国和网络强国建设主要目标如期完成》，中国政府网，2021年3月2日，http://www.gov.cn/xinwen/2021-03/02/content_5589587.htm，访问日期：2022年1月28日。

③ Simon Lewis and Humeyra Pamuk, “Blinken Singles Out China as ‘Biggest Geopolitical Test’ for U.S.,” Reuters, March 3, 2021, accessed January 20, 2022, https://www.reuters.com/world/china/blinken-singles-out-china-biggest-geopolitical-test-us-2021-03-03/.

是改变中国，而是塑造中国行动的战略环境，以此构建一个有利于美国和盟友之间共同利益与共享价值的世界。[①] 基于此，拜登政府在多个重点经济技术领域对中国施以战略竞争政策。

在基础设施领域，2021 年 6 月，美国与日本和澳大利亚重启"蓝点网络"（Blue Dot Network）计划，旨在帮助吸引私人资本参与发展中国家和新兴经济体的基础设施项目。同月，拜登在 G7 峰会期间启动了"重建更美好世界"（B3W）计划，目的是建立由价值驱动的、高标准和透明的基础设施伙伴关系。这些计划均被视为美国联合盟友向发展中国家和新兴市场提供针对中国"一带一路"倡议的替代选择。

在高新技术领域，一方面，美国致力于通过"小院高墙"战略在关键技术领域"规锁"中国，以技术出口管制政策塑造对中国的局部"脱钩"局面，以此遏制中国高新科技发展，维持对中国的核心竞争优势。另一方面，拜登政府持续增加在科技领域的投入。2021 年 6 月美国参议院通过了《2021 年美国创新与竞争法案》，授权美国政府在未来 5 年内投入千亿级美元资金从总体上增强美国科技实力；2022 年 1 月，美国众议院推出《2022 年美国竞争法案》。根据该法案，美国将创立美国芯片基金，拨款 520 亿美元鼓励美国私营部门投资半导体生产，同时授权 450 亿美元改善美国的供应链，确保美国在科学研究和技术创新领域的竞争力和领导地位。

在区域经济合作领域，2021 年 10 月，拜登政府宣布与伙伴国家制定"印太经济框架"（IPEF），提出六大重点合作领域，包括贸易便利化、数字经济和技术标准、供应链弹性、去碳化和清洁能源、基础设施、劳工标准等。2022 年 2 月，美国进一步将这些合作领域提

① "Indo-Pacific Strategy of the United States," The White House, February 2022, accessed Februar 28, 2022, https://www.whitehouse.gov/wp - content/uploads/2022/02/U.S.-Indo-Pacific-Strategy.pdf.

炼为四个“支柱”，即“公平和有弹性的贸易、供应链的弹性、基础设施和脱碳、税收和反腐败”。“印太经济框架”被视为美国重新参与经济规则制定的标志，也被视为其与中国在区域经济合作领域战略竞争的标志。

与此同时，拜登政府加快调整特朗普时期的盟伴政策，旨在重建美国主导的遏制中国的全球经济联盟。一方面，美国与其关键盟友在经济领域达成一系列和解，清除合作障碍。2021 年 10 月，美欧达成“钢铝关税协议”，避免欧盟对美实施报复性关税，为修复跨大西洋伙伴关系提供了动力。2022 年 2 月 7 日，美国同意取消特朗普时期对日本钢铁征收的进口关税，是继美欧协议后的进一步举措，有助于消除长期干扰美日双边关系的一个障碍。另一方面，在《区域全面经济伙伴关系协定》（RCEP）正式生效，以及中国申请加入《全面与进步跨太平洋伙伴关系协定》（CPTPP）和《数字经济伙伴关系协定》（DEPA）的情况下，拜登政府除提出“印太经济框架”构想外，还致力于进一步升级与亚太盟友的双边经济合作关系。例如，2022 年年初美日两国首脑就新设经济版部长级“2+2”磋商达成协议，构建美日讨论印太地区基建与第三国投资合作的新平台，预计还将包括涉及中国的“经济安全”问题。

二　世界经济形势对中国海外公共安全的影响

在全球高通胀、新冠疫情、美国对华战略竞争等因素的综合作用下，世界经济环境恶化趋势明显，导致中国海外企业投资与运营风险、海外公民人身财产风险上升。

第一，全球高通胀率推动大宗商品价格持续飙升，导致民族资源主义重新抬头，使中国海外企业和公民面临越发严峻的挑战。

2021 年，不仅美欧等发达国家的通胀率达到了几十年来的新高点，新兴经济体与发展中经济体也遇到了同样的问题。特别是在一些最不发达国家和地区，高通胀所导致的能源与食品价格上涨，甚至威胁到民众的基本生存需求。截至 2020 年年底，全球范围内遭受饥饿的人数已经达到了 8.11 亿。联合国粮农组织的数据显示，与 2020 年 12 月相比，2021 年 12 月的食品价格指数同比增长了 23.1%，主要归因于谷物（44%）、植物油（66%）以及食糖（30%）价格的上涨。[①] 2021 年，巴西遭受严重旱情，玉米产量下降；加拿大受夏季热浪袭击，预计 2022 年油菜籽产量比上年减少 30%；马来西亚棕榈油生产受疫情影响严重；土耳其面包价格飞涨。

高通胀引发部分国家政治环境的不稳定，包括政府支持率的下跌甚至是政权的更迭，这些均会导致政府政策的重大转变，使政府作出与境外企业利益严重相悖的政治决策，出现政府违约或改约现象。2021 年，在高通胀导致的巨额财政赤字与大宗商品价格飙升的综合作用下，资源民族主义重新抬头。资源丰富但资金紧张的国家倾向于寻求修订矿业财政政策，强令现有采矿合同重新谈判，要求原矿在本土选冶并限制出口，并且对投资者提出更多要求以增加税收。2021 年 5 月，智利国会下议院通过一项法案，对铜和锂的销售征收新的特许权使用费。同月，马达加斯加矿业部长再次推动修订矿业法规，包括增加特许权使用费以及将 20% 的采矿产量分配给国家。2021 年 6 月，美国内华达州于 2021 年 6 月批准了一项提议，对总收入在 2000 万美元至 1.5 亿美元的金银矿商征收 0.75% 的消费税，对总收入超过 1.5 亿美元的矿商征收 1.1% 的消费税。对于中国等矿产进口大国而言，越发严格的资源民族主义政策无疑会对经济增长造成消极影响。海关总署发布的数据显示，2021 年 1～12 月，中国累计进口铁矿石

---

① 《2021 年全球食品价格显著攀升》，联合国网站，2022 年 1 月 6 日，https://news.un.org/zh/story/2022/01/1097082，访问日期：2022 年 1 月 30 日。

112431.5万吨，同比下降3.9%；但进口额却同比增加3385.2亿元，增幅高达39.6%。[①] 这使得高度依赖铁矿石进口的中国钢铁行业越发被动。

政府未能采取有效措施应对高通胀压力，不仅会导致民众对执政当局的不满，也会使当地治安状况日趋恶化，严重影响海外中国公民的人身财产安全。以非洲为例，2021年非洲经济复苏乏力，贫困人口增多与社会不平等加剧等问题凸显，南非、尼日利亚、安哥拉等国发生大规模游行示威和社会骚乱，进一步导致社会治安形势普遍恶化，针对外国和当地公民的绑架和袭击事件频发。2021年4月7日，尼日利亚东南部贝努埃州一个建筑工地遭到不明身份武装分子袭击，造成1名中国公民和2名当地警察死亡，另有2名中国公民遭绑架。同年5月26日，南苏丹首都朱巴郊外拉杜地区发生一起武装袭击事件，造成1名中国工人和1名随行的南苏丹士兵遇害。

第二，全球新冠疫情的持续蔓延，使中国海外企业在东道国的生存面临前所未有的困难，并严重威胁海外中国公民的身心健康。

首先，海外企业的既定战略受到较大挑战。疫情反复带来高度不确定性和市场震荡，部分地区和市场经济增速放缓，客户需求出现重大转变，大部分企业难以在短期内调整发展战略，导致业务意外中断或被迫进行业务模式转型，极大威胁了企业的生存安全。在战略转型过程中，企业受制于数据不足或不可靠，缺乏对业务与员工相关问题的可预见性，从而影响了企业的决策能力。企业还面临诸如旅行限制导致的海外派遣推迟或取消、延长员工海外停留引发的合规问题，以

① 《海关总署2021年全年进出口情况新闻发布会》，中华人民共和国海关总署网站，2022年1月14日，http://www.customs.gov.cn/customs/xwfb34/302330/4124672/index.html，访问日期：2022年1月30日。

及特殊时期企业可调配资源减少导致的内部协调问题等,[①] 上述这些因素都对企业执行既有战略和制定新战略产生了较大负面影响。

其次，海外企业的正常运营受到较强冲击。疫情的长期持续使大多数企业陷入运营困境，最显著的表现是供应链的中断。从供给侧来看，工厂关闭破坏了从采购、生产到物流等各环节的正常运营及环节之间的有效衔接。由此，海外企业还面临无法正常履行商事合同与在寻找新货源的过程中遇到的法律问题。从需求侧来看，疫情的持续流行、经济下行与数字化的加速发展，深刻改变着消费者的习惯与需求。大规模的社交距离限制与旅行限制导致旅游和运输行业产值大幅下滑。[②]

最后，海外企业的财务状况日益恶化。消费需求的急剧变化导致企业业务的意外中断或被迫调整，令企业面临严重的财务问题。企业现金的严重短缺，导致其难以按时向贷款方支付利息，从而使企业授信遇阻，严重的会直接威胁企业的生存。

新冠疫情对我国海外公民的身心健康造成了不同程度的负面影响。自新冠疫情发生以来，中国采取积极有效的动态清零防疫政策，不仅有力保障了国内的公共卫生安全，而且创造了安全有序的复产复工环境。相比之下，世界其他国家和地区因政治、经济与社会观念等综合因素，始终在经济起伏与疫情反复之间做着艰难的平衡。部分国家为保护经济而暂缓疫情防控政策，并且面临医疗资源有限等问题，导致海外中国公民感染新冠病毒且无法得到及时治疗的情况屡见不鲜。2021 年以来，中国驻韩国使馆接到在韩确诊中国公民的咨询和

---

① 《如何应对新冠疫情：护航中国企业海外业务》，普华永道，2020，https://www.pwccn.com/zh/outbound-investment/support-outbound-bussiness-affected-by-covid-19.pdf，访问日期：2022 年 2 月 28 日。

② Katie Jones, "These Charts Show How COVID-19 Has Changed Consumer Spending Around the World," World Economic Forum, May 2, 2020, accessed January 10, 2022, https://www.weforum.org/agenda/2020/05/coronavirus-covid19-consumers-shopping-goods-economics-industry.

求助明显增多，普遍反映无法及时入院治疗，其中不乏重症和死亡病例。[①] 2021 年 7 月，德尔塔（Delta）毒株在伊朗全国传播，该国单日确诊病例持续突破 2 万例，其中包括不少在伊中国公民，甚至发生了集体感染事件。[②]

除生理卫生安全外，由新冠疫情引发的海外公民心理卫生安全问题也较为突出。相关研究表明，埃塞俄比亚中资企业员工心理健康状况较差，671 名员工中的 38.75%有疑似心理健康问题，主要表现为焦虑和抑郁、社会功能低下和自信心丧失等。其中，焦虑和抑郁最为明显，包括由于过分担心某事而失眠、处于高度紧张状态而倍感压力、觉得自己不能克服工作或生活中的困难等；社会功能低下表现为做事不能集中注意力、当面对需要决策的事情时不能迅速作出决定等；自信心丧失则表现为觉得自己没有价值。造成驻埃塞中资企业员工上述心理安全问题的原因是多元的，包括员工回国计划因疫情影响受阻、担心无法回国与家人团聚、所在公司未采取任何疫情防控措施等。[③]

第三，美国对华战略竞争政策深刻影响了两国的政治关系与经济往来，严重危及中国海外企业在美国的投资或经营活动，并对海外中国公民的生存造成不利影响。

拜登政府以国家安全、供应链韧性为由，继续在高科技、资本市场等领域推行对华“脱钩”政策，中国科技企业首当其冲，获

① 《中使馆：多名在韩确诊中国公民反映无法及时入院治疗 不少人回国后发现感染》，央视网，2021 年 12 月 30 日，https://news.cctv.com/2021/12/30/ARTI2378bmS8I4s34nnakvNe211230.shtml，访问日期：2022 年 1 月 10 日。

② 《多名在伊中国公民感染新冠肺炎 驻伊朗使馆提醒注意》，人民政协网，2021 年 7 月 26 日，http://www.rmzxb.com.cn/c/2021-07-26/2913845.shtml，访问日期：2021 年 12 月 20 日。

③ 陈朔等：《埃塞俄比亚中资企业员工心理健康状况及其影响因素分析》，《疾病监测》2022 年第 2 期。

取关键美制硬件与技术的难度加大。拜登就任总统月余，美国商务部便宣布，将包括奇虎360、哈尔滨工业大学、东方网力等在内的33家中国公司及机构列入“实体清单”。2021年4月，拜登政府首次以“国家安全”为由，将包括中国国家超级计算中心在内的7家中国超算实体列入“实体清单”，实施出口管制。同年5月，拜登宣布，将前总统特朗普签署的关于限制中国芯片的行政命令延长1年。

此外，拜登政府针对中国科技企业的投资限制逐步加强。2021年6月，拜登以“应对中国军工企业威胁”为由签署行政命令，将包括华为公司、中芯国际、中国航天科技集团有限公司等在内的59家中企列入投资“黑名单”，禁止美国资本与名单所列公司进行投资交易。同年11月，拜登政府宣布将继续实施特朗普时期的一项禁令，禁止美国人投资华盛顿所谓的由中国军方拥有的或控制的中国公司。12月15日，美国财政部将大疆和其他7家中企列入其“中国军工企业”黑名单，禁止美国投资者在已被列入黑名单的60余家中国企业持有金融股份。2022年3月，美国证券交易委员会（SEC）将5家中概股公司列入《外国公司问责法案》的暂定清单，3年内不符合其规定的公司可能被美国从交易所摘牌。

此外，美国对华竞争已经从经济技术领域向意识形态领域蔓延，美国政府大肆炒作涉华负面言论，利用所谓人权问题和新冠疫情等在美国国内和国际社会煽动对华敌意。皮尤研究中心于2022年4月发布的报告显示，2021年，82%的美国受访者对中国持有负面看法，高于上一年同期的67%；其中有40%的受访者对中国有非常负面的看法。在所有受访者中，有42%的美国人将其所谓的“中国的人权政策”视为严重关切。在拜登政府的炒作与助推下，美国民众对华负面看法持续发酵，助长了美国社会的仇华排华情绪。纽约市警察局2021年12月8日发布的数据显示，该市2021年针对亚裔的仇恨犯罪比2020年猛增361%。[①] 这些负面看法和犯罪行为严重威胁了海外中国公民的人身财产安全。

三　维护中国海外公共安全的应对措施

鉴于全球高通胀、新冠疫情与美国对华战略竞争等对中国海外公共安全的影响，中国政府、跨国企业和海外公民应采取具有针对性的措施，切实有效地维护中国海外公共安全利益。

第一，针对全球通胀持续升高所引发的资源民族主义问题，中国海外矿业公司在短期内可以采取“三步走”战略。首先，通过友好协商推动合同变更使国有化争议等问题获得解决；如果无法通过友好协商方式解决，可通过中国与当地政府签订的相关投资保护协定规定的调解或仲裁机构来解决争议；如果前两步均未成功实施，可通过法律维权解决争端，诉诸法律是根本性的保障手段。从中长期来看，中国海外矿业企业要加强风险认知能力建设，从战略发展角度更慎重地考虑长远目标，抓好安全管理、环境管理的升级。应遵循社会环境相关国际最佳实践标准和法律规范，并在生产经营中协调和平衡各方利益，不在安全与环境问题上授人以柄。当东道国出现较严重的政局动荡时，企业要认真做好风险评估工作，深入评估世界经济大势和东道国投资政策的变化，适当延缓或取消投资项目的实施，择机而动。

针对东道国应对高通胀不力所导致的社会治安状况恶化问题，海外中国公民和企业员工应加强海外安全意识，积极参加相关安全培

---

① 《国务院新闻办公室发表〈2021年美国侵犯人权报告〉》，中国长安网，2022年2月28日，http://www.chinapeace.gov.cn/chinapeace/c100007/2022-02/28/content_12601154.shtml，访问日期：2022年2月28日。

训，包括加强对相关国家方针政策、法律法规、风俗习惯的理解，做到“遵纪守法、相互尊重”；强化威险识别能力，根据现场环境作出威险评估，并就相关应对方式做好预案；增强高风险环境安全保障技能，例如在应对治安事件和武装袭击等突发事件时，具备一定的急救技能和野外生存技能等。①

第二，针对新冠疫情导致全球供应链出现范式转型的问题，中国应加快构建稳定的区域价值链体系，以期更好应对美西方打造的旨在遏制中国发展的平行体系。其中，基于中国与东盟在器物、制度与理念等维度的深厚根基，建设完善“中国-东盟”区域供应链应成为未来一段时期中国应对“慢全球化”和“去全球化”的核心战略方向。器物层面，2020 年以来，中国与东盟相互间贸易呈现逆势增长。海关总署 2022 年年初最新数据显示，中国与东盟贸易总额在 2021 年突破 8000 亿美元，达到历史高点。东盟连续两年成为中国第一大货物贸易伙伴，中国也有望连续 13 年保持东盟第一大贸易伙伴地位。② 制度层面，2022 年《区域全面经济伙伴关系协定》（RCEP）生效实施，将为区域经济发展注入强大动力。预计到 2030 年，RCEP 有望带动成员国出口净增加 5190 亿美元。③ 与此同时，中国-东盟自贸区 3.0 版建设即将启动。理念层面，中国与东盟长期的良性互动与合作持续深化，使双方逐渐达成了“相互尊重、合作共

---

① 商务部对外投资和经济合作司中国对外承包工程商会：《境外中资企业机构和人员安全管理指南》。

② 中华人民共和国驻东盟使团：《突破 8000 亿！东盟保持中国第一大货物贸易伙伴》，2022 年 1 月 14 日，http://asean.chinamission.org.cn/stxw/202201/t20220114_10495620.htm，访问日期：2022 年 2 月 15 日。

③ Peter A. Petri and Michael G. Plummer, “East Asia Decouples from the United States: Trade War, COVID-19, and East Asia’s New Trade Blocs,” PIIE, accessed January 10, 2022 June 2020, accessed January 10, 2022, https://www.piie.com/system/files/documents/wp20-9.pdf.

赢、守望相助、包容互鉴”的原则共识与互信基础。

全球供应链的中断或转型是海外企业在当下面临的首要问题，事关企业的生死存亡。因此，企业需要创新管理思路并升级管理技术，未雨绸缪或及时调整发展战略。德勤（Deloitte）发布研究报告《新冠肺炎疫情下管理供应链风险与中断》指出，新的供应链技术正在出现，可以极大提高端到端供应链的可见性，并支持公司抵御此类冲击的能力。传统的线性供应链模型正在转变为数字供应链网络（DSN，Digital Supply Network），有助于打破企业内存在的功能孤岛，帮助企业实现端到端的可见性、协作性、敏捷性和优化性。DSN 利用物联网、人工智能、机器人和 5G 等先进技术，旨在预测和应对未来挑战。无论是应对像 COVID-19 这样的“黑天鹅”事件，还是在贸易战、恐怖主义、监管变化、劳资纠纷、需求激增、供应商破产等突发情况下，部署 DSN 将是海外企业提升供应链韧性的一个潜在选项。①

卫生安全风险是疫情下海外中国公民面临的新的安全风险点。特别是由于防疫政策的差异，境外疫情的传播性与危害性远大于国内，确诊人数持续增加。这就需要中资机构人员、留学生和海外侨胞等做好个人疫情防控，遵守当地政府防疫规定和要求，根据自身情况接种疫苗。如需出行务必正确佩戴口罩并及时做好消杀，如果出现发烧咳嗽等疑似新冠症状及时就医。紧急情况下可主动联系所在国家的中国使馆寻求协助。同时，面临疫情持续蔓延导致的无法按时回国和正常工作学习等情况，应加强自我心理疏导，多和国内的家人联系沟通或寻求当地心理医生的帮助，避免由此引发心理健康问题。

第三，针对美国对华战略竞争带来的诸多负面影响，中国应当从

① Jim Kilpatrick and Lee Barter, “COVID - 19: Managing Supply Chain Risk and Disruption,” Deloitte, accessed February 28, 2022, https://www2.deloitte.com/global/en/pages/risk/cyber-strategic-risk/articles/covid-19-managing-supply-chain-risk-and-disruption.html.

提升自身核心竞争力与创造中美合作环境两方面入手加以应对。一方面，鉴于美国对华采取“小院高墙”政策，中国政府与企业应顺势抓住国产替代的机遇期，顺应全球各国增加半导体投入的趋势，加快建立完备的半导体产业链，实现关键材料、技术和设备的自主可控，不断提升中国科技公司的自主创新能力与核心竞争力。2021 年以来，国家陆续通过降低企业税收负担等方式，激励半导体企业增加研发支出和技术投入。例如，2021 年 1 月，国常会决定将制造业企业研发费用加计扣除比例由 75%提高至 100%。同年 3 月，国家发展改革委等 5 部门制定并联合印发享受免征进口关税的国家鼓励的重点集成电路设计企业和软件企业清单。

另一方面，中国应同美方一道在双方具有共同利益的领域加强对话与合作，创造正外部性以塑造有利于中国的外部经济环境。其中，全球卫生安全治理是中美两国当下共同关切的问题，也是有助于实现两国功能性合作的领域。布鲁金斯学会在《中美两国合作终结疫情的十个理由》（*10 Reasons the US and China Should Cooperate Now to Stop the Pandemic*）报告中指出，自新冠疫情发生以来，中美医学界始终保持着紧密的联系与合作，中美两国专家在冠状病毒研究上的合作比与其他任何国家的合作都多，而且这种合作的数量超过以往 5 年的总和。此外，中美两国是世界上为数不多能够生产疫苗的国家，两国应积极竞争，共同推进建设有效的疫苗平台。① 2021 年 12 月，美国战略与国际问题研究中心（CSIS）发布研究报告《在战略竞争时代推动美中卫生安全合作》（*Advancing U. S. -China Health Security Cooperation in an Era of Strategic Competition*）认为，尽管中美两国已经步入战略竞争时代，但两国在面临

① Li Cheng and Ryan McElveen, “10 Reasons the US and China Should Cooperate Now to Stop the Pandemic,” Brookings, accessed January 26, 2022, https://www.brookings.edu/blog/order-from-chaos/2021/03/02/10-reasons-the-us-and-china-should-cooperate-now-to-stop-the-pandemic/.

气候变化、核不扩散、卫生安全等全球性问题时，除了达成临时协议之外别无选择。报告列举了中美两国可以实现合作的六大潜在领域，包括疫苗和治疗、旅行、公共卫生基础设施、生物安全、供应链以及反对虚假信息等。①

结论

2021年，世界经济呈现复苏之势，然而受全球高通胀率、新冠疫情和美国对华战略竞争等因素的影响，中国仍然面临外部经济环境恶化的局面，导致中国海外公共安全风险明显上升。具体而言，2021年中国海外企业和公民面临的安全风险包括：部分国家兴起的民族资源主义严重损害中国海外矿业公司利益，所在国社会动荡危及海外中国公民人身安全，新冠疫情影响供应链稳定，美国对华战略竞争使中国科技公司生存和发展面临较大挑战，美国将竞争意识形态化对海外中国公民生存环境造成不利影响。为了有效应对和缓解这些不利局面，中国政府、海外企业和公民应采取针对性措施，例如，加快构建稳定的价值链体系，提高海外风险认知与管理能力，提升核心竞争力，积极营造良好国际环境。可以预见的是，2022年上述风险和挑战还将继续存在，甚至进一步强化。对此，中国学界和业界应继续高度重视并做好与海外公共安全相关的学术问题性、对策储备性和趋势前瞻性研究，为中国应对海外公共安全风险提供必要的知识储备与智力支撑。

---

① Huang Yanzhong and Scott Kennedy, "Advancing U. S. – China Health Security Cooperation in an Era of Strategic Competition," CSIS, December 2021, accessed January 26, 2022, https://csis-website-prod.s3.amazonaws.com/s3fs-public/publication/211201_Kennedy_USChina_HealthSecurityCooperation.pdf?2CC5_x4F2jIhaOgwo8mvqpPKkztE7RFG.

国际恐怖主义活动与中国海外公共安全：挑战与应对

范娟荣　李伟*

摘　要： 2021年国际恐怖活动进入新一轮回潮期。国际头号恐怖组织“伊斯兰国”不仅在中东的伊拉克和叙利亚重新集结，而且还在其他地区不断扩张分支机构的影响力。“基地”组织借“伊斯兰国”被打压之际，试图重塑地位。与此同时，极右恐怖主义威胁急剧上升，已然成为困扰西方国家的“明患”。从地区形势看，东南亚、中亚、欧美等地恐怖主义形势不容乐观，非洲、南亚等地爆发多起袭击或绑架中国人的事件。中国未来将进一步加大与阿富汗、巴基斯坦、马里等国的反恐合作力度，建立情报共享机制，加强司法合作，推动反恐走向深化，切实有效维护好中国海外利益安全。

关键词： 恐怖主义　国际反恐　海外公共安全

当前，国际恐怖主义形势依然严峻复杂。“伊斯兰国”和“基地”组织利用乱局坐大成势，谋求卷土重来。欧美白人至上种族主义恐怖袭击频发，极右恐怖主义威胁再次泛滥。美国从阿富汗仓促

* 范娟荣，中国社会科学院世界经济与政治研究所博士后，主要研究方向为国际恐怖主义与国际反恐问题；李伟，中国现代国际关系研究院研究员，博士生导师，主要研究方向为国际恐怖主义与国际反恐问题。

撤退，塔利班掌权后，国际恐怖主义势力急于填补真空地带。中亚国家对阿富汗溢出风险忧心忡忡。非洲的马里、莫桑比克、乌干达、刚果（金）等地内忧外患，恐怖势力、反政府武装横行无忌，中国的海外企业、机构、人员亦成为其袭击目标。东南亚恐怖势力在政府反恐高压下有所回退，但并未全面溃败。然而，美西方一些国家反恐战略日益内顾，国际反恐合作受到削弱。一些国家经济民生困顿、社会矛盾激化，为恐怖势力作乱提供了可乘之机。个别国家将反恐政治化、工具化，无端抹黑指责国际社会反恐和去极端化正当举措，甚至利用恐怖势力谋求地缘私利，客观上助推了恐怖主义回潮之势。

一　国际恐怖主义势力明显复苏

当前，国际恐怖组织“伊斯兰国”死灰复燃之势明显，其在伊拉克、叙利亚核心区继续发动针对政府军、什叶派与平民的无差别袭击。“基地”组织采取悄然复兴战略，旨在恢复“圣战”组织的龙头地位。与此同时，极右恐怖主义威胁欧美安全。

（一）“伊斯兰国”谋求重新集结

“伊斯兰国”虽遭重创，但转入地下后对国际社会安全与稳定的危害仍未消除。联合国报告显示，“伊斯兰国”在伊、叙核心区拥有武装分子6000~10000人，掌控资金2500万~5000万美元。“伊斯兰国”在上述两个国家组建恐怖团伙并训练成员发动袭击，保持不断滋长的势头。

在伊拉克，“伊斯兰国”策动的袭击集中在巴格达、基尔库克、迪亚拉和萨拉赫丁，主要采取游击战、伏击战、消耗战、经济战以及绑架等方式。一是袭击政府军，削弱对方实力。2021年9月，“伊斯兰国”在基尔库克附近袭击一处安全检查站，导致10名警察死亡。[①]二是袭杀平民，制造恐怖氛围。2021年7月，伊斯兰宰牲节前，“伊斯兰国”在巴格达萨德尔市乌海拉特（Al-Wuhailat）市场制造自杀式炸弹袭击，导致至少35人死亡，数十人受伤。联合国秘书长古特雷斯对此进行了强烈谴责，称这是“针对平民可怕的炸弹袭击”。[②]2021年1月，该组织两名武装分子在巴格达一个市场发动自杀式炸弹袭击，导致32人死亡、100多人受伤。三是破坏基础设施，攫取石油资源。2021年7月，“伊斯兰国”破坏伊东部迪亚拉省的高压输电线，导致该省自伊朗进口电力中断，民众生活受到严重影响。该组织还多次袭击基尔库克省的油田区，企图掠夺伊北部石油资源，恢复北部势力范围。

在叙利亚，“伊斯兰国”针对政府军的袭击延伸至哈马省和霍姆斯省，同时在德拉、苏韦达、哈塞克、拉卡和大马士革也很活跃。该组织有意图、有能力在叙利亚维持长期恐怖活动。一方面，继续滋扰大马士革、代尔祖尔、拉卡等战略要地，破坏能源设施，袭击政府机构和军队等。2021年12月2日，“伊斯兰国”在代尔祖尔省对两辆搭载油田工人的小巴车发动袭击，造成多人伤亡。该省省长表示，恐怖分子的袭击意在破坏代尔祖尔地区的工农业生产，以及正在推进的政治和解进程。[③] 另一方面，持续发动恐怖袭击，造成大量人员伤

① “Islamic State Attack Kills 10 Policemen near Iraq’s Kirkuk,” Reuters, September 5, 2021, accessed January 5, 2022, https://www.reuters.com/world/middle-east/islamic-state-attack-kills-10-policemen-near-iraqs-kirkuk-2021-09-05/.

② 《古特雷斯谴责巴格达爆炸事件 强调将肇事者绳之以法》，光明网，2021年7月21日，https://m.gmw.cn/baijia/2021-07/21/1302419566.html，访问日期：2022年1月5日。

③ 《“伊斯兰国”在叙利亚东部袭击油田工人致10人死亡》，新华网，2021年12月3日，http://www.news.cn/world/2021-12/03/c_1128125807.htm，访问日期：2022年1月5日。

亡。2021年，“伊斯兰国”在叙利亚至少策动了342起恐怖袭击，造成228人死亡，其中包括135名叙军方人员。[①] 再一方面，实施“破墙”行动，试图解救同伙。2022年1月20日，“伊斯兰国”对叙东北部哈塞克省格韦兰监狱发动大规模袭击，导致数十名囚犯逃脱。这场劫狱引发“伊斯兰国”与“叙利亚民主军”（SDF）的冲突，并殃及居民区。这是“伊斯兰国”近3年来在叙境内发动的最大规模攻击行动。[②]

（二）“基地”组织暗中积蓄力量

自2017年以来，“基地”组织借国际社会将火力聚焦“伊斯兰国”之机，采取隐蔽、秘密、悄然复兴的战略，试图扭转对其不利局势。从黎凡特到南亚次大陆，“基地”组织“改善”与地方权力的关系，在部分地区行使“政府机构职能”，提供“公共服务”（包括疫情期间提供医疗卫生服务），意图扩大支持基础、建立广泛“公信力”、增强“凝聚力”。

2021年6月，联合国报告显示，“基地”组织大部分高层头目与南亚次大陆“基地”分支分布在阿富汗和巴基斯坦边境地区。[③] 其分支在阿富汗的加兹尼、赫尔曼德、坎大哈等地仍存在，拥有200~400

---

① Layal Shakir, “342 ISIS Attacks Reported in Northern Syria in 2021,” December 26, 2021, accessed January 30, 2022, https://www.rudaw.net/english/middleeast/syria/26122021.

② Tessa Fox, “Syria Prison Attack Shows ISIL ‘Absolutely’ Growing Stronger,” Aljazeera, January 24, 2022, accessed January 30, 2022, https://www.aljazeera.com/news/2022/1/24/syria-prison-attack-shows-isil-absolutely-growing-stronger.

③ “Twelfth Report of the Analytical Support and Sanctions Monitoring Team Submitted Pursuant to Resolution 2557 (2020) Concerning the Taliban and Other Associated Individuals and Entities Constituting a Threat to the Peace Stability and Security of Afghanistan,” United Nations Security Council, June 1, 2021, accessed January 30, 2022, https://www.undocs.org/S/2021/486.

名武装分子，主要来自阿富汗、孟加拉国、印度、缅甸和巴基斯坦。①

“基地”组织分支试图转型，谋求国际合法地位。目前，“沙姆解放组织”仍是叙利亚西北部最主要的恐怖组织，拥有6000~15000名恐怖分子。② 2021年，该分支加强了与伊德利卜省部落和氏族委员会的联系，强化社会支持基础，同时还不断寻求国际社会将其从恐怖组织名单中除名，谋求“洗白”暴恐身份。该分支头目朱拉尼多次宣称，将放弃跨境“圣战”理念，集中精力治理已控制区域，不会威胁美欧等国的任何安全和经济利益。美官员也表示不再将“沙姆解放组织”视为恐怖组织，可在一定条件下与其对话。索马里“青年党”放弃全球“圣战”目标，转而关注当地问题，谴责索马里当局，批评其缺乏治理能力。该组织在索马里南部建立影子政府，向当地民众提供优于政府的社会服务。③

（三）极右恐怖主义威胁再次泛滥

自2014年以来，极右恐怖势力在北美、西欧和大洋洲等地区的西方国家策动袭击的次数激增250%，致死人数增加709%。2014~

① “Twenty-ninth Report of the Analytical Support and Sanctions Monitoring Team Submitted Pursuant to Resolution 2368 (2017) Concerning ISIL (Da'esh), Al-Qaida and Associated Individuals and Entities,” United Nations Security Council, February 3, 2022, accessed January 30, 2022, https://undocs.org/en/S/2022/83.

② “Twenty-ninth Report of the Analytical Support and Sanctions Monitoring Team Submitted Pursuant to Resolution 2368 (2017) Concerning ISIL (Da'esh), Al-Qaida and Associated Individuals and Entities,” United Nations Security Council, February 3, 2022, accessed January 30, 2022, https://undocs.org/en/S/2022/83.

③ 中国现代国际关系研究院：《国际战略与安全形势评估》，时事出版社，2021。

2019 年，西方国家每年都发生至少 35 起极右恐袭事件。[①] 在美国，极右恐怖主义规模已超过其他类型的恐怖主义，成为美国本土最大的恐怖威胁。2020 年 10 月，美国国土安全部发布首份《国土安全威胁评估报告》（*Homeland Threat Assessment*），强调“在国内暴力极端分子中，种族和民族动机的暴力极端分子——特别是白人至上主义极端分子（WSEs）仍将是美国最持久、最致命的威胁”。[②] 据不完全统计，1994 年 1 月至 2020 年 5 月，美国共发生 893 起恐怖袭击（包括已实施及被挫败的），其中极右恐怖袭击与恐袭阴谋占比最多，高达 57%。[③] 2021 年 1 月 6 日，美示威者冲击国会大厦造成 5 人死亡。冲击者包括阴谋论团体“匿名者 Q”、极右组织“骄傲男孩”（Proud Boys）等成员。随后，拜登政府将应对极右恐怖主义列为优先事项。[④] 同年 8 月，美国总统拜登表示，特朗普支持者 1 月 6 日袭击美国国会大厦是“恐怖分子”的叛乱，旨在推翻“美国人民意愿”。[⑤] 有专家警告称，如果白人至上种族主义等仇恨意识形态继续发展，美

① “Global Terrorism Index 2020,” IEP, Institute for Economics & Peace, 2020, accessed January 29, 2022, https://visionofhumanity.org/wp-content/uploads/2020/11/GTI-2020-web-1.pdf.

② Homeland Security, “Homeland Threat Assessment,” October 2020 accessed January 20, 2022, https://www.dhs.gov/sites/default/files/publications/2020_10_06_homeland-threat-assessment.pdf.

③ Seth G. Jones, Catrina Doxsee and Nicholas Harrington, “The Escalating Terrorism Problem in the United States,” CSIS, June 17, 2020, accessed January 21, 2022, https://www.csis.org/analysis/escalating-terrorism-problem-united-states.

④ Daniel L. Byman, “Assessing the Right-Wing Terror Threat in the United States a Year After the January 6 Insurrection,” Brookings, January 5, 2022, accessed January 30, 2022, https://www.brookings.edu/blog/order-from-chaos/2022/01/05/assessing-the-right-wing-terror-threat-in-the-united-states-a-year-after-the-ja.

⑤ “Jan 6 a ‘Violent Attempt’ by ‘Terrorists’ to Hold ‘Power’: Biden,” Aljazeera, August 5, 2021, accessed January 30, 2022, https://www.aljazeera.com/news/2021/8/5/jan-6-a-violent-attempt-by-terrorists-to-hold-power-biden.

国本身或将助长第二波全球恐怖主义浪潮。[①]

在欧洲，极右恐怖主义具有完全不同的意识形态、政治目标和组织形式，主要攻击“非白人”。新纳粹暴力组织与白人至上主义团体在德国与西班牙等国被解散。[②] 目前，德、英等国极右恐怖主义威胁升高。2020 年 2 月，德国将极右恐怖主义列为德面临的“首要安全威胁”。英国 2020 年官方数据显示，需要采取去极端化措施的人员中，约 1/4 与极右意识形态有关，数量比具有其他极端倾向的人高出10%。[③] 此外，西方国家极右恐怖势力相互勾结、狼狈为奸，美、德、澳、加等国极右极端分子纷纷通过互联网共享宣传、招募、筹资和训练经验，并到彼此国家参加活动，互相勾结。值得注意的是，极右恐怖势力正在欧美地区积极招募警察和士兵。[④] 2021 年 4 月 1 日，一名 22 岁警察为被禁止的新纳粹恐怖组织招募人员而被定罪，成为英国首个因涉嫌参与极右恐怖主义而被定

① 《美国白人种族主义问题或将助长下一波全球恐怖主义浪潮》，半岛电视台，2021 年 2 月 26 日，accessed January 30，2022，https://chinese.aljazeera.net/news/2021/2/26/%E7%BE%8E%E5%9B%BD%E7%99%BD%E4%BA%BA%E7%A7%8D%E6%97%8F%E4%B8%BB%E4%B9%89%E9%97%AE%E9%A2%98%E6%88%96%E5%B0%86%E5%8A%A9%E9%95%BF%E4%B8%8B%E4%B8%80%E6%B3%A2%E5%85%A8%E7%90%83%E6%81%90%E6%80%96%E4%B8%BB。

② “European Union Terrorism Situation and Trend Report 2020,” Europol，June 22，2021，accessed January 31，2022，https://www.europol.europa.eu/publications-events/main-reports/european-union-terrorism-situation-and-trend-report-te-sat-2020.

③ Alasdair Lane（UK），“UK：Fears of Resurgent Terrorism as COVID-19 Lockdown Ends,” DW，July 12，2020，accessed January 30，2022，https://m.dw.com/en/uk-fears-of-resurgent-terrorism-as-covid-19-lockdown-ends/a-54124486.

④ Seth G. Jones，Catrina Doxsee and Nicholas Harrington，“The Right-wing Terrorism Threat in Europe：The Contours of European Terrorism,” CSIS，March 2020，accessed January 29，2022，csis.org/analysis/right-wing-terrorism-threat-europe.

罪的警察。①

当前，日趋活跃的极右恐怖势力正利用新冠疫情引发的广泛混乱和民众恐慌情绪，在Telegram、Gab、Facebook、Twitter和Instagram等在线平台大肆鼓吹阴谋论，煽动仇恨情绪，企图招募成员、筹集资金，促使更多成员激进化，甚至直接鼓动成员将新冠病毒用作生化武器。② 2020年3月，美国36岁的白人至上主义极端分子企图以汽车炸弹攻击一家医院，后被联邦调查局击毙。2021年3月，一些极右聊天用户敦促民兵对美国政府采取行动。③

二 地区恐怖主义形势恶化

自2021年以来，在新冠疫情蔓延、经济持续衰退、地缘政治格局调整、大国博弈加剧的背景下，恐怖组织趁机加大蛊惑力度，加紧“招兵买马”，频繁发动恐怖袭击。南亚、东南亚、非洲等地区的一些国家，如阿富汗、菲律宾、马里、布基纳法索、乌干达、刚果（金）、莫桑比克等已成为国际反恐的前沿阵地。

（一）南亚暴恐形势生变

首先，阿富汗暴恐局势发生剧变。美国撤退及阿塔掌权后，

① 《英国一警察因涉嫌参与极右恐怖主义组织被定罪》，央视网，2021年4月1日，https://m.news.cctv.com/2021/04/01/ARTItoTAxhZXOYv8pjbgQmuz210401.shtml，访问日期：2022年1月30日。

② “Letter Dated 25 November 2020 from the President of the Security Council Addressed to the Secretary-General and the Permanent Representatives of the Members of the Security Council,” UN, November 25, 2020, accessed January 30, 2022, https://undocs.org/S/2020/1143.

③ “Far-Right Chat User Urges Militias, Military to Take Action Against US Government,” Site Intelligence Group, March 4, 2021, accessed January 30, 2022, https://ent.siteintelgroup.com/Far-Right-/-Far-Left-Threat/far-right-chat-user-urges-militias-military-to-take-action-against-us-government.html.

“伊斯兰国”南亚分支“呼罗珊省”活动异常猖獗。2022 年 1 月的联合国报告显示，阿塔释放数千名囚犯后，“呼罗珊省”的兵力已从 2200 人增至近 4000 人。“呼罗珊省”在阿富汗东部控制的领土有限，但有能力发动高调、复杂的袭击。[①] 一方面，“呼罗珊省”成为塔利班头号敌人，其攻击的强度、烈度直线上升。双方因意识形态、战略目标不同存在严重分歧。“伊斯兰国”不仅将塔利班视为战略对手，甚至称其为“肮脏的民族主义者”和叛徒。因此，在阿塔掌权后，“呼罗珊省”加大了攻击频率。2021 年 9 月 18 日至 11 月 30 日，“呼罗珊省”对阿塔发动了 76 次袭击，而 2020 年只有8次。[②] 2021 年 11 月 2 日，该组织通过爆炸、枪击袭击阿富汗最大军事医院，导致至少 19 名塔利班安全人员死亡（包括塔利班高级别指挥官、副国防部长哈姆杜拉·莫赫利斯）、43 人受伤。[③] 另一方面，明显加强对美军、什叶派及平民的进攻。2020 年，“呼罗珊省”在阿富汗发动袭击 84 次，而 2021 年前 11 个月达 304 次，数量增长303%。[④] 袭击主要集中在喀布尔与贾拉拉巴德等地。2021 年 8 月，

---

① “Twenty-ninth Report of the Analytical Support and Sanctions Monitoring Team Submitted Pursuant to Resolution 2368（2017） Concerning ISIL（Da’esh）, Al-Qaida and Associated Individuals and Entities,” United Nations Security Council, February 3, 2022, accessed January 30, 2022, https://undocs.org/en/S/2022/83.

② Tom Hussain , “Isis-K Escalates Terror Attacks in Afghanistan and Pakistan in Show of Resistance Against Taliban,” Scmp, December 8, 2021, accessed January 30, 2022, https://www.scmp.com/week-asia/article/3158929/isis-k-escalates-terror-attacks-afghanistan-and-pakistan-show-resistance.

③ “Afghanistan: Deadly Blasts, Gunfire Hit Kabul Military Hospital,” Aljazeera, November 2, 2021, accessed January 30, 2022, https://www.aljazeera.com/news/2021/11/2/two-large-blasts-in-afghanistans-capital-kabul-at-waz.

④ Tom Hussain , “Isis-K Escalates Terror Attacks in Afghanistan and Pakistan in Show of Resistance Against Taliban,” Scmp, December 8, 2021, accessed January 30, 2022, https://www.scmp.com/week-asia/article/3158929/isis-k-escalates-terror-attacks-afghanistan-and-pakistan-show-resistance.

该组织在喀布尔机场策动“8·26”自杀式炸弹袭击，造成至少182人死亡（包括13名美军和3名英国公民），[①]这是10年来造成驻阿美军伤亡最多的事件。美国情报部门评估，“呼罗珊省”有能力在不久的将来对包括美国在内的西方发动攻击。[②]“呼罗珊省”还将目标直指什叶派，其针对昆都士市一座什叶派清真寺制造的“10·8”自杀式炸弹袭击，导致至少46人死亡、143人受伤；针对坎大哈市一座什叶派清真寺的“10·15”袭击，造成至少47人死亡、90多人受伤。

其次，巴基斯坦安全形势严峻。一方面，恐怖组织针对中国在巴企业的袭击升级。2021年4月21日晚，巴基斯坦西南部俾路支省首府奎达一家豪华酒店（中国驻巴基斯坦大使当日在该酒店下榻）停车场发生汽车炸弹爆炸，造成5人死亡、12人受伤。随后“巴塔”（TTP）宣称对该事件负责。同年7月14日，巴基斯坦开普省达苏水电站项目中方通勤班车遭遇恐怖袭击，造成13人死亡，其中包括9名中国公民。8月12日，巴基斯坦政府宣称该案是在阿富汗策划，由“巴塔”斯瓦特分支具体实施，袭击者所属恐怖组织得到印度、阿富汗情报部门支持。除“巴塔”外，俾路支省、信德省的分裂势力也将矛头指向中国在巴企业。[③]2021年8月20日，巴基斯坦瓜达

---

① “Kabul Bombings: 13 US Army Personnel Killed in Attacks at Airport,” Aljazeera, August 26, 2021, accessed January 30, 2022, https://www.aljazeera.com/news/2021/8/26/us-military-personnel-in-bomb-attacks-at-kabul-airport.

② Abdul Sayed, “The Evolution and Future of Tehrik-e-Taliban Pakistan,” Carnegie Endowment for International Peace, December 21, 2021, accessed January 30, 2022, https://carnegieendowment.org/2021/12/21/evolution-and-future-of-tehrik-e-taliban-pakistan-pub-86051.

③《外交部发言人华春莹就巴基斯坦政府公布达苏恐袭事件调查进展答记者问》，中华人民共和国外交部网站，2021年8月12日，https://www.fmprc.gov.cn/fyrbt_673021/dhdw_673027/202108/t20210812_9171366.shtml，访问日期：2022年1月31日。

尔东湾快速路项目人员车队（载有中国公民）通行途中，遭到自杀式炸弹袭击，导致两名巴基斯坦儿童死亡、3人受伤（包括1名中国公民）。“俾路支解放军”（BLA）宣称负责，叫嚣称“对中国工程师车队进行了一次‘自我牺牲’的袭击”。①

另一方面，阿富汗恐怖分子可能向巴基斯坦流窜。2020年7月以来，10个反巴基斯坦的激进组织与“巴塔”合并，“巴塔”实力进一步增强，策动暴力恐怖袭击事件更加频繁。②“伊斯兰国”分支也将恐怖触角伸向巴基斯坦。2021年中以来，“呼罗珊省”将巴基斯坦开普省纳入其活动范围，近期在巴基斯坦策动的恐怖袭击事件较2021年上半年有所增加。③

最后，马尔代夫局势不容乐观。2021年5月6日，马尔代夫首都马累爆发一起恐怖袭击事件，袭击者采用简易遥控爆炸装置对议会议长、前总统纳希德发动袭击，将其严重炸伤。④同年5月16日，“伊斯兰国”英文杂志《印度之声》第16期推出题为“来自马尔代夫的兄弟”的定期专栏，敦促支持者帮助囚犯越狱或以其他方式支持他们。

① “At Least Two Killed in Suicide Bombing in Southwest Pakistan,” aljazeera, August 20, 2021, accessed January 31, 2022, https://www.aljazeera.com/news/2021/8/20/at-least-two-killed-in-suicide-bombing-in-southwest-pakistan.

② Abdul Sayed, “The Evolution and Future of Tehrik-e-Taliban Pakistan,” Carnegie Endowment for International Peace, December 21, 2021, accessed January 31, 2022, https://carnegieendowment.org/2021/12/21/evolution-and-future-of-tehrik-e-taliban-pakistan-pub-86051, accessed January 31, 2022.

③ Riccardo Valle, “Pro-Islamic State Pakistan Province Media Network Publishes Long-Awaited Magazine Issue,” Militant Wire, December 7, 2021, accessed January 31, 2022, https://www.militantwire.com/p/pro-islamic-state-pakistan-province.

④ 《马尔代夫警方初步调查表明马累爆炸事件为恐怖袭击》，新华网，2021年5月8日，http://www.xinhuanet.com/world/2021-05/08/c_1127423192.htm，访问日期：2022年1月31日。

（二）非洲沦为暴恐势力新的“角斗场”

近年来，非洲暴恐威胁继续升级。随着“伊斯兰国”与“基地”组织激烈争锋，未来非洲或取代中东成为恐怖主义的主战场，非洲各区域面临的恐怖主义威胁呈现有升有降的特点。从外因看，除非洲外，其他地区的反恐前沿国家不断加强反恐举措，反恐能力逐渐提升，“伊斯兰国”与“基地”组织在这些地区的活动空间相对减少，因此将非洲作为渗透、转移的目的地或中转地。从内因看，非洲各国是否面临恐怖主义威胁与本国内部是否安全稳定息息相关，政府控局能力、治理能力以及打恐能力有限的国家更容易成为恐怖主义肆虐的重灾区。加之一些国家，如莫桑比克、乌干达等国的本土恐怖势力与“伊斯兰国”等国际恐怖势力勾结，使非洲恐怖主义局势更加严峻复杂。

首先，西非恐怖主义持续蔓延。一方面，“伊斯兰国”和“基地”组织分支利用当地民众的不满情绪、安全部队疲惫不堪，以及武装团体之间复杂的相互关系，不断拓展势力范围。2021 年以来，“伊斯兰国”分支“大撒哈拉伊斯兰国”在马里、布基纳法索和尼日尔杀害了数百名平民。该分支现有成员 400~1000 名，在几次行动受挫后，在尼日尔利普塔科采取了更具防御性的措施，目标是向尼亚美和塔瓦扩展。“伊斯兰国西非省”扩张势力范围，不断在喀麦隆、尼日尔和尼日利亚制造恐怖袭击事件，并通过缴获战利品、勒索当地居民等方式筹集资金。另一方面，“博科圣地”继续在尼日利亚为非作歹。2021 年 8 月 25 日，“博科圣地”数百名武装分子袭击尼日尔东南部迪法省一处军事据点，造成 16 名士兵死亡，9 人受伤。联合国评估称，“博科圣地”冲突已导致该地区超过 340 万名平民流离失所。[①]“博科

① “Terrorism in Africa,” Chatham, September 15, 2021, accessed January 31, 2022, https://www.chathamhouse.org/2021/09/terrorism-africa.

圣地”头目阿布巴卡尔·谢考于2021年5月死亡后，其竞争对手“伊斯兰国西非省”的实力得到加强，并试图整编“博科圣地”的作战人员。

其次，中东部非洲恐怖主义威胁抬升。一是“伊斯兰国”影响力扩大。“伊斯兰国”于2021年3月短暂占领莫桑比克德尔加杜角省的帕尔马镇，表明其在非洲影响力再次扩大。2020年8月以来，莫辛布瓦港口被“伊斯兰国”控制。在莫桑比克，“伊斯兰国中非省”在该国附近海域实施绑架和敲诈勒索等恐怖活动，并从该地区的银行抢劫了200万美元。在刚果（金），“伊斯兰国”与本土恐怖组织“民主同盟军”相勾连，将行动区域扩大至北基伍省贝尼地区和伊图里省南部地区，[①] 制造了多起针对平民和安全部队的袭击事件。此外，受“伊斯兰国”影响，乌干达“民主同盟军”再次在乌国内发动恐怖袭击。二是“基地”组织持续策动恐怖袭击。2019年前4个月，布基纳法索、马里和尼日尔每月平均发生32起由“基地”组织分支“支持伊斯兰和穆斯林”组织（JNIM）制造的暴力事件，2020年同期平均每月发生41起，2021年增至59起，比2019年增长84%。[②] 三是索马里“青年党”巩固势力范围。目前，该组织拥有武装分子7000~12000名，主要利用自杀式炸弹和汽车炸弹对索马里政府、军方、非洲联盟驻索马里特派团和平民发动袭击。该组织还通过全面非法征税制度向公民勒索钱财，减少了对外部资

---

① “Thirteenth Report of the Secretary-General on the Threat Posed by ISIL (Da’esh) to International Peace and Security and the Range of United Nations Efforts in Support of Member States in Countering the Threat,” S/2021/682, July 27, 2021, accessed January 31, 2022, https://www.undocs.org/en/S/2021/682.

② “Examining Extremism: Jama’at Nasr al-Islam wal Muslimin,” CSIS, July 15, 2021, accessed January 31, 2022, https://www.csis.org/blogs/examining-extremism/examining-extremism-jamaat-nasr-al-islam-wal-muslimin.

金的依赖。[①]

再次，北非恐怖主义威胁降低。在利比亚，“伊斯兰国”未能吸纳新成员和控制领土，恐怖主义活动有所减少。[②] 在摩洛哥，政府反恐行动遏制了恐怖组织的活动势头。2021 年 6～10 月，一些受“伊斯兰国”鼓动的“独狼”恐怖分子被逮捕，3 个“伊斯兰国”小团伙被捣毁。[③]

最后，非洲恐怖组织将矛头指向中国。2021 年，尼日尔、尼日利亚、马里、刚果（金）等地均发生中国人被绑架事件。在尼日尔，6 月 5 日，一家中国矿业公司的两名工作人员在萨赫勒地区三国（尼日尔、马里、布基纳法索）交界地带被武装人员绑架。事发地点是“圣战”分子活跃的重点地区。在尼日利亚，6 月 16 日，4 名中国铁路建筑工人在该国奥贡州的阿拉格巴地区（Alaagba）遭伏击，被持枪歹徒绑架。绑架勒索以往集中在尼日利亚南部产油地，但最近已经蔓延到该国其他地区。在马里，7 月 17 日，3 名来自中国海外工程有限责任公司的中国公民，在距该国克瓦拉镇（Kwala）55 公里处一个中国建筑工地，被不明身份枪手劫持。马里军方透露，3 名中国人于 10 月 31 日成功脱困。绑架勒索一直是当地极端组织的财源，所以绑架

① “Twenty-ninth Report of the Analytical Support and Sanctions Monitoring Team Submitted Pursuant to Resolution 2368 (2017) Concerning ISIL (Da'esh), Al-Qaida and Associated Individuals and Entities,” United Nations Security Council, February 3, 2022, accessed January 31, 2022, https://undocs.org/en/S/2022/83.

② “Thirteenth Report of the Secretary-General on the Threat Posed by ISIL (Da'esh) to International Peace and Security and the Range of United Nations Efforts in Support of Member States in Countering the Threat,” S/2021/682, July 27, 2021, accessed January 31, 2022, https://www.undocs.org/en/S/2021/682.

③ “Twenty-ninth Report of the Analytical Support and Sanctions Monitoring Team Submitted Pursuant to Resolution 2368 (2017) Concerning ISIL (Da'esh), Al-Qaida and Associated Individuals and Entities,” United Nations Security Council, February 3, 2022, accessed January 31, 2022, https://undocs.org/en/S/2022/83.

事件经常发生。11 月 21 日，刚果（金）南基伍省一矿业公司营地遭到不明身份武装分子袭击，5 名中国公民被绑架。目前，刚果（金）东部伊图里、北基伍和南基伍三省安全形势极其复杂严峻，多次发生涉中国公民的武装劫掠和绑架等恶性案件。新冠疫情加剧社会动荡，恐怖组织更加肆无忌惮地绑架人质、贩卖人口、大肆招募成员，并通过网络肆意开展恐怖主义和极端主义思想宣传。①

（三）东南亚暴恐危机潜伏

东南亚本土恐怖组织“阿布沙耶夫”、“穆特组织”、“神权游击队”（JAD）、“伊斯兰祈祷团”等继续作乱，成为影响菲律宾、印尼等国安全与稳定的关键因素。

首先，菲律宾仍是暴恐策源地。在菲律宾，“伊斯兰国”与 4 个本土恐怖组织（“阿布沙耶夫”“穆特组织”“邦萨摩洛伊斯兰自由战士”和“摩洛伊斯兰解放阵线”）相勾连，妄图仿照伊、叙模式建立一个“哈里发国”。其中，“阿布沙耶夫”是最大分支。2021 年 2 月，安全部队在霍洛岛突袭逮捕了 9 名妇女（包括“阿布沙耶夫”前高层头目的 3 个女儿），没收了武器和制造炸弹的材料，据称其正准备对士兵发动自杀式炸弹袭击。② 近期，“邦萨摩洛伊斯兰自由战士”异常活跃。2021 年 5 月，该组织试图效仿马拉维之战，占领棉兰老岛马京达瑙省达图·帕格拉斯镇的镇中心，并与军方交火。③

① 《恐袭频发 西非安全形势堪忧》，光明网，2022 年 5 月 14 日，https://m.gmw.cn/baijia/2022-05/14/1302946354.html，访问日期：2022 年 5 月 31 日。

② “Women Linked to Abu Sayyaf Suicide Bombings Arrested in Sulu,” Aljazeera, February 23, 2021, accessed January 31, 2022, https://www.aljazeera.com/news/2021/2/23/nine-suspected-female-suicide-bombers-arrested-in-sulu.

③ 《菲律宾军方与武装分子发生交火 大批居民撤离》，新华网，2021 年 5 月 8 日，http://www.xinhuanet.com/mil/2021-05/08/c_1211146497.htm，访问日期：2022 年 1 月 31 日。

其次，印尼暴恐势力作恶不断。目前，印尼恐怖主义威胁主要有两大类，均与国际恐怖势力相关。

第一，效忠“伊斯兰国”的本土恐怖组织“神权游击队”和“东印尼圣战者组织”（MIT）。印尼近3年的大多数恐袭由“神权游击队”实施，例如，望加锡爆炸案、泗水袭击案等。该组织的袭击呈现以家庭为单位、以自杀式爆炸为手段、以祈祷场所为攻击目标的特点。2021年印尼“3·28”恐怖袭击中，“神权游击队”在望加锡一座教堂策动自杀式爆炸袭击，造成20人受伤。①“东印尼圣战者组织”则活跃在印尼中苏拉威西省，于2020年11月27日在该地区将一家四口杀害，烧毁6所房屋和1个礼拜场所。②

第二，与“基地”组织有关联的“伊斯兰祈祷团”。印尼警方于2021年8月逮捕了该组织涉嫌在印尼独立日发动恐袭的58名成员，查获了该组织囤积的大量弹药。“伊斯兰祈祷团”在印尼拥有成员约6400名，具有实施大规模袭击的能力。2021年1月，该组织精神领袖阿布·巴卡尔·巴希尔（Abu Bakar Bashir）获释，或将再次激发恐怖分子的“斗志”。

东南亚恐怖主义发展态势对中国在东南亚的人员、机构、企业安全造成严重威胁，使“一带一路”建设的安全环境面临严峻挑战。例如，缅甸于2021年2月发生政变后，当地反华情绪升温，不明武装势力趁乱袭击中国企业。3月14日，缅甸仰光莱达雅工业区

① “Suicide Attack Rocks Indonesia Church, Several Wounded,” Aljazeera, March 8, 2021, accessed January 31, 2022, https://www.aljazeera.com/news/2021/3/28/suspected-suicide-attack-rocks-indonesia-church-many-wounded.

② “International Virtual Seminar 2020 on Joint Response to Terrorism under the New Circumstances,” December 2020, accessed January 31, 2022, https://www.ciis.org.cn/english/NEWS_183/202101/W0202101296361 21107496.pdf.

30多家中资工厂遭不法分子打砸抢烧，多名中方人员受伤。5月7日，缅甸第二大城市曼德勒的中缅油气管道遇袭，导致3名警卫死亡。

（四）中亚暴恐活动蔓延

目前，中亚面临着阿富汗暴恐势力外溢与网络恐怖主义的双重威胁。一方面，阿富汗局势直接影响中亚安全。2021年，由于阿富汗实施边境管控措施并加强对境内的控制，中亚恐怖袭击事件明显减少，但阿富汗局势仍是地区安全中的最大变量。2021年8月，俄罗斯总统普京对中亚领导人说，塔利班掌权后，至关重要的是必须阻止“极端分子”外溢，避免任何“极端分子”从阿富汗溢出到中亚地区。① 上合组织秘书长表示，上合组织优先关注的焦点是制止和遏制来自阿富汗边境地区恐怖主义和极端主义团体的威胁。② 2021年7月，上合组织举行了阿富汗联络组外长会并发表联合声明，对阿富汗局势最新发展及时发出了“上合声音”，彰显负责任国际组织的作用。③ 9月，“和平使命-2021”上海合作组织联合反恐军事演习在俄罗斯奥伦堡州东古兹靶场举行。中国、俄罗斯、哈萨克斯坦、塔吉克斯坦、吉尔吉斯斯坦、印度、巴基斯坦和乌兹别克斯坦8个上合组织成员国参演，总兵力约

---

① “Putin Warns Against ‘Radical Islam’ Spillover from Afghanistan,” Aljazeera, August 23, 2021, accessed January 31, 2022, https://www.aljazeera.com/news/2021/8/23/putin-warns-against-spillover-of-radical-islam-from-afghanistan.

② 《上合组织秘书长出席欧安组织“阿富汗安全挑战及对中亚国际伙伴的影响”区域会议》，上海合作组织网站，2021年7月9日，http://chn.sectsco.org/news/20210709/767574.html，访问日期：2022年1月31日。

③ 邓浩：《上海合作组织安全合作的进程、动力与前景》，《当代世界》2021年第9期。

4000人。这是上合组织框架内第14次联演。[①] 另一方面，“圣战”组织的网络战已深入中亚地区。这些恐怖组织利用互联网与社交媒体招兵买马，大肆传播恐怖主义和极端主义意识形态。新冠疫情导致民众失业率及生活压力上升，恐怖分子招募新成员变得越发容易。

三　国际反恐前路漫漫

美国进一步收缩反恐战线，欧洲更加聚焦本土反恐，发展中国家面临防疫与反恐的双重挑战，恐怖势力滥用技术问题突出，防范和打击恐怖主义难度增大。加之美西方反恐推行双重标准，使国际反恐形成合力困难重重。

（一）西方国家持续反恐收缩

近年来，西方国家反恐战略发生显著变化。首先，美加速实行反恐战略收缩。当前，美国家安全战略重点由打击恐怖主义转向大国竞争。2021年以来，美继续减少在阿富汗、伊拉克等地的反恐兵力。2021年8月，美从阿富汗彻底撤出，标志着美国军事干预主义的再次失败。始于2001年的阿富汗战争，是“美国史上最长战争”。美从阿撤军标志其20年反恐政策的彻底失败，原因主要是美强硬输出西方意识形态、军事行动扩大化以及战略惨败。美从阿撤军的后果主要表现在两个方面。一是恐怖主义或将更加肆虐。“伊斯兰国”和“基地”组织等国际恐怖势力已盘踞阿富汗多年，美从

① 《携手反恐 捍卫和平——写在“和平使命-2021”上合组织联合反恐军演开始之际》，新华网，2021年9月10日，http://www.news.cn/2021-09/10/c_1127849940.htm，访问日期：2022年1月31日。

阿撤军使这类恐怖势力倍受鼓舞，急于填补西方撤军留下的真空。在伊拉克，美国于2021年12月正式结束在伊境内的作战行动，打击“伊斯兰国”的主责已从美国及其盟国转移至伊拉克安全部队。目前约2500名美军驻扎在伊拉克，将继续为伊拉克安全部队提供咨询和培训。① 二是西方与伊斯兰国家的矛盾不断扩大。曾任美国助理国防部长的资深外交官傅立民（Charles W. Freeman Jr）指出，“在更广泛的伊斯兰世界，阿富汗已经被看作美国领导的西方世界对所有穆斯林发动攻击的证据”。②

其次，欧洲国家反恐内顾。在境内，欧洲国家加大对本土恐怖主义尤其是网络恐怖主义的打击力度。2021年4月29日，欧盟委员会发表声明称，欧洲议会于28日投票表决之后，由欧委会提出的防止网络恐怖主义内容传播的新规得以正式通过。欧委会表示，新规将要求网络平台主动打击滥用其服务来发布恐怖主义内容的行为。在欧盟成员国主管部门发出警报之后，相关内容须在一小时之内删除。此外，新规将有助于打击极端主义思想在网络中的传播。③ 在境外，法国加速从非洲撤军。法国总统马克龙于2021年7月9日表示，未来6个月内，法国将从非洲萨赫勒地区撤军2000余人，并关闭法国位于马里北部廷巴克图、泰萨利特和基达尔的“新月形沙丘”（Barkhane）行动

① “US-led Combat Mission in Iraq Ends, Shifting to Advisory Role,” Aljazeera, December 9, 2021, accessed January 31, 2022, accessed January 31, 2022, https://www.aljazeera.com/news/2021/12/9/iraq-official-says-us-combat-mission-in-the-country-has-ended.

② Chas W. Freeman Jr., “America’s Misadventures in the Middle East,” Foreign Affairs, 2010, accessed January 31, 2022, https://www.foreignaffairs.com/reviews/capsule-review/2011-01-01/americas-misadventures-middle-east.

③ “New Rules Adopted for Quick and Smooth Removal of Terrorist Content Online,” European Parliament, April 28, 2021, accessed January 31, 2022, https://www.europarl.europa.eu/news/en/press-room/20210422IPR02621/new-rules-adopted-for-quick-and-smooth-removal-of-terrorist-content-online.

军事基地。法国政治分析家、国际关系教授法拉吉·马图克认为，这是一次战术撤退和战略上的重新部署，尤其是在部队遭受人员损失后，且法国与马里新政府之间缺乏信任。① 2022 年 2 月，法国《星期报》报道称，法国总统马克龙将很快宣布结束在马里的“新月形沙丘”行动，并从该国撤出军队。②

（二）发展中国家反恐能力有待加强

不少发展中国家身处反恐斗争一线，日益成为恐怖主义肆虐的重灾区，深受恐怖主义之害。一方面，治理能力薄弱的国家面临防疫与反恐“双线作战”。中东、非洲一些国家的政府疲弱无力、功能失调，新冠疫情使这种情况进一步凸显。许多国家报告的新冠感染病例数很低，是因为并未收集全部数据。政府资源主要集中在应对新冠疫情并遏制因反应不力引起的社会动荡。③ 新冠疫情是检验政府治理能力的“试金石”。新冠疫情持续、灾后恢复及经济复苏的时间越长，恐怖势力在西非萨赫勒与乍得湖、阿富汗、伊拉克、叙利亚、也门等

① 阿卜杜勒-马吉德·达克尼什：《法国从马里撤军：战略上的重新部署还是非公开的失败?》，半岛电视台，2021 年 12 月 17 日，https://chinese.aljazeera.net/africa/2021/12/17/%E6%B3%95%E5%9B%BD%E4%BB%8E%E9%A9%AC%E9%87%8C%E6%92%A4%E5%86%9B%E6%88%98%E7%95%A5%E4%B8%8A%E7%9A%84%E9%87%8D%E6%96%B0%E9%83%A8%E7%BD%B2%E8%BF%98%E6%98%AF%E9%9D%9E%E5%85%AC%E5%BC%80%E7%9A%84%E5%A4%B1，访问日期：2022 年 1 月 31 日。

② 《法媒：法国或在未来几天宣布从马里撤军》，俄罗斯卫星通讯社，2022 年2 月 14 日，https://sputniknews.cn/20220214/1038939748.html，访问日期：2022 年 3 月 16 日。

③ Daniel L. Byman and Andrew Amunson, "Counterterrorism in a Time of COVID," August 20, 2020, accessed January 31, 2022, https://www.brookings.edu/blog/order-from-chaos/2020/08/20/counterterrorism-in-a-time-of-covid/.

地蔓延的可能性就会越大。[①]“伊斯兰国”和“基地”组织等国际恐怖势力不仅擅长在这些国家策动恐怖袭击、扩大势力范围，还在某些地区尝试提供公共卫生服务（尤其是医疗服务不足的地区），意图填补真空地带，增强自身影响力。这将使民众对本国政府的信心不断下降，加剧当地的恐怖主义威胁。

另一方面，发展中国家强化反恐能力建设迫在眉睫。当前，发展中国家自身打恐能力有限，尤其是内乱与治理能力薄弱相互交织的国家，难以靠一己之力清除本国的恐怖主义势力。联合国、区域组织、中俄等大国应帮助发展中国家和反恐前沿国家进一步提升反恐和去极端化能力，筑牢反恐阵线的每一个环节，更多倾听这些国家在反恐领域的立场和诉求，形成更加符合实际、切中要害的全球反恐策略。[②]例如，恐怖主义和暴力极端主义在非洲呈现多点扩张之势，对地区国家安全构成严峻威胁。中国始终致力于为非洲反恐前沿国家能力建设提供支持，已资助联合国反恐办、安理会反恐执行局实施多个项目，为非洲相关国家进行反恐培训，提供反恐教材和特殊反恐设备，举办跨境反恐合作研讨会等。[③]

（三）新兴技术与暴恐结合风险上升

当前，恐怖势力滥用技术问题突出，防范和打击恐怖主义难度增加。新兴技术的使用能够缩小暴恐组织与国家之间不对称的实力差距，增强国际恐怖势力的隐蔽性、杀伤力以及情报搜集能力。一

---

① Abdul Basit, “The Covid－19 Pandemic：An Opportunity for Terrorist Groups,” Counter Terrorist Trends and Analyses , vol. 12, no. 3 (April 2020)：7-12.

② 《王毅国务委员兼外长在全球反恐论坛第十一次部长级会议上的书面发言》，央视网，2021 年 10 月 8 日，https://news. cctv. com/2021/10/08/ARTIJ3yevm8bBtdKbq hQWVDb211008. shtml，访问日期：2022 年 1 月 31 日。

③ 《中国代表就反恐问题阐述四点意见》，中国网，2022 年 2 月 10 日，http://news. china. com. cn/2022-02/10/content_78038694. htm，访问日期：2022 年 2 月 12 日。

是隐蔽性更强。信息技术发展使恐怖组织在招募人员、传播极端思想、跨地域调动资源等方面更具便利性和隐蔽性。恐怖组织还与跨国有组织犯罪集团勾结，构成新型恐怖组织运转网络。二是杀伤力更强。恐怖主义和大规模杀伤性武器扩散严重威胁国际和平与安全。在新兴生物技术催动下，生物武器正向多样化、小型化、基因化方向发展，许多公共卫生和安全专家忧心忡忡，认为新兴生物技术可使细菌或病毒更经济、更快速地被进行基因测序、改造或武器化，进而降低生物恐怖袭击门槛。① 3D 打印技术可用于武器制造，可高效、快速、低廉地自制枪支、炸药等，恐怖组织可以轻而易举获取打印枪支的图纸，制造出不受管制、无法溯源的枪支。② 三是情报收集能力更强。国际恐怖势力可以利用无人机获悉对手防御体系中的薄弱环节及整个区域的现状。目前，无人机已成为国际恐怖组织的标配，“伊斯兰国”甚至成立“圣战者无人机”小组，专门负责获取无人机并策动恐怖袭击。此外，恐怖组织还利用人工智能绘制社会网络关系以识别更具袭击价值的目标，提升其袭击的影响力。③

（四）美西方反恐推行双重标准

恐怖主义威胁没有国界之分，任何形式和表现的恐怖主义都是对国际和平与安全的威胁。然而，美西方尤其是美国在反恐中推行双重标准，具有强烈的功利主义色彩。其不仅将反恐工具化，甚至借反恐

① Willem Marx, “COVID-19 Has Shown U. S. , U. K. Are Vulnerable to Biological Terrorism, Experts Say,” May 18, 2020, accessed January 31, 2022, https://www.nbcnews.com/politics/national-security/experts-covid-19-has-shown-u-s-u-k-are-n1207776.

② 中国现代国际关系研究院编《国际战略与安全形势评估》，时事出版社，2021。

③ 谢磊：《人工智能时代的恐怖主义：挑战与应对》，《和平与发展》2021 年第 2 期。

肆意干涉他国内政，导致国际社会无法建立完善的国际反恐合作机制，使恐怖主义难以彻底根除。① 近年来，美相继将所谓“2020年维吾尔人权政策法案”和“维吾尔强迫劳动预防法案”签署成法；撤销将“东伊运”认定为恐怖组织；虚构中国对新疆维吾尔族及其他少数民族实施“种族灭绝”。美西方的连番举动是在反恐问题上赤裸裸地搞双重标准，公然向暴恐势力发出严重错误信号，如通过打“反恐牌”实施对华遏制就是例证。

结　语

国际暴恐势力从2019年的低潮期走向新一轮扩张期，对国际社会的威胁再度升级。以“伊斯兰国”为首的国际暴恐势力伺机反扑，呈现死灰复燃之势。打着“圣战”旗号的恐怖主义分子与极右恐怖主义分子相互影响，使国际恐情更趋复杂难测。自2021年以来，联合国呼吁各国加强国际合作，打击不断变化的恐怖主义威胁。上合组织、欧盟、东盟、非盟等区域组织深化反恐合作，凝聚反恐合力，推进反恐和去极端化成效显著。未来一段时期，恐怖主义对国际安全的挑战重新进入上升期，国际社会须加强协调合作，坚决摒弃“双重标准”，弘扬多边主义，齐心协力应对恐怖主义威胁。

当前，中国周边地区面临的恐怖主义威胁呈不断上升态势。“走出去”的中国企业越来越多，有关国家由政局动荡、政策突变、恐袭等因素引发的安全事件越来越多，海外中企面临的安全风险也在增多。鉴于此，中国始终主张在国际反恐中发挥联合国中心作用，坚持

① Katherine Zimmerman, “The Never-Ending War on Terror: Why the U. S. Keeps Fighting the Wrong Battle,” Foreign Affairs, May 11, 2018, accessed January 31, 2022, https://www.foreignaffairs.com/articles/2018-05-11/never-ending-war-terror.

标本兼治原则，反对反恐双重标准，支持反恐行动遵守国际法、坚决保护平民的底线，主张树立人类命运共同体理念。中国未来将进一步加大与阿富汗、巴基斯坦、马里等国的反恐合作力度，建立情报共享机制，加强司法合作，推动反恐走向深化，切实有效维护好中国海外利益安全。

国际社会文化对中国海外公共安全的影响

田光强*

摘　要：　国际社会文化是国际社会现实在思想领域的反映，国际社会现实的变动直接决定着国际社会文化的内容、模式及演变。突如其来的新冠疫情使国际社会文化出现了应急性的变化，但是随着疫情的逐渐缓解，国际社会既具有疫情时期的“非常性”，又具有逐步恢复到生活正轨的“正常化”。因此，国际社会文化明显具有变化与稳定相互交织的矛盾性。而国际社会文化的这种特点对中国海外公共安全的影响，兼具消极性与积极性。对此，中国政府、海外公民、企业、东道国等多个主体需要相互合作、协调联动，以应对中国海外公共安全所遭遇的冲击。

关键词：　国际社会文化　经济民族主义　政治极化

当今世界正经历百年未有之大变局，国际环境日趋复杂，不稳定性、不确定性明显增多。在百年未有之大变局和新冠疫情的叠加影响下，国际社会出现诸多新变化、新特征、新挑战。国际社会文化是国际社会现实在思想领域的反映，国际社会现实的变动直接决定着国际社会文化的内容、模式及演变。虽然国际社会文化与国际

* 田光强，中国社会科学院亚太与全球战略研究院助理研究员，主要研究方向为南亚问题。

社会现实之间存在难以避免的滞后性，但是大变局或者大危机会加速国际社会文化的演变，使其出现及时变化、多样观点、激烈争论。在此情形下，国际社会文化与国际社会现实之间相互建构的关系将更加明显。突如其来的新冠疫情使国际社会文化出现了应急性的变化，但是随着新冠疫情的逐渐缓解，国际社会文化也开始进入调整阶段。因此，这一时期的国际社会文化既出现了调整性的变化，又留下了变革期的痕迹。

一 "变与不变"：国际社会文化的矛盾性

在人类文明史上，重大社会变革期或者严重社会危机期也是社会思潮异常活跃、激烈论战的时期。突如其来的新冠疫情加速了国际社会文化的演变，各种极端的思潮、观点、理念、政策甚嚣尘上，导致排外主义、极端主义、民粹主义、孤立主义大肆泛滥，严重影响社会稳定、经济发展、国际合作。随着新冠疫情的逐渐缓解以及社会大众的自我反思，国际社会文化出现了重要的转变。但是，由当今国际社会的时代背景所催生和衍生的国际社会文化的主要理念、观点和特征并没有发生根本性的变化，反而有继续增强的趋势。

第一，极端的思想和行为有所收敛。新冠疫情使一些国家的经济陷入困境，失业率飙升，社会不满情绪增加，从而导致极端思想和暴力行为骤增，严重影响社会稳定和族群团结。但是，随着各国经济形势的逐渐好转以及对极端言行的打击，有关情形在世界范围内有所好转。

与2020年相比，2021年全球范围的骚乱、游行示威、针对平民的暴力事件有所增加，但是在5月达到顶峰后，就随着疫情暂缓而明显减少。普林斯顿大学武装冲突地点与事件数据库项目（The Armed Conflict Location & Event Data Project）的统计数据显示，2021年上半年全球共发生 8786 起骚乱事件，造成 1520 人伤亡；共发生 83675 起游行示威事件，造成 569 人伤亡；共发生 13875 起针对平民的暴力事件，造成 16008 人伤亡。2021 年下半年全球共发生 7392 起骚乱事件，造成 1053 人伤亡，骚乱事件数和伤亡数比 2021 年上半年分别减少了 15.87%和 30.72%；共发生 69606 起游行示威事件，造成 81 人伤亡，游行示威事件数和伤亡数比 2021 年上半年分别减少了 16.81%和 85.76%；共发生 13900 起针对平民的暴力事件，造成 16669 人伤亡，针对平民的暴力事件数和伤亡数比 2021 年上半年分别增长了 0.18%和 4.13%。①

第二，各国的经济民族主义有所退潮。全球化是人类历史发展的必然。随着历史的进步尤其是科学技术的发展和交通通信的普及，人类社会必然会突破地理的限制，从各自国家逐渐延伸到区域并最终走向全球。全球化有力地推进了商品、资本、人员、思想等要素在全球范围的流动，促进了资源的有效配置，推动了经济的高速发展，实现了人类社会的巨大进步。

由于自然禀赋、市场机制、思想观念、治理方式等方面的差异，全球化在提高效率的同时也不可避免地造成了国家之间、一国内部的不平等现象增多。新冠疫情则进一步加剧了全球的不平等现象，从而导致经济民族主义高涨。它主张采取保护主义经济政策，在经贸关系中更加强调绝对收益，经济的内顾性加剧；抵制全球化，要求维护主体民族的利益，呼吁减少外来商品和移民。但是经济民族主义并不符合时代潮流，也不符合各国人民的根本利益。因此，各国开始积极反思，呼吁在维护经济安全的同时深化国际经济合作，共同推动经济复苏。

在此背景下，全球范围内的经济民族主义有所退潮，国际经济合

① "Global Dashboard," The Armed Conflict Location & Event Data Project, accessed January 15, 2022, https://acleddata.com/dashboard/#/dashboard.

作逐步恢复。首先，世界贸易有所恢复。疫情初期，各国为了自身经济安全，采取贸易保护主义，导致全球范围内贸易量下降、供应链中断、商品流动受阻。根据世界贸易组织的数据，2020 年世界反倾销案件共有 355 起，比 2019 年增加了 65.12%；而 2021 年上半年则只有 115 起，与 2020 年相比有了大幅下降。[①] 全球范围内贸易保护主义的退潮促进了贸易量的回升。2021 年上半年全球货物贸易量同比增长 13%。2021 年全年增长率预计为 10.8%，2022 年为 4.7%。[②] 其次，区域经济合作加强。在经济全球化进程受阻的情况下，区域经济一体化进程有所加快。《跨太平洋伙伴关系协定》（TPP）、《全面与进步跨太平洋伙伴关系协定》（CPTPP）、《跨大西洋贸易和投资伙伴关系协定》（TTIP）、《日欧经济伙伴关系协定》（EPA）等区域和跨区域经济一体化进程加速推进。2022 年 1 月 1 日，亚太地区规模最大、最重要的自由贸易协定《区域全面经济伙伴关系协定》（RCEP）正式生效。最后，自由贸易思潮回升。由于新冠疫情以及民粹主义的推波助澜，贸易保护主义在欧美发达国家甚嚣尘上，严重破坏了全球多边贸易机制，阻碍了世界经济的复苏。随着理性部分回归，欧美民众重新认识到自由贸易的积极作用，开始反思、反对贸易保护主义。根据美国芝加哥全球事务委员会（The Chicago Council on Global Affairs）2021 年 10 月的民调数据，68%的受访美国民众认为全球化有利于美国；75%的受访美国民众认为国际贸易有利于美国经济；82%的受访美国民众认为有利于消费者；60%的受访美国民众认为有利于创造就业；79%的受访美国民众认为有利于提高生活水平；62%的受访美国民众认为

① "Anti-dumping Initiations by Reporting Member 01/01/1995-30/06/2021," The World Trade Organization, accessed January 17, 2022, https://www.wto.org/english/tratop_e/adp_e/AD_InitiationsByRepMem.pdf.

② World Trade Organization, *Global Trade Rebound Beast Expectations but Marked by Regional Divergences* (Geneva: World Trade Organization, October 4, 2021), p. 5.

美国应参与《全面与进步跨太平洋伙伴关系协定》。①

第三，社会大众的乐观情绪有所提升。新冠疫情给人类社会造成了经济损失、人员伤亡、思想混乱。但是随着新冠病毒致死率的下降以及人类社会管控疫情能力的提升，社会大众的悲观情绪开始好转，认为新冠疫情所造成的损失逐渐减少，社会生活逐渐重回正轨，疫情将很快结束。根据美国民调机构 2021 年 10 月 4 日的数据，高达 45%的美国受访者认为新冠疫情最严重的时期已经过去，33%的受访者则持相反的看法；与此形成鲜明对比的是 2020 年 3 月 23 日两种观点的占比分别是 10%和 74%。② 2021 年 12 月份，著名市场研究公司益普索集团（Ipsos）公布的民调数据显示，在受调查的所有 33 个国家中，平均 77%的受访者对 2022 年持乐观态度，其中比例最高的是中国，高达 94%，比例最低的是日本，也达到 54%；平均 75%的受访者认为 2022 年个人生活将有较大改善，其中比例最高的是中国，高达 96%，只有日本和瑞典没有超过 50%，分别为 44%和 23%。③ 由此可以看出，全球范围内社会大众的乐观情绪已成为主流。

2021 年 12 月 31 日，世界卫生组织（World Health Organization）总干事谭德塞发表新年寄语时表示，如果全球各国齐心协力抑制病毒蔓延，人类将在 2022 年战胜新冠疫情。④

---

① Karl Friedhoff, *Democrats and Republicans Support International Trade* (Chicago, IL: The Chicago Council on Global Affairs, October 2021), p. 1.

② "Pandemic Pessimism Declines as Plurality Say 'The Worst Is Over'," Navigator, accessed January 14, 2022, https://navigatorresearch.org/pandemic-pessimism-declines-as-plurality-say-the-worst-is-over/.

③ "Global Predictions for 2022," Ipsos, accessed January 16, 2022, https://www.ipsos.com/sites/default/files/ct/news/documents/2021-12/Global-Predictions-for-2022.pdf.

④ "WHO Chief: 2022 Can Mark the End of the Pandemic," CNN, December 31, 2021, accessed January 10, 2022, https://edition.cnn.com/world/live-news/omicron-variant-coronavirus-news-12-31-21/h_f984c01e8ee1e97215952b3cb64c7543.

第四，种族主义和排外主义抬头。美国加州州立大学圣贝纳迪诺分校（California State University，San Bernardino）仇恨与极端主义研究中心（Center for the Study of Hate and Extremism）发布的研究报告显示，2021年第一季度全美大城市发生的针对亚洲人的仇恨犯罪案件同比增长164%，其中纽约为223%，旧金山为140%，洛杉矶为80%，波士顿为60%。[①] 根据美国纽约市警察局公布的数据，2021年发生在纽约市针对亚洲人的仇恨犯罪案件同比增长343%，占全部仇恨犯罪案件的25%，亚洲人已成为第二大仇恨犯罪案件受害群体。[②] 英国皇家检控署（The Crown Prosecution Service）的统计数据显示，2021年第三季度，全国范围内仇恨案件的数量比第二季度增长18.2%。[③]

世界著名受众洞察和数据分析公司尼尔森（Nielsen）的研究报告指出，2021年第一季度互联网上有关种族主义仇恨言论大幅度增加。[④] 而2021年11月，美国政府问责办公室（United States Government Accountability Office）针对基础教育学校所做的研究报告指出，种族主义仇恨言论和仇恨犯罪案件在美国基础教育学校大幅增加，已成为

① The Center for the Study of Hate and Extremism at California State University, San Bernardino, *Report to the Nation: Anti-Asian Prejudice & Hate Crime* (San Bernardino, CA: The Center for the Study of Hate and Extremism at California State University, San Bernardino, April 30, 2021), p. 1.

② "NYC Hate Crimes Nearly Doubled in 2021 as Anti-Asian Attacks Soared 343%, Police Say," FOX News, accessed January 19, 2022, https://www.foxnews.com/us/nyc-hate-crimes-2021-anti-asian-manhattan-da-alvin-bragg.

③ "CPS Data Summary Quarter 2 2021-2022," The Crown Prosecution Service, accessed January 21, 2022, https://www.cps.gov.uk/publication/cps-data-summary-quarter-2-2021-2022.

④ "Anti-Asian Online Hate Speech Is on the Rise—and Major U.S. Brands Are Inadvertently Funding It," Nielsen, May, 2021, accessed January 17, 2022, https://www.nielsen.com/us/en/press-releases/2021/anti-asian-online-hate-speech-is-on-the-rise-and-major-u-s-brands-are-inadvertently-funding-it/.

影响教育事业的严重问题。①

第五，政治极化现象泛滥。2012 年 6 月，美国皮尤研究中心（Pew Research Center）发布的报告《1987 年至 2012 年美国的价值观趋势》（*Trends in American Values：1987—2012*）认为，虽然在这 25 年间，美国民众的核心价值观保持相对稳定，但是民众在有关政府角色、社会价值观等议题上的分歧愈演愈烈，尤其是民主党和共和党之间的党际差异日益扩大。② 该机构 2017 年的调查报告指出，美国两大政党呈现日益极化的趋势，共和党变得更“右”，民主党变得更“左”。共和党和民主党在政治议题上的分歧从 1994 年的 15%上升为 2017 年的 36%。2017 年，95%的共和党人比民主党人更倾向于保守主义，而 1994 年为 64%；97%的民主党人比共和党人更倾向于自由主义，而 1994 年为 70%。美国两党更加互相“敌视”，2017 年，45%的共和党人对民主党人持有极度负面印象，1994 年仅为 17%；44%的民主党人对共和党人持有极度负面印象，1994 年仅为 16%。美国民众持有极端政治立场的比例从 1994 年的 10%增加到 2014 年的 21%，而中间派则从 1994 年的 49%萎缩为 2014 年的 39%。③

新冠疫情使全球范围内原有的政治极化现象愈加严重。④ 美国学

---

① The United States Government Accountability Office, *Students' Experiences with Bullying, Hate Speech, Hate Crimes, and Victimization in Schools* (Washington, DC: The United States Government Accountability Office, November 2021).

② The Pew Research Center, *Trends in American Values: 1987 – 2012* (Washington, DC: The Pew Research Center, June 4, 2012), pp. 17–20.

③ The Pew Research Center, *The Partisan Divide on Political Values Grows Even Wider* (Washington, DC: The Pew Research Center, October 5, 2017).

④ Sebastian Jungkunz, "Political Polarization During the COVID – 19 Pandemic," Frontiers in Political Science, March 4, 2021, accessed January 18, 2022, https://www.frontiersin.org/articles/10.3389/fpos.2021.622512/full.

者的研究成果指出，新冠疫情期间各种族的政治极化现象导致族群关系紧张甚至引发大规模冲突，并使所谓的“阴谋论”甚嚣尘上。[①]政治极化只会固化已有偏见，制造社会分裂，加剧群体冲突，煽动极端思想，而无法给出政治和社会问题的真正解决之道。这是政治极化最为严重的危险所在，[②]需要各国严肃对待、高度警惕、有效遏制。

国际社会文化是国际社会现实在思想领域的反映，必然会随其巨大变化而出现明显的转变。在百年未有之大变局的时代背景下，国际社会逐步进入疫情防控常态化时期。因此，国际社会文化出现了“变与不变”相结合的矛盾性和复杂性，既出现了疫情缓和所带来的调整性变化，又保持了时代背景所塑造的根本性特征。随着疫情缓和，极端的思想和行为有所收敛，各国的经济民族主义有所退潮，社会大众的乐观情绪有所提升，但是由时代背景所衍生的种族主义、排外主义、政治极化则有所加剧。

二　疫情防控常态化时期国际社会现实的复杂性

与新冠疫情初期相比，国际社会文化出现了明显的变化，但是又保持了相对的稳定性。现阶段，国际社会文化表现出明显的矛盾性、变动性、多元性的特点，这种特点源于国际社会现实的复杂性。现在，国际社会正处在疫情防控常态化时期，既具有新冠疫情防控的“非常

---

① Christina E. Farhart and Philip G. Chen, “Racialized Pandemic: The Effect of Racial Attitudes on COVID-19 Conspiracy Theory Beliefs,” Frontiers in Political Science, accessed January 25, 2022, https://www.frontiersin.org/articles/10.3389/fpos.2022.648061/abstract.

② 李海默：《美国政治极化现象：三个不同维度的观察》，《二十一世纪》2020年第2期。

性”，又具有逐步转入正轨的“正常化”。因此，疫情防控常态化时期的国际社会现实具有典型的过渡性、复杂性、矛盾性。

第一，新冠疫情逐渐缓解。从2021年下半年开始，新冠疫情的蔓延趋势得到有效遏制，全球范围内新冠疫苗的接种速度加快。现阶段，接种疫苗是预防新冠病毒最有效的途径，为了加速开发、生产和公平获取新冠病毒检测试剂盒、治疗用药和疫苗，全球疫苗免疫联盟（GAVI）、世界卫生组织和流行病防范创新联盟（The Coalition for Epidemic Preparedness Innovations）牵头建立了多边机制“新冠疫苗实施计划”（COVAX），计划在2021年年底前在全球范围内提供至少20亿剂安全有效的新冠疫苗。截至2021年4月，包括中国在内的190个国家或地区已加入该计划。[①] 根据世界卫生组织的统计，截至2022年2月14日，全球的新冠疫苗接种率为54.52%，预计接种率会持续提高。[②]

疫情缓解使全球重新聚焦社会和经济议题。2022年2月，新加坡尤索夫·伊萨东南亚研究所（ISEAS-Yusof Ishak Institute）公布的民调报告显示，在东南亚国家受访者被问及“三个问题中最为担忧的是什么”时，70.1%的受访者选择政治不稳定和经济发展问题，61.5%的受访者担忧东南亚地区会成为大国竞争的焦点地区，只有49%的受访者担忧新冠疫情。[③] 根据益普索集团公布的民调数据，2020年4月份，63%的全球受访者认为新冠疫情是最为担忧的问题。2021年10月份，33%的受访者最担忧不平等问题，30%的受访者最

① “COVAX Explained,” World Health Organization, accessed February 7, 2022, https://www.who.int/zh/initiatives/act-accelerator/covax.

② “WHO Coronavirus (COVID-19) Dashboard,” World Health Organization, accessed February 9, 2022, https://covid19.who.int/table.

③ ISEAS-Yusof Ishak Institute, *The State of Southeast Asia: 2022* (Singapore: ISEAS-Yusof Ishak Institute, February 16, 2022), p. 10.

担忧失业问题，而只有29%的受访者最担忧疫情。新冠疫情已不是全球社会大众最为担忧的问题，贫富差距、失业等经济和社会问题已取而代之成为大众关注的焦点。①

第二，全球经济形势逐步好转。新冠疫情打击了全球经济，出现较大规模经济衰退。国际货币基金组织（International Monetary Fund）发布的《世界经济展望：长期而艰难的复苏之路》（*The World Economic Outlook: A Long and Difficult Ascent*）指出，受新冠疫情影响，预计2020年世界经济萎缩4.4%，发达经济体萎缩5.8%，发展中经济体萎缩3.3%，美国经济萎缩4.3%；世界贸易量萎缩10.4%，发达经济体贸易量萎缩11.5%，发展中经济体贸易量萎缩9.4%。② 这是20世纪30年代经济大萧条以来最为严重的经济衰退。

但是随着新冠疫情的逐渐缓解，全球经济呈现明显的复苏之势。2022年1月，世界银行公布的《全球经济展望》（*Global Economic Prospects*）指出，2022年全球经济将延续复苏势头，国内生产总值（GDP）增长率将达4.1%。③ 随着经济需求的增加以及疫情管控措施的放松，世界贸易和投资逐步恢复。根据世界贸易组织2021年10月公布的数据，2021年全年全球货物贸易量增长率预计为10.8%，2022年为4.7%。④ 根据联合国贸易和发展会议的数据，2021年全球

① "Coronavirus No Longer the World's Top Worry as It Is Overtaken by Economic Concerns," the Ipsos, accessed February 10, 2022, https://www.ipsos.com/en/what-worries-world-october-2021.

② International Monetary Fund, *The World Economic Outlook: A Long and Difficult Ascent* (Washington, DC: International Monetary Fund, October 2020), p. 9.

③ World Bank, *Global Economic Prospects* (Washington, DC: World Bank, January 2022), p. 4.

④ World Trade Organization, *Global Trade Rebound Beast Expectations but Marked by Regional Divergences* (Geneva: World Trade Organization, October 4, 2021), p. 5.

对外直接投资呈现强力反弹之势，同比增长77%，高达1.65万亿美元，已超过新冠疫情前的水平。[①]

随着经济的逐步恢复，全球范围内的失业率有所下降，民众对经济复苏的信心增强。根据国际劳工组织的数据，2021年全球年失业率为6.2%，2022年为5.9%。[②] 2022年1月，著名市场研究公司益普索集团公布的全球消费者信心指数、全球就业指数、全球投资指数、全球预期指数等都基本上恢复到新冠疫情前的水平。[③]

第三，贫富差距问题依然严重。虽然全球化是人类历史发展的必然结果，没有哪个国家能够置身事外，但是世界各国在全球化中的地位、角色、获益是有差异的，也存在着难以忽视的不平等、不公平、不合理。由于欧美发达国家具有先发优势，其在全球化进程中占据着中心地位，而发展中国家则被迫处于边缘。这种不平等必然导致国家间获益不均，发达国家与发展中国家之间的贫富差距越来越大。以物联网、大数据、机器人、人工智能等技术为代表的第四次工业革命进一步加剧了发达国家与发展中国家之间的差距，产生了巨大的技术鸿沟、数字鸿沟、产业鸿沟，从而最终导致贫富鸿沟。而突如其来的新冠疫情进一步扩大了发达国家与发展中国家之间的差距。经济脆弱的发展中国家更易遭受疫情的打击，导致经济衰退和失业率上升，进而引发严重的社会问题。

---

① United Nations Conference on Trade and Development, *Global FDI Rebound Strongly in 2021, but Recovery Highly Uneven* (Geneva: United Nations Conference on Trade and Development, January 19, 2022), p. 1.

② "Unemployment Rate by Sex and Age—ILO Modelled Estimates, Nov. 2021 (%) - Annual," International Labour Organization, accessed February 17, 2022, https://www.ilo.org/shinyapps/bulkexplorer14/?lang=en&segment=indicator&id=UNE_2EAP_SEX_AGE_RT_A.

③ "Global Consumer Confidence Indexing at the Same level as Pre-Pandemic," Ipsos, accessed February 17, 2022, https://www.ipsos.com/en/global-consumer-confidence-index-january-2022.

在国家之间贫富差距扩大的同时，国家内部不同阶级之间的贫富差距也日益加剧，已成为影响社会稳定的严重问题。世界不平等实验室（World Inequality Lab）发布的《世界不平等报告 2022》（*The World Inequality Report 2022*）指出，1980 年收入前 10%的人口占世界收入总额的 56%，收入后 50%的人口占世界收入总额的 5%；2000 年则分别为 61%和 6%，两者的差距由 51%扩大到 55%。随着发展中国家的经济发展，尤其是大量人口脱贫，两者的差距有所减少，但形势依然严峻。2021 年收入前 10%的人口占世界收入总额的 52%，收入后 50%的人口只占世界收入总额的 8.5%。[①] 世界银行的研究报告指出，如果各国政府不积极采取有效的应对措施，由新冠疫情加剧的全球收入不平等将长期化，而且将减少社会阶级之间的流动性，从而对经济发展和社会稳定产生严重的消极影响。[②]

第四，民粹主义运动仍具影响。作为一种社会政治现象，民粹主义也被翻译为大众主义、平民主义、人民主义，滥觞于 1892 年美国人民党（The People's Party）的成立。[③] 民粹主义以“人民”崇拜为核心理念，强调“人民”的至高无上和大众民主。[④] 民粹主义善于社会批判而缺乏建设方案，善于制造对立而缺乏团结意识，善于感性煽动而缺乏理性思考。

作为一种批判性的意识形态，民粹主义更多地基于反对什么，

---

① World Inequality Lab, *The World Inequality Report 2022* (Paris: World Inequality Lab, 2021), p. 14.

② Ambar Narayan, Alexandru Cojocaru et al., *COVID-19 and Economic Inequality: Short-Term Impacts with Long-Term Consequences* (Washington, DC: World Bank, January 2022), pp. 21-22.

③ 约翰·朱迪斯：《民粹主义大爆炸：经济大衰退如何改变美国和欧洲政治》，马霖译，中信出版社，2018。

④ 钱镇：《民粹主义的发展及其影响》，载左凤荣主编《应对大变局：中国与世界》，中共中央党校出版社，2021。

而不是基于建设什么，尤其强调“精英”和“人民”之间的对立。因此，随着人类社会进入危急时刻或者国家社会发展遭遇困境之时，民粹主义必然会兴风作浪、伺机崛起。21 世纪以来，由于全球经济发展乏力、国家治理失灵、社会不平等加剧等，具有民粹主义色彩的社会运动和政党兴起。英国脱欧、法国“黄马甲运动”、特朗普当选美国总统、法国国民阵线和意大利五星运动党的崛起等都是直接表现。

由于煽动对立、制造分裂、激化矛盾，再次兴起的民粹主义增加了国际社会和各国内部的不稳定性、不确定性。因此，民粹主义不仅会阻碍全球化进程、影响国际合作、引发国际关系紧张，还会造成群体对立，冲击政治秩序，影响社会稳定。2021 年 1 月 6 日，特朗普的支持者暴力闯入美国国会大厦，以阻止国会联席会议确认拜登为新任总统。骚乱导致包括一名国会警察在内的 5 人死亡、约 140 名执法人员受伤。这是 1814 年以来美国国会大厦首次被占领。此事件标志着美国社会自上而下的分裂达到新高。[①] 虽然在各国理性民众的警惕和反对下，民粹主义有所收敛，但是其不会在短时间内式微，仍将是影响国际社会局势和各国发展走向的重要变量。2020 年美国总统大选期间，特朗普获得高票数。在 2022 年法国总统选举中，极右翼政党“国民联盟”候选人玛丽娜·勒庞的第二轮得票率为 41.45%，而其 2017 年得票率仅为 34%。极右翼政党两次闯入法国大选第二轮投票并且得票率上升，说明全球范围内民粹主义崛起势头有增无减。

---

① 《国会山骚乱一周年，美国政治对立加剧》，人民网，2022 年 1 月 6 日，http：//world.people.com.cn/n1/2022/0106/c1002-32325716.html，访问日期：2022 年 2 月 18 日。

三 “利害兼具”：对中国海外公共安全影响的两面性

国际社会文化与国际社会现实之间存在着相互建构关系。国际社会文化既是对国际社会现实的反映，也反作用于国际社会现实，深刻地影响国际社会的现状和未来。国际社会进入疫情防控常态化时期，使国际社会文化明显具有变化与稳定相互交织的矛盾性。国际社会文化的这种特点对中国海外公共安全的影响具有两面性，利害兼具。

首先，社会治安持续恶化危及海外中国公民的人身及财产安全。虽然全球经济有所复苏，失业率有所下降，但是各国内部的社会矛盾和分歧并没有消失，而有愈演愈烈之势。这必然会严重影响社会稳定，导致治安状况恶化。美国刑事司法委员会（The Council on Criminal Justice）针对全美 27 个城市的犯罪案件的研究报告指出，与 2020 年相比，2021 年凶杀案增加了 5%，严重伤害案增加了 4%，持枪伤害案增加了 8%。①

社会治安状况的恶化会给海外中国公民的人身及财产安全带来直接威胁。作为少数群体，海外中国公民极易受到社会治安恶化的冲击，成为违法犯罪案件的受害者，遭受人身及财产损失。与此同时，海外中国公民仍然是仇恨犯罪的主要受害群体。根据亚太政策与计划委员会（Asian Pacific Policy and Planning Council）收集的数据，2020 年 3 月至 2021 年 9 月，全美共发生 10370 起针对亚洲人的仇恨事件，

① The Council on Criminal Justice, *Pandemic, Social Unrest, and Crime in U. S. Cities: 2021 Year-End Update* (Washington, DC: the Council on Criminal Justice, January 2022), p. 1.

其中针对中国人的仇恨事件占42.7%。[①]

其次，海外中国公民和企业面临的隐形歧视和制度限制增多。一方面，世界范围内的种族主义和排外主义有所加剧，海外中国公民遭遇不同类型的种族歧视，严重损害海外中国公民的人格尊严。欧美国家通过诸多手段限制海外中国公民就业、留学、投资，并将其视为泄愤、仇视、嫁祸的对象。另一方面，由于全球产业链、供应链、价值链的重新布局，各国经济竞争的加剧，贫富差距扩大，世界范围内的民粹主义思潮兴起，强烈要求保护本国公民和企业的经济利益，而对包括中国在内的其他国家则采取经济民族主义、贸易保护主义政策，限制海外中国公民和企业的就业和投资等。经济形势的恶化和新冠疫情的蔓延，则加剧了这种趋势，使海外中国公民和企业面临着更多隐形歧视和制度限制。与此同时，海外中国公民和企业将在东道国面临日趋激烈的竞争。

新冠疫情的反复凸显了经济安全的重要性，因此欧美发达国家开始重新规划、布局、实施新的经济政策。为了遏制中国的经济发展势头，欧美发达国家开始针对海外中国公民和企业的经济活动实施一系列的限制措施。首先，实施高技术封锁。为了维护自身的技术优势，欧美发达国家暂停与中国在高技术领域的科技合作；将某些中国企业列入“实体名单”，禁止向其提供产品和服务；限制中国在高技术领域的并购活动。这些限制措施严重压缩了海外中国公民和企业经济活动的空间，严重损害了海外中国公民和企业的合法经济利益和权利。其次，限制中国海外投资。为了减少中国的经济影响力，欧美国家开始制定限制中国投资的法律法规。《世界投资报告2021》（*World*

---

① “National Report（Through September 2021），” Asian Pacific Policy and Planning Council, accessed February 18, 2022, https://stopaapihate.org/wp-content/uploads/2021/11/21-SAH-NationalReport2-v2.pdf.

Investment Report 2021）的数据显示，全球现有 34 个国家对外国投资加大国家安全审查力度。流入这些国家的外国直接投资占全球流量的 50%和存量的 69%。① 作为全球最大的对外直接投资国，中国必然首当其冲。这导致海外中国公民和企业的投资活动受到严重影响。最后，减少对华产业联系。为了遏制中国的经济发展势头并维护所谓的"经济安全"，欧美国家开始减少在供应链上对中国的依赖，并构建"去中国化"的经济联盟。这些政策必然会严重影响海外中国公民和企业的经济利益，使其处境更加边缘化，急剧压缩个人和企业的发展空间。

虽然全球范围内的经济民族主义有所退潮，但是针对中国的限制却有所加强，究其根本原因就是欧美国家将经济政治化、安全化、工具化。欧美国家放弃了之前坚持的"政经分开"理念，转而重视经济安全、经济主权、经济遏制，利用经济手段实现阻碍中国发展的战略目的。

最后，社会生活逐步正常化将减少海外中国公民和企业面临的极端安全威胁。2021 年，随着疫情缓解、全球社会生活逐步重回正轨以及民众理性思维的部分回归，一些国家对极端言论和暴力行为采取严厉打压措施，以促进社会团结、维护社会稳定。由于新冠疫情初期针对中国人和亚洲群体的仇恨犯罪案件剧增，美国参议院出台《新冠仇恨犯罪法案》以帮助司法部加速审查已备案的新冠相关仇恨犯罪，并建立更完善的在线报案系统和求助系统。虽然仇恨犯罪案件有所增加，但是随着各国的严厉打击和经济形势的好转，针对海外中国公民的仇恨犯罪逐渐减少。

在国际社会的合作和努力下，新冠疫情在全球蔓延的趋势得到有

① The United Nations Conference on Trade and Development, *World Investment Report 2021* (Geneva: The United Nations Conference on Trade and Development, June 2021), p. 111.

效遏制，这将压缩极端言行的生存空间，推动经济复苏，并促进社会各群体之间的团结。社会生活的逐渐正常化将改善海外中国公民和企业的处境，减少其所面临的极端安全威胁，并将为其在东道国就业、投资、经营等营造较为良好的社会氛围。

四 “多方联动”：应对策略的综合性

针对国际社会文化的新变化、新特征，中国政府、海外公民、企业、东道国等多个行为体需要相互合作、协调联动，以应对中国海外公共安全遭遇的冲击，并积极利用有利条件改善海外中国公民和企业的处境。

首先，加强风险管控，提供必要保护。虽然国际社会文化的变化使海外中国公民和企业面临的极端安全风险有所下降，但是依然存在犯罪、歧视等安全风险。海外中国公民和企业应该对东道国的相关情况有及时、准确、客观的了解，未雨绸缪，据此制定相应的预案，加强海外安全风险管控。海外公民在积极做好自身安全防护的同时，需要及时加强与中国驻外使领馆的沟通，并在遭遇安全威胁时及时寻求领事保护。中国企业和项目应密切关注当地局势，保持与大使馆和驻在国政府的沟通，制定预警机制和应对预案，提升自身应对突发事件的能力。中国驻外使领馆应及时发布相应的预警信息，保持与驻在国各政府机构的有效沟通，并在需要时及时启动有关的预警机制和领事保护机制。

其次，融入当地社会，营造良好氛围。海外中国公民和企业需要不断努力融入当地社会，积极营造良好的社会氛围。海外中国公民和企业要遵守当地的法律，尊重当地的文化，积极融入当地社会主流文化。中国海外企业要在当地积极承担社会责任，增加民生投入，树立良好企业形象。与此同时，海外中国公民和企业可以联合当地华人团体和友好人士发出友好、合作的声音，营造良好的社会舆论。

最后，善用法律手段，维护合法权益。随着国际形势和各国社会局势的变化，海外中国公民和企业面临的挑战和威胁日益多元化、复杂化。对此，海外中国公民和企业应该善于利用当地的法律法规，维护自身合法利益。海外中国公民和企业应事先熟知东道国的法律法规，尤其是与自身生活和经营有关的内容，并了解东道国法律法规与中国法律法规的差异，做到知法守法。在遭遇非法侵害时，海外中国公民要敢于报案，并聘请专业律师进行诉讼，坚决维护自身合法权益。中国海外企业应聘请熟悉劳动法、环境法、外资法等与经营、投资相关的专业法律顾问，以避免因不熟悉当地法律法规而违法的情况发生。在诉讼时，中国海外企业可以聘请当地信誉度高的专业律师辩护。当不服判决时，海外中国公民和企业应该积极向东道国上级法院或者有关的国际组织提出上诉。

专题篇

海外中国公民安全现状与挑战*

杨舒羽**

摘　要： 2021年，海外中国公民安全面临前所未有的挑战。尽管海外中国公民安全事件总量持续减少，但是电信诈骗与种族歧视类案件数量激增，对海外中国公民的安全威胁不容忽视。在疫情防控常态化时期，为更好保护海外公民安全，中国需要拓宽领事保护宣传途径，完善涉外法律法规，引导非政府组织、华人华侨等更多社会力量参与领事保护。

关键词： 海外中国公民　领事保护　海外安全

* 本文为国家社科基金重大课题"完善我国领事保护制度研究"（20&ZD206）的阶段性成果。

** 杨舒羽，外交学院博士研究生，研究方向为当代中国外交。

自新冠疫情发生以来，习近平总书记多次强调，要切实保护好海外公民的安全和健康。外交部和各驻外使领馆都紧急行动起来，在全球范围内开展了一场前所未有的领保专项行动。[①]

纵观2021年世界局势，全球疫情继续蔓延跌宕，百年变局加速演进，给海外中国公民安全带来前所未有的挑战。2021年，我国对外全行业直接投资9366.9亿元人民币，同比增长2.2%（折合1451.9亿美元，同比增长9.2%）。其中，我国境内投资者共对全球166个国家和地区的6349家境外企业进行了非金融类直接投资，累计投资7331.5亿元人民币，同比下降3.5%（折合1136.4亿美元，同比增长3.2%）。[②] 我国对共建“一带一路”的57个国家非金融类直接投资1309.7亿元人民币，同比增长6.7%（折合203亿美元，同比增长14.1%），占同期总额的17.9%，较上年同期上升1.7个百分点。[③] 中国旅游研究院（文化和旅游部数据中心）预计2021年中国公民出境旅游人数为2023万人次，同比下降86.9%。[④] 2021年，我国对外劳务合作派出各类劳务人员32.3万人，较上年同期增加2.2万人；其中承包工程项下派出13.3万人，劳务合作项下派出19万

---

① 《王毅：海外中国公民一直是祖国母亲心头的牵挂》，人民网，2020年5月24日，http://world.people.com.cn/n1/2020/0524/c1002-31721441.html，访问日期：2022年1月24日。

② 《2021年我国对外全行业直接投资简明统计》，中华人民共和国商务部网站，2022年1月24日，访问日期：2022年1月25日，http://www.mofcom.gov.cn/article/tongjiziliao/dgzz/202201/ 20220103238997.shtml。

③ 《2021年我对“一带一路”沿线国家投资合作情况》，中华人民共和国商务部网站，2022年1月24日，访问日期：2022年1月25日，http://www.mofcom.gov.cn/article/tongjiziliao/dgzz/202201/20220103239000.shtml。

④ 《从全面复苏走向高质量发展　2020年旅游经济运行分析与2021年发展预测（中国旅游经济蓝皮书No.13）》，中国旅游研究院（文化和旅游部数据中心），2021年2月22日，访问日期：2022年1月25日，http://www.ctaweb.org.cn/cta/ztyj/202103/80532de9677f 4c8685428b5a362e5ed9.shtml。

人。年末在外各类劳务人员 59.2 万人。① 全球留学生中的中国留学生数量最多，据全球高等教育分析机构 QS 于 2020 年对 3 万名留学生进行的调查，一半以上的受访者表示留学计划受到了影响，其中中国学生人数最多，占受影响总数的 66%。这些学生中，近半数决定推迟留学计划，部分人决定改变留学目的地。不过，整体上决定放弃留学的人数很少，仅占 4%。也就是说，绝大部分中国学生仍然会在逆境中坚持“留学梦”。②

本文以 2020 年 10 月至 2021 年 10 月公开报道的全球发生的海外中国公民安全事件为基础，通过深入分析不同群体涉及的安全事件，展现海外中国公民安全现状，探析海外中国公民安全面临的挑战，归纳总结海外中国公民安全事件特征，对疫情防控常态化时期维护海外中国公民安全提出建议。

一　海外中国公民安全事件的基本情况与特征

根据公开报道，2021 年海外中国公民安全事件共计 297 起，遇难 61 人。③ 虽然仅凭公开报道无法全面了解海外中国公民的安全现状，但有助于分析当前海外中国公民现状的特点及其面临的挑战，为未来做好安全防范措施提供依据。

---

① 《2021 年我国对外劳务合作简明统计》，中华人民共和国商务部网站，2022 年 1 月 24 日，http://www.mofcom.gov.cn/article/tongjiziliao/dgzz/202201/20220103238999.shtml，访问日期：2022 年 1 月 25 日。

② 《疫情暴发这两年，出国留学市场发生哪些变化》，人民网，2021 年 10 月 21 日，http://sc.people.com.cn/n2/2021/1021/c345167-34967160.html，访问日期：2022 年 1 月 20 日。

③ 笔者根据中国领事服务网、新华网、人民网、央视网、中国新闻网、中国侨网、环球网、澎湃新闻、中华网、外交部、商务部、文旅部、教育部、公安部、《人民日报》（海外版）等网站数据统计得出。

（一）海外中国公民安全事件的基本情况

根据安全事件的群体分类，涉及留学人员的安全事件共计61起，约占20.60%；涉及游客的安全事件共有13起，约占4.40%；涉及海外劳务人员的安全事件共19起，约占6.42%；涉及渔民及船员的安全事件9起，约占3.04%；剩余安全事件涉及的中国公民无法确定其具体身份，故统一归纳为其他中国公民，这类安全事件数量为194起，约占2021年海外中国公民安全事件总数的65.54%（见图1）。受新冠疫情影响，涉及中国游客的海外安全事件数量显著下降，留学人员与其他海外中国公民的安全事件数量较上一年度有所上升。涉及海外劳务人员、渔民及船员的海外安全事件数量与上一年度基本持平。

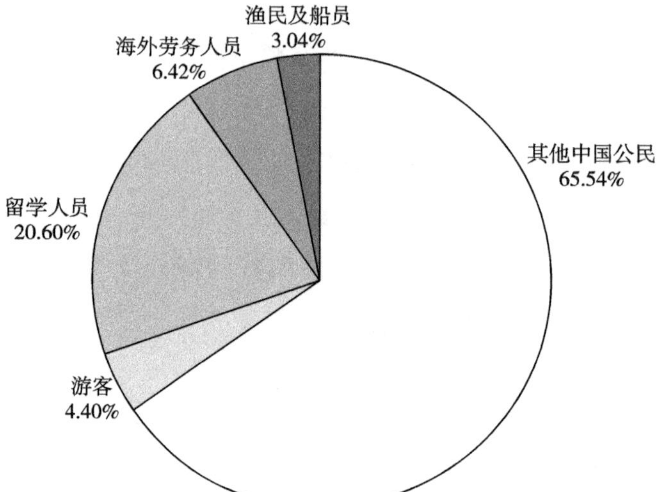

图1　2021年不同海外中国公民群体安全事件占比

资料来源：根据中国领事服务网、新华网、人民网、央视网、中国新闻网、中国侨网、环球网、澎湃新闻、中华网、外交部、商务部、文旅部、教育部、公安部、《人民日报》（海外版）等网站数据统计得出。下同。

按安全事件类别划分，海外中国公民安全事件出现新的事件类别，安全风险排序也发生很大变化（见表1）。

表1　2021年海外中国公民安全事件类型

单位：起，人

安全事件类别	其他中国公民	游客	留学人员	海外劳务人员	渔民及船员	总计	遇难人数
社会治安事件	44	10	8	5		67	27
违法违规事件	2	1	3			6	0
意外事件	2	1	2		7	12	8
交通安全事故	4		2	1		7	13
遭遇电信诈骗	83		23			106	0
自杀、失踪和失联		1				1	0
涉水安全事故			5			5	4
出入境受阻	4		7	1		12	0
施工安全事故				1		1	3
自然灾害	1					1	1
公共卫生安全	51	1	9	11	2	74	5
遭遇种族歧视	2		2			4	0
火灾	1					1	0
总计	194	14	61	19	9	297	61

（二）海外中国公民安全事件特征

海外中国公民安全事件总量持续减少，但对中国公民合法权益的侵害不容乐观。受到新冠疫情全球大流行、国际航班熔断机制等影响，中国公民出境游人数大幅下降，而受各国防疫政策的影响，大量常驻海外的中国公民被迫滞留海外，短期内无法回国。因此，在2021年，海外安全事件主要涉及常驻海外的中国公民。相较于新冠疫情前，海外中国公民安全事件呈现四个特征：第一，海外安全事件的数量明显下降；第二，海外安全事件涉及主体是常驻海外的中国公民，如留学人员、其他中国公民；第三，电信诈骗与种族歧视类案件数量激增；第四，新冠疫情危及海外公民人身安全并引发相关安全事件。

从安全事件类型来看，第一，涉及新冠疫情的公共卫生安全事件数量上升，这不仅包括在所在国期间感染新冠引发的事件，也包括往返途中因感染引发的事件以及违反所在国防疫政策，如篡改健康码，导致新冠感染扩散的事件。第二，诈骗事件与种族歧视事件数量明显上升（见图2）。通过捏造招工需求、提供免费旅游、参与跨境赌博等方式将中国公民骗至境外限制人身自由甚至暴力殴打，强迫其参与赌博或电信诈骗的事件在我国周边国家时有发生。除这些传统诈骗手段外，又出现了涉及疫情的提供虚假回国机票、[①] 办理健康码、接种疫苗、虚假包机、购买"健康包"[②] 等新型诈骗方式。针对留学生群体，还出现了"虚拟绑架"电信诈骗的方式，专门骗取海外留学生家长钱财。此外，受到将新冠病毒污名为"中国病毒"的影响，涉华种族歧视的安全案件时有发生，尤其是在欧美国家，多次出现种族歧视引发的暴力事件。[③]

从案件数量来看，除去诈骗与新冠疫情类安全事件，海外中国公民安全事件的数量与新冠疫情前相比连续两年下降，原因是国际旅行人数锐减，各国"封城""居家隔离"等政策使得安全事件发生概率降低。

---

① 《中国驻韩国大使馆：提醒中国公民谨防虚假机票诈骗》，人民网，2020 年 5 月 13 日，http：//korea. people. com. cn/n1/2020/0513/c407366-31707219. html，访问日期：2022 年 1 月 20 日。

② 《中国驻新西兰大使馆提醒在新中国公民谨防涉疫情类电信诈骗》，人民网，2021 年 4 月 16 日，http：//australia. people. com. cn/n1/2020/0416/c408038-31676677. html，访问日期：2022 年 1 月 20 日。

③ 《提醒中国赴美留学人员注意安全风险》，中国驻美国使馆网站，2021 年 11 月 2 日，http：//www. china-embassy. org/lsfw/zj/zytz/202111/t2021 1103_10440200. htm，访问日期：2022 年 1 月 20 日。

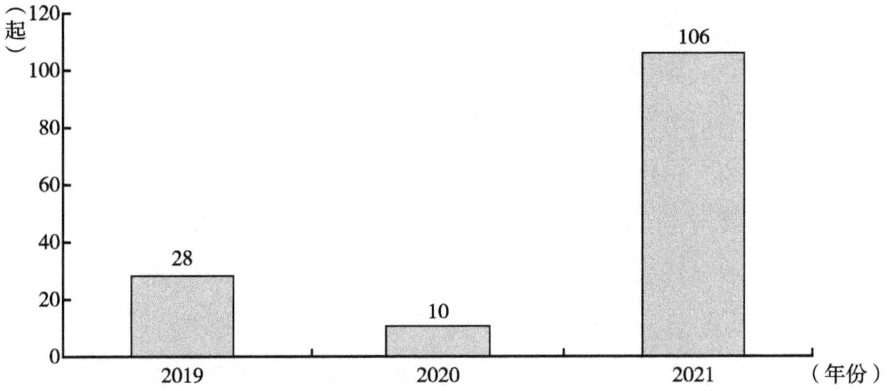

图 2　2019~2021 年中国公民遭遇诈骗案件数量

由于电信诈骗案件与种族歧视事件频发，欧洲超过亚洲成为 2021 年发生海外中国公民安全事件数量最多的地区（见图 3）。

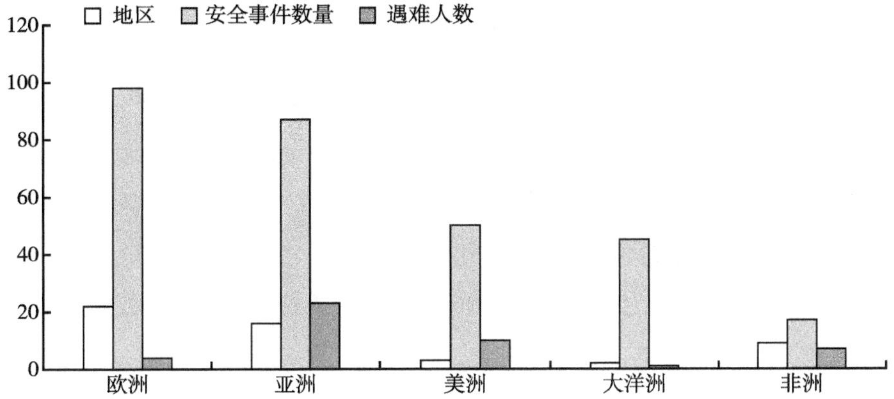

图 3　2021 年海外中国公民安全事件地区分布、遇难人数情况

最后，海外中国公民安全事件类型"稳中有变"，针对中国公民的社会治安事件，尤其是盗抢、袭击、绑架案件的性质依然十分恶劣，并造成严重后果。据中国驻美大使馆消息，新冠疫情以来，美国纽约、旧金山、洛杉矶等城市仇亚犯罪案件纷纷再创新高，针对各地亚裔社区发动的仇恨犯罪，严重程度前所未见。2021 年 3 月 16 日，亚特兰大市内及周边地区接连发生3起枪击事件，8人遇害，其中6人是亚裔女性，包括1名华裔、1名中国公民。2021年3月20日，美国多地举行了主题为“停止仇恨亚裔”的游行和集会，以此抗议亚特兰大枪击案和针对亚裔的恶性事件。多地发生针对亚裔的仇恨事件加深了在美亚裔群体的忧惧，在美中国公民的安全受到威胁。[①] 2021年8月18日，3名中国公民在刚果（金）东部伊图里省遭不明身份武装人员绑架，同时涉及中国公民的盗抢案件频发。2020年10月至2021年10月，盗抢、袭击、绑架事件占危害我国海外公民安全社会治安事件的一半以上。

二　针对不同群体海外中国公民安全事件分析

（一）涉及其他海外中国公民的安全事件

2021年，涉及其他海外中国公民的安全事件共计194起，共有39人遇难，亚洲与欧洲是安全事件的主要发生地，分别占34.5%和28.3%。在各类安全事件中，社会治安类事件44起，其中包括遭遇劫持后遇害等恶性案件。[②] 2021年1月13日，柬埔寨金边发生一起绑架杀人案件，两名中国公民遇害；[③] 南非开普省先后发生两起中国

---

① 《提醒在美中国公民加强安全防范，警惕针对亚裔的歧视和暴力》，中国驻美国使馆网站，2021年3月26日，http：//www.china-embassy.org/lsfw/zj/zytz/202103/t20210327_9035314.htm，访问日期：2022年1月20日。

② 《驻俄罗斯使馆提醒旅俄中国公民做好自身防护》，中国驻俄罗斯使馆网站，2021年8月3日，http：//ru.china-embassy.org/chn/lsfws/zytz/202108/t20210803_9038348.htm，访问日期：2022年1月20日。

③ 《中国驻柬埔寨大使馆发言人就两名中国公民在金边遇害答记者问》，中国驻柬埔寨使馆网站，2021年1月15日，http：//kh.china-embassy.org/lsfws/lingshifuwu/index_1.htm，访问日期：2022年1月20日。

公民遭绑架案件，2021 年 3 月 3 日，两名被绑中国公民均平安获释；2021 年 3 月 22 日，斐济连续发生多起针对华人的盗抢事件；[①] 由于治安形势十分严峻，歧视和暴力犯罪时有发生，在美中国公民不时成为受害者，2021 年 4 月 27 日，一名中国公民在洛杉矶遭遇枪击，不幸遇难。[②]

除盗抢、袭击、绑架事件外，诈骗类案件成为其他海外中国公民安全事件的主要类型，据公开报道，2021 年仅在欧洲就发生了 42 起针对中国公民的诈骗案件，主要包括冒充“公检法”人员、使馆工作人员、电商物流客服的诈骗活动，以及虚假投资理财诈骗。在一些亚洲国家和俄罗斯，还出现主要针对中国公民的“杀猪盘”诈骗和赌博诈骗，[③] 并由此引发暴力事件。2021 年共发生包括招工诈骗案件在内的诈骗安全事件 83 起，中国驻西班牙大使馆曾至少 8 次提醒当地中国公民防范电信诈骗，[④] 中国驻美大使馆也曾发布《防范电信网络诈骗宣传手册》，提醒在美中国公民防范电信诈骗。[⑤] 诈骗类案件还呈现与疫情结合的新特点，新增了通过购买虚假机票骗取当事人钱财，利用使馆发放“健康包”等防疫政策骗取中国公民钱财，假冒

---

① 《中国驻斐济使馆提醒在斐中国公民注意安全》，中国驻斐济使馆网站，2021 年 3 月 19 日，http：//fj. china-embassy. gov. cn/chn/zytz/202103/t20210319_ 9932168. htm，访问日期：2022 年 1 月 21 日。

② 《提醒：领区中国公民和机构留意枪击案频发》，中国驻洛杉矶总领事馆网站，2021 年 4 月 28 日，http：//losangeles. china-consulate. gov. cn/chn/lbyj/202104/t20210429_9011114. htm，访问日期：2022 年 1 月 21 日。

③ 《中国驻柬埔寨大使馆提醒在柬中国同胞洁身自好，远离赌博》，中国驻柬埔寨使馆网站，2021 年 1 月 26 日，http：//kh. china-embassy. org/lsfws/lingshifuwu/202101/t20210126_ 1608513. htm，访问日期：2022 年 1 月 21 日。

④ 笔者根据西班牙大使馆领事通知统计。

⑤ 《提醒在美中国公民防范电信网络诈骗，认真阅读〈防范电信网络诈骗宣传手册〉》，中国驻美国使馆网站，2021 年 5 月 20 日，http：//www. china-embassy. org/lsfw/zj/zytz/202105/t20210520_9035328. htm，访问日期：2022 年 1 月 23 日。

使馆工作人员谎称打疫苗套取中国公民身份及银行卡信息，[①] 声称大使馆将要送文具等骗取银行卡信息[②]等诈骗手段。

与2021年同期相比，种族歧视愈演愈烈，亚裔成为主要受害者。美东华人社团联合总会会长梁冠军说，新冠疫情发生后，美国部分地区出现歧视华裔甚至亚裔的现象，尤其在华人集中的加州和纽约地区。除言语骚扰外，还有推搡、肢体攻击、禁入场所甚至打砸等极端事件。[③]

疫情期间，菲律宾、马来西亚、柬埔寨、缅甸等国家成为跨境线上赌博的高发地，博彩公司招募国内代理，[④] 在线上招揽境内中国公民参与线上赌博，或组织赌博人员偷渡到境外赌博。2021年1月22日，一名在柬埔寨开设赌场的中国公民遇害。[⑤] 同年10月，黑龙江省公安厅破获的非法组织中国公民赴“水晶虎宫殿”赌场跨境赌博案抓获犯罪嫌疑人142名，核查认定赌资16亿元。[⑥] 非法赌博活动

---

① 《提醒在美中国公民谨防涉疫情诈骗》，中国驻美国使馆网站，2020年6月4日，http://www.china-embassy.org/lsfw/zj/zytz/202006/t20200604_5098423.htm，访问日期：2022年1月20日。

② 《中国驻韩国大使馆吁在韩中国公民警惕假冒使馆名义的赠礼行骗》，人民网，2022年1月19日，http://korea.people.com.cn/n1/2022/0119/c441626-32334867.html，访问日期：2022年1月23日。

③ 《美国华人勇敢对歧视说“不”（侨界关注）》，人民网，2020年6月15日，http://world.people.com.cn/n1/2020/0615/c1002-31746724.html，访问日期：2022年1月20日。

④ 《公安部公布打击跨境赌博犯罪十起典型案例 3个月侦破案件257起 抓获犯罪嫌疑人11500余名》，2020，央广网，http://www.cnr.cn/gsgb/2015yw/20200622/t20200622_525140469.shtml，访问日期：2022年1月23日。

⑤ 《一名中国男子在柬埔寨被当街射杀 死者37岁左右做赌场生意》，中华网，2021年1月22日，https://news.china.com/socialgd/10000169/20210122/39211950.html，访问日期：2022年1月23日。

⑥ 《黑龙江、吉林两省公安机关联合侦破非法组织中国公民赴“水晶虎宫殿”赌场跨境赌博案》，黑龙江省公安厅网站，2021年10月26日，http://gat.hlj.gov.cn/zhuzhan/xwfb/20211026/69914.html，访问日期：2022年1月20日。

造成中国公民的财务损失甚至危及生命安全，受害者被诱骗到境外参与赌博后，往往会遭到毒打、绑架、勒索。

2021 年，在新冠疫情持续影响下，海外中国公民公共卫生安全受到巨大威胁。9 月 13 日，中国驻新加坡大使馆接到数十名在新染疫中国公民求助，其中包括一些旅游、探亲、商务等短期来新人员。① 也有不少中国公民在健康检查后放松防范，在回国途中感染新冠。公共卫生事件中，除感染新冠病毒外，3 名中国公民在美国西部地区感染“山谷热”，其中 2 人病故。②

（二）涉及中国海外留学人员的安全事件

新冠疫情致使国际航班采用熔断机制，大量留学生滞留海外，同时“居家隔离”等政策降低了中国海外留学人员遭遇社会治安事件、意外事故、交通事故的概率。但是，与 2020 年同期相比，涉及中国留学人员海外安全事件总量不降反升，总计 61 起，导致 8 人遇难，这主要是由出现的新情况、新特点决定的。

首先，诈骗事件数量继续上升。虚拟绑架类电信诈骗重新针对中国留学生，尤其以初来乍到的留学人员为重点目标。2020 年 9 月，在澳留学女高中生沦为受害者，其在家属支付 20 多万澳元的赎金后被警方找到。③ 同时，利用留学生回国心切的心理，新增了围绕疫情的“提供虚拟机票”“代办健康码”等新型诈骗形式。

---

① 《中国驻新加坡使馆提醒拟来新中国公民密切关注新加坡疫情，审慎作出赴新决定》，2021 年 9 月 13 日，中国驻新加坡使馆网站，http：//sg.china-embassy.gov.cn/lsfw/lsbh/lstx/202109/t20210913_ 9974954.htm，访问日期：2022 年 1 月 21 日。

② 《提醒中国公民注意防治“山谷热”》，中国驻洛杉矶总领事馆网站，2020 年 7 月 15 日，http：//losangeles.china-consulate.org/lbyj/，访问日期：2022 年 1 月 21 日。

③ 《澳大利亚虚拟绑架案频发 专家支招中国留学生防范》，人民网，2020 年 9 月 24 日，http：//australia.people.com.cn/n1/2020/0924/c408038 - 31873814.html，访问日期：2022 年 1 月 19 日。

其次，留学人员的出入境受阻事件增多。除不符合防疫规定被遣返外，美国执法机构对中国在美留学人员进行任意盘查、滋扰、没收个人物品、扣留等案件急剧增加。[①] 特朗普政府时期签署的第10043号总统令，导致2021年超过500名中国留学生赴美签证被拒。[②] 数名赴美中国留学生在休斯敦机场入境时遭遇盘查，甚至有人被限制人身自由长达50多个小时，最终被无理由遣返回国。[③]

再次，中国留学生在海外遭遇种族歧视的情况增加。多名英国留学生在谢菲尔德和剑桥等地接连遭受种族歧视导致的袭击。[④] 由疫情"污名化"带来的种族歧视进一步加剧，对美民众形成不良引导，引发新一轮针对亚裔的歧视和暴力。[⑤]

最后，疫情引发中国留学生的心理疾病。新冠疫情导致约140万名中国留学生滞留海外，其中，在美国约有41万名，加拿大约有23万名。[⑥] 根据第三方心理机构的问卷调查结果，高达83.95%的受访

---

① 《提醒在美中国留学人员注意安全防范》，中国驻美国使馆网站，2020年7月22日，http://www.china-embassy.org/lsfw/zj/zytz/202007/t202 00723_5098458.htm，访问日期：2022年1月17日。

② 《2021年7月6日外交部发言人赵立坚主持例行记者会》，中华人民共和国外交部网站，2021年7月6日，https://www.fmprc.gov.cn/fyrbt_673021/jzhsl_673025/202107/t20210706_9171301.shtml，访问日期：2022年1月22日。

③ 《提醒中国赴美留学生谨慎选择赴休斯敦航线入境》，中国驻美国使馆网站，2021年9月28日，http://www.china-embassy.org/lsfw/zj/zytz/202109/t20210929_9581562.htm，访问日期：2022年1月17日。

④ 《提醒在英中国公民近期加强安全防范》，中国驻英国使馆网站，2021年9月28日，http://www.chinese-embassy.org.uk/lsfw/202109/t20210928_9570071.htm，访问日期：2022年1月22日。

⑤ 《郑重提醒在美中国公民加强安全防范 警惕针对亚裔的歧视和暴力》，中国驻美国使馆网站，2021年8月28日，http://www.china-embassy.org/lsfw/zj/zytz/202108/t20210828_9035348.htm，访问日期：2022年1月22日。

⑥ 《疫情期间中国海外留学人员安全问题新闻发布会》，国务院新闻办公室新闻发布会网站，2020年4月2日，http://www.scio.gov.cn/xwfbh/xwbfbh/wqfbh/42311/42824/index.htm，访问日期：2022年1月17日。

留学生至少经历过一次心理崩溃，44.58%的受访留学生想过放弃学业。① 身体健康问题、安全问题、学业在疫情下受阻等都影响中国海外留学生，使其陷入进退两难的境地，并进一步产生心理健康问题。

（三）涉及中国海外劳务人员的安全事件

根据公开报道，2021 年共发生 19 起涉及中国海外劳务人员安全事件，共有 9 人遇难。社会治安问题始终是威胁中国海外劳务人员安全的首要因素。这些事件主要发生在厄瓜多尔、黎巴嫩、巴基斯坦等国，除了经济发展水平不高之外，恐怖袭击也是导致这些国家社会治安事件频发的主要原因。

受各国“断航”“封关”等防疫措施的影响，中国劳务人员大量滞留海外。2020 年，我国对外劳务合作派出各类劳务人员 30.1 万人，较上年同期减少 18.6 万人。② 疫情之下，中国海外劳务人员也感染了新冠病毒。疫情对于海外劳务人员的影响还表现在经济下行压力增大，各国为保障本国国民的就业，缩减外国劳务人员就业岗位。③ 疫情冲击下失业率飙升，部分文化水平较低的中国海外劳务人员受到“失业潮”的冲击。④

---

① 《被疫情影响的留学生活：在美留学生心理状况堪忧》，人民网，2021 年 10 月 14 日，http：//usa. people. com. cn/n1/2021/1014/c241376 – 32253244. html，访问日期：2022 年 2 月 24 日。

② 《2020 年我国对外劳务合作业务简明统计》，中华人民共和国商务部网站，2021 年 1 月 22 日，http：//fec. mofcom. gov. cn/article/tjsj/ydjm/lwhz/202101/20210103033329. shtml，访问日期：2022 年 2 月 24 日。

③ 《英媒观察：疫情引发全球海外劳工失业潮（3）》，参考消息，2020 年 3 月 31 日，http：//www. cankaoxiaoxi. com/finance/20200331/2406254_3. shtml，访问日期：2022 年 2 月 24 日。

④ International Labour Organization，“In the Face of a Pandemic：Ensuring Safety and Health at Work，” April 28，2020，accessed January 21，2022，https：//www. ilo. org/wcmsp5/groups/public/–ed_protect/–protrav/–safework/documents/publication/wcms_7424 63. pdf.

（四）涉及中国游客的海外安全事件

2021年涉及中国游客的海外安全事件共13起，1人遇难。从安全事件发生的类别来看，意外事件1起，为卷入海中遇难；[①] 自杀、失踪和失联事件1起；违背当地公序良俗事件1起；[②] 参与赌博事件10起。

“旅游参赌”成为2021年中国游客海外社会治安事件的主要类型，截至2021年4月，全国公安机关共侦办各类跨境赌博及相关犯罪案件1.7万余起，抓获犯罪嫌疑人近11万名，已移送起诉3.5万余名；打掉网络赌博平台3400余个、打掉非法支付平台和地下钱庄2800余个、非法技术团队1300余个、赌博推广平台2200余个，查扣冻结一大批涉案资金，有力逆转了跨境赌博犯罪上升趋势，打击治理工作取得显著成效。[③] 跨境赌博、旅游参赌成为影响中国游客海外安全新的风险点。

（五）涉及中国渔民及船员的海外安全事件

2021年涉及中国渔民及船员的海外安全事件共9起，其中8起发生在菲律宾、韩国海域。2021年10月21日，中国渔船在韩国附近水域倾覆，4名中国船员中2人获救，2人失踪。[④] 2021年12月，

---

① 《冰岛媒体报道中国女游客卷入海中遇难，中国驻冰岛使馆证实》，环球网，2021年11月12日，https://world.huanqiu.com/article/45YZfLE6Fko，访问日期：2022年1月26日。

② 《中国游客在伊朗违背当地公序良俗并上网炫耀，我使馆提醒》，澎湃新闻，2021年5月29日，https://www.thepaper.cn/newsDetail_forward_12895405，访问日期：2022年1月26日。

③ 《公安部：打击治理跨境赌博工作取得显著成效》，中国政府网，2021年4月9日，http://www.gov.cn/xinwen/2021-04/09/content_5598556.htm，访问日期：2022年1月27日。

④ 《韩国失事渔船上失踪的4名中国船员已有2人获救》，新华网，2021年10月21日，http://www.news.cn/world/2021-10/21/c_1127981247.htm，访问日期：2022年1月26日。

中国渔船在越南附近海域沉没，船上3名中国船员1人获救，2人遇难。[①] 由于疫情期间各国防疫政策的限制，海外中国船员轮换十分困难，船员超期服役现象严重，船员长期在疲劳状态下工作，身心健康方面存在问题。

2021年11月22日，中国海员建设工会和中国船东协会出台《新型冠状病毒肺炎疫情防控期间船员劳动待遇标准》，这是我国首个通过行业协商确立的新冠疫情期间劳动待遇标准，标准对船员在新冠疫情期间在船工作涉及的各方面特殊情况进行了详细约定。包括：船舶防疫用品配备，船员在集中隔离、医学观察或境外滞留期间的相关费用，船员防疫补贴和疫情期间伙食补贴等内容，为确保船员的工资收入、休息休假等权益和在船生活质量提供了依据。[②]

三　海外中国公民安全风险形成的主要原因

2021年，随着新冠疫情反复，海外中国公民公共卫生安全风险依然存在，除此之外，歧视亚裔所带来的社会治安风险也进一步增加，电信诈骗、跨境赌博成为新的风险点。

一方面，新冠疫情增加了海外中国公民面临的安全风险种类。

新冠疫情对全球经济的影响逐步显现，世界经济下行压力增加，《2022世界发展报告：金融为公平复苏护航》指出，由新冠疫情引发的全球公共卫生危机将演变为100多年来全球最大的经济危机，造成

① 《越南附近海域一货船沉没，2名中国船员遇难》，界面新闻，2021年12月18日，https://www.jiemian.com/article/5423538.html，访问日期：2022年1月27日。

② 《疫情期间船员劳动待遇标准出台》，新华网，2021年11月22日，http://www.news.cn/politics/2021-11/22/c_1128089179.htm，访问日期：2022年2月17日。

增长大幅倒退、贫困率增加、不平等加剧。① 疫情使世界贫困人口增加，贫困进一步刺激犯罪率的上升。受此影响，海外中国公民面临多种风险挑战。

首先，受到病毒“污名化”和种族歧视的影响，在社会治安类事件中，由种族歧视引发的暴力事件数量上升，海外留学人员成为主要受害者。其次，疫情期间诈骗类安全事件数量创历年来新高，尽管我国各驻外使馆发布提醒、分发防诈骗宣传手册，仍有不少海外中国公民掉入诈骗圈套。再次，新冠疫情威胁海外中国公民身心健康。各类海外中国公民群体均发生感染新冠事件。最后，出境旅游参赌成为2021年中国海外游客发生安全事件的主要诱因。

另一方面，新冠疫情使海外中国公民正当权益受到损害。

受到新冠疫情影响，海外中国公民的合法居留、就业、受教育等正当权益无法得到保障。2021年10月，30名中国留学生因疫情影响，未按时提交入境记录被美国取消留学生身份，② 受影响的学生只能离境重新申请签证后再返校学习，而国际航班减少与航班“熔断”使回国机票“一票难求”，且滞留所在国又面临签证过期的风险，这使海外中国留学生陷入两难境地。③ 由于疫情造成的全球性经济危机，许多国家收缩工作签证，保护本国公民就业。2020年6月22

---

① 《提高隐性不良债务透明度 降低全球金融风险促进复苏》，世界银行网站，2022年2月15日，https://www.shihang.org/zh/news/press-release/2022/02/15/greater-transparency-on-hidden-and-distressed-debt-can-reduce-global-financial-risks-and-support-recovery，访问日期：2022年2月17日。

② 《驻纽约总领馆教育处负责人提醒领区留学人员务必保护好在美合法身份》，中国驻纽约总领事馆网站，2021年10月19日，http://newyork.china-consulate.org/lbqw/lbxzzn/202110/t20211019_9594201.htm，访问日期：2022年2月17日。

③ 《中国驻新西兰大使馆提醒在新中国公民留意所持新西兰临时签证的停留期限》，中国驻新西兰使馆网站，2020年8月3日，http://nz.china-embassy.org/lsfw/zytz/202008/t20200803_941401.htm，访问日期：2022年2月17日。

日，美国政府发布政令收紧工作签证发放，这一做法适用于公告生效之时不在美国、无有效非移民签证以及除签证外没有准许其赴美和入境官方旅行文件的外国人。① 收紧工作签证的发放，甚至暂停发放工作签证，减少外国劳务人员工作岗位，都对海外劳务人员的就业权利造成不小的冲击。

四　疫情防控常态化时期维护海外中国公民安全的建议

疫情之下，身处海外的中国同胞生命安全受到严重威胁。当此之时，中国领事保护工作全力以赴，奋力为海外同胞纾困解难。② 中国的抗疫外交展现了国际担当，“春苗行动”致力于帮助海外中国公民尽快接种新冠疫苗。2021 年以来，该行动陆续在世界多国启动，一些具备条件的国家还设立了地区接种点，为周边国家有需要的同胞提供服务。截至 2021 年 7 月 1 日，外交部和各驻外使领馆已协助超过 170 万名海外中国公民在 160 多个国家接种中外新冠疫苗。“春苗行动”成为“外交为民”理念的生动实践。③ 疫情防控常态化时期，可以从以下四方面着手开展领事保护工作，更好地维护海外中国公民安全。

① 《美国收紧工作签证发放》，人民网，2020 年 6 月 24 日，http：//usa. people. com. cn/n1/2020/0624/c241376-31758356. html，访问日期：2022 年 2 月 18 日。

② 《2020 说说领事保护那些事（领事服务）》，人民网，2020 年 12 月 19 日，http：//jx. people. com. cn/n2/2020/1219/c186330 - 34483123. html，访问日期：2022 年 2 月 18 日。

③ 《春苗行动，外交为民的生动实践》，国务院侨务办公室网站，2021 年 7 月 13 日，http：//www. gqb. gov. cn/news/2021/0713/51807. shtml，访问日期：2022 年 2 月 18 日。

（一）拓宽领事保护宣传途径

中国的政治体制十分有利于发挥“一盘棋”的优势，调动各方参与领事保护工作。互联网的普及对传统领事工作造成了一定的挑战，但同时也为领事保护工作创造了机遇。应发展“互联网+融媒体+领事保护”模式，多渠道、多方式、多角度参与领事保护宣传工作。2021 年 5 月上线的“中国领事” App，为海外同胞提供更加便捷的领事服务，实现“掌上办”“零跑腿”。[①] “中国领事” App 中包含“12308 热线”一键呼叫、领取养老金资格认证、领事认证查验、领事新闻资讯、“护照旅行证”及“应急旅行证”在线办理、安全提醒、通知公告、一站式获取领事资讯等功能。推进云端办照、视频公证、移动支付等便民措施。除便民举措之外，中国领事保护需要继续发挥“互联网+融媒体+领事保护”模式的优势，在应对疫情“污名化”、反对种族歧视等方面加强国际舆论宣传。

（二）充分发挥国际组织与双边关系在领事保护中的作用

充分发挥国际组织在多边关系中的作用，通过多边合作宣传我国的理念与方案，使其成为国际组织的共识，从而更好地推动中国领事保护工作，保护中国海外利益。[②] 但这一过程耗时长久且投入巨大，对比发现，能够简单高效地通过签署友好条约等方式更为直接地保护海外中国公民安全。2018 年 3 月，十三届全国人大一次会议表决通过了《第十三届全国人民代表大会第一次会议关于国务院机构改

① 《关于中国驻美国使领馆启用“中国领事”APP 的通知》，中国驻美国使馆网站，2021 年 5 月 28 日，http://www.china-embassy.org/lsfw/zj/zytz/202105/t20210529_9035329.htm，访问日期：2022 年 1 月 31 日。

② 柏英：《全面解读中国海外利益 共同建设人类命运共同体》，《世界知识》2017 年第 14 期。

革方案的决定》，组建中华人民共和国国家国际发展合作署。通过援助加强双边合作将有利于我国企业和公民的正当利益保护。我国在对外援助时，不仅应援助受援国的经济项目和文化项目，也应帮助受援国进行社会和法律保障体系建设，通过加强与东道国法律制度合作，向东道国政府反馈我国企业和公民的正当利益保护需求，以争取东道国法律能够保护我国海外利益。①

（三）健全完善涉外法律法规，为海外中国公民提供法律保护

我国海外公民权益缺乏法律的系统保护。例如，劳务人员与国外雇主之间应订立确定劳动关系的合同，但该劳动合同却不属于我国劳动合同法的适用范围。我国现行《对外劳务合作管理条例》属于行政法规，法律位阶较低，原则性强，具体操作细则有待进一步明确，因此，制定一部保护公民海外安全的全国性、基础性法律是当务之急。随着中国综合国力的增强以及与共建“一带一路”国家的深入合作，海外中国公民安全法律保障体系亟待健全完善。可以参考劳务输出大国菲律宾的做法，为海外公民，特别是劳务人员设立专门的机构提供保障，还有法律援助机构为海外劳务人员提供法律服务，有效保障海外劳务人员的权益。

（四）引导社会组织、华人华侨等多种力量参与领事保护

面对领事资源不足、领事保护任务艰巨的现实局面，应引导非政府组织，培育私人安保公司，引入商业保险，组织华人华侨参与领事保护。

随着中国对外投资的扩大，私人安保公司也逐渐走出国门，开始主动适应我国海外安全利益保护需求，积极探索参与保护我国境外企

① 李秀娜：《海外利益保护制度的有效性困境及路径探究》，《北方法学》2019 年第 5 期。

业、机构和人员安全的新途径。[①] 商业保险产品可以有效弥补企业及公民在海外遭遇安全事件所造成的经济损失。但我国保险机构主营业务在国内，加之共建“一带一路”国家经济发展水平差异巨大、地缘政治复杂、商业习惯及社会风俗迥异，国内保险机构海外业务难以拓展，国外保险业务占比很低，远不及发达国家保险机构。

新冠疫情发生以来，华人华侨不断反对针对华裔亚裔的种族歧视。美国知名侨领、南加州华人社团联合会荣誉主席张素久认为，部分美国政客应该立刻停止污名化中国的言行，停止煽风点火，避免美国亚裔再遭受不公正对待。此外，亚裔要团结起来，理直气壮地反对歧视。[②] 新冠病毒在巴西蔓延的时候，生活在里约热内卢的华侨华人组织多批次志愿者，为最需要的地方送去抗疫防护物资，为受疫情影响的困难家庭送去基本生活用品。[③] 意大利疫情期间，华人华侨自发组织起来，为在意大利米兰市区及周边的中国留学生送药，建立“网上方舱医院”，成立“抗疫应急救援中心”，为华人提供翻译、预约核酸检测、医疗机构信息整合、送药送生活物资等服务。[④] 组织华人华侨参与海外中国公民领事保护，有利于继续发挥华人华侨联系驻在国与使馆、使馆与当地海外中国公民的桥梁与纽带作用。

---

① 《郭声琨在第四届全国先进保安服务公司先进保安员表彰大会上的讲话》，中国政府网，2016 年 11 月 18 日，http://www.gov.cn/guowuyuan/2016-11/08/content_5130116.htm，访问日期：2022 年 1 月 31 日。

② 《国际社会：谴责种族主义和歧视行为》，人民网，2020 年 6 月 9 日，http://usa.people.com.cn/n1/2020/0609/c241376-31740474.html，访问日期：2022 年 1 月 30 日。

③ 《巴西华侨华人助力里约抗疫获市议会肯定》，人民网，2021 年 12 月 7 日，http://world.people.com.cn/n1/2021/1207/c1002-32302026.html，访问日期：2022 年 1 月 30 日。

④ 《意大利疫情反弹 华人华侨齐心再战疫》，人民网，2020 年 10 月 22 日，http://health.people.com.cn/n1/2020/1022/c14739-31901558.html，访问日期：2022 年 1 月 30 日。

结　语

党的十九届四中全会明确指出，要“构建海外利益保护和风险预警防范体系，完善领事保护工作机制，维护海外同胞安全和正当权益，保障重大项目和人员机构安全”。[①] 纵观 2021 年世界形势，全球疫情跌宕蔓延，百年变局加速演进，世界进入动荡变革期。面对前所未有的挑战，各国都在探索应对之道，人类需要作出正确抉择。[②] 以人民为中心，是中国外交的价值底色。保护海外中国公民安全，始终将海外同胞的冷暖安危放在心头，将外交为民担在肩上。2021 年以来，我国在全球推进“春苗行动”，协助海外同胞接种新冠疫苗，已惠及 180 国数百万人次。外交部“12308”热线 24 小时为我海外中国公民提供快捷的领事保护服务，已接听来电超过 50 万通。驻外使领馆处理各类领事保护与协助案件约 6 万件。我国全力守护海外中国公民生命安全，在全球范围开展风险评估预警服务，协助赴海外企业人员提升安防能力，及时撤离高危地区侨民，妥善处理重大恐袭事件，全力营救被绑架人员。在疫情防控常态化背景下，更需要中国外交领事服务拓宽服务渠道，多角度、全体系服务于广大海外中国公民及华人华侨。加强海外中国公民利益保护是外交为民的最真实写照，真正做到“无论走到哪里，祖国在你身后”。

---

① 《中共中央关于坚持和完善中国特色社会主义制度，推进国家治理体系和治理能力现代化若干重大问题的决定》，《人民日报》2019 年 11 月 6 日，第 1 版。

② 《2021 年中国外交：秉持天下胸怀，践行为国为民——在 2021 年国际形势与中国外交研讨会上的演讲》，中华人民共和国外交部网站，2021 年 12 月 20 日，https://www.mfa.gov.cn/web/wjbz_673089/zyjh_673099/202112/t20211220_10471837.shtml，访问日期：2022 年 1 月 31 日。

当前海外中资企业面临的主要安全风险及应对策略

李红霞　金桂岭*

摘　要： 当前，中国的海外利益加速拓展，海外中资企业和人员的数量、规模不断扩大。随着百年变局、中美博弈以及新冠疫情的交织叠加，我国外部安全环境更加复杂严峻，这给海外中资企业和人员安全带来一系列风险挑战，主要包括美国的全方位遏制打压，各国政治局势和社会动荡，恐怖主义、海盗活动、社会治安、负面舆情等非传统安全风险。海外中资企业在防范和应对各类安全风险方面存在诸多短板，须时刻绷紧防范安全风险这根弦，不断强化海外安全风险的识别、防范和管控能力，建立健全境外安全管理体系，统筹抓好安全保护、疫情防控和生产经营工作，重视加强合规建设，因地制宜用好外部安保力量，强化“大安全”理念，积极开展舆情民意应对工作，加强对员工的安全管理和人文关怀，并借助当地资源积极维护自身权益。

关键词： 海外中资企业　安全风险　“大安全”理念

* 李红霞，北京工业大学文法学部副教授，研究领域为中外人文交流和平安留学；金桂岭，中国社会科学院地区安全研究中心秘书长，中坤鼎昊（北京）国际商务服务有限公司总经理。

一　海外中资企业和人员总体情况

近年来，随着中国综合国力的提升，中外经贸合作和人员往来处于快速发展态势，“走出去”的中资企业和人员的数量、规模不断扩大，频率不断提升，中国海外中资企业和人员总体情况主要有以下三个特点。

一是增速快。自 2015 年中国内地居民出境旅游首次突破 1 亿人次以来，“走出去”的人员数量逐年速增。2019 年，国家移民管理局公布的数据显示，全国边检机关检查出入境人员 6.7 亿人次，同比增长 3.8%，其中出境旅游人数达到 1.55 亿人次。[①] 受新冠疫情影响，2020 年以来中外人员交流大幅中断，2020 年出境人数为负增长。但同时，中国对外投资规模逆势增长，首次跃居全球第一，实现对外直接投资净额 1537.1 亿美元，同比增长 12.3%，占全球各国对外投资总额的 20.2%。[②]

二是规模大。持续扩大的对外开放，使得以人员和企业为主要载体的中国海外利益规模迅速扩大，即便是新冠疫情的全球蔓延，亦未挡住这一态势。中国贸促会发布的《中国企业对外投资现状及意向调查报告（2021 年版）》显示，2021 年，中国全行业对外直接投资 9366.9 亿元人民币，同比增长 2.2%。[③] 另据统计，截至 2020 年年底，中国 2.8 万家境内投资者在国（境）外共设立对外直接投资企业

① 《国家移民管理局：2019 年出入境人员达 6.7 亿人次》，中国政府网，2020 年 1 月 5 日，http：//www.gov.cn/shuju/2020-01/05/content_5466693.htm，访问日期：2022 年 1 月 8 日。

② 商务部、国家统计局、国家外汇管理局编《2020 年度中国对外直接投资统计公报》，中国商务出版社，2021。

③ 《好消息！中国去年对外直接投资逼近万亿》，《企业观察报》百家号，2022 年 4 月 2 日，https://baijiahao.baidu.com/s? id=1728990567450459930&wfr=spider&for=pc，访问日期：2022 年 5 月 9 日。

4.5 万家，分布在全球 189 个国家（地区），年末国（境）外企业资产总额 7.9 万亿美元，对外直接投资累计净额 25806.6 亿美元。中国投资的境外企业从业员工总数达到 361.3 万人，其中雇用外方员工 218.8 万人，占比 60.6%。2020 年，境外企业向投资所在国家（地区）缴纳各种税金总额 445 亿美元。[①]

三是分布广。据统计，海外中资企业和人员几乎遍布全球超过 80%的国家（地区）。其中，亚洲的中资企业覆盖率为 95.7%，欧洲为 87.8%，非洲为 86.7%，北美洲为 75%，拉丁美洲为 65.3%，大洋洲为 58.3%。[②] 与此同时，值得关注的是，相当部分中资企业集中在“一带一路”沿线以及非洲、拉美等国家。可以说，“一带一路”沿线是我国海外中资企业和人员最集中的地区，也正是我国海外利益存量最大和增速最快的地区。

二　当前海外中资企业面临的主要风险挑战

当前，国际形势加速深刻演变，国际竞争进一步加剧，新冠疫情反复，给传统国际政治、经济和安全格局造成巨大冲击，全球动荡源和风险点进一步增多，造成我国外部环境更加复杂严峻，也给海外中资企业和人员安全带来一系列多元化风险挑战。

（一）美国对中国的全方位遏制打压已延伸至海外中资企业发展特别是共建“一带一路”领域

拜登上台以来，美国对华政策虽然出现一些积极变化，停止了中

① 商务部、国家统计局、国家外汇管理局编《2020 年度中国对外直接投资统计公报》，中国商务出版社，2021。

② 商务部、国家统计局和国家外汇管理局编《2020 年度中国对外直接投资统计公报》，中国商务出版社，2021。

美关系过去几年“自由落体”式恶化，但是拜登政府延续特朗普政府的对华战略定位，下定决心对华开展长期战略竞争，在提议设立“护栏”的同时向中国多方面挑衅，中国的海外发展特别是“一带一路”倡议也成为重点目标，以力求在不引发激烈冲突的前提下，最大限度地遏制中国发展，谋取美国的最大利益。

为此，美国拉拢七国集团成员在2021年峰会上打出所谓“重建更美好世界计划”，声称要为“一带一路”倡议提供西方替代方案；在“一带一路”沿线国家和非洲、拉美等地区加大攻击中国的政策宣传力度，呼吁各国减少对华依赖；加紧在洪都拉斯、墨西哥、巴拿马等国推动一批重点项目落地，提速“美洲增长计划”，对冲“一带一路”倡议。同时挑动矛盾，持续加强对共建“一带一路”国家的分化瓦解，给“一带一路”打上“高债务”“高污染”等负面标签；离间中国与其他国家的正常双边合作，阻碍共建“一带一路”布局，并利用意识形态拉帮结派，以所谓机制和规则手段群体制华。而日本、印度、澳大利亚等国家，也同美国一道，借疫情推动供应链重组，以减少对中国的依赖，并通过打造经济繁荣网络、供应链弹性倡议等合作机制，设置新的规则障碍以对冲“一带一路”倡议。

与此同时，美国不断泛化国家安全概念，以各种理由升级对中国海外企业的制裁和打压。2018年以来，美国商务部工业和安全局（BIS）已将超过100家中国企业和机构加入出口管制的“实体清单”，其中既包括华为及其附属公司，也包括中国军工集团、科研院校和AI领域的知名企业。近期，美国商务部又宣布将33家中国实体列入“未经核实清单”（UVL，Unverified List），① 美国财政部的“中国军工企业”黑名单上已有约60家中国企业。

① 《无理打压！美商务部将药明生物、昀冢科技等33家中国实体列入“未经核实清单”》，“财联社”百家号，2022年2月8日，https://baijiahao.baidu.com/s?id=1724162155190023913&wfr=spider&for=pc，访问日期：2022年1月9日。

美方曾通过经济脱钩、打压科技人才、干涉内政等各种手段对中国进行全面围堵，甚至采取了关闭中国驻休斯敦总领馆等极端手段。可以预期，在疫情防控常态化时期，美方伙同所谓“民主阵营国家”进一步阻挠中国海外利益拓展、遏制中国发展的战略意图不会发生根本转变，由此将继续增加中资企业在海外生存发展的复杂性、敏感性和联动风险。

（二）各有关国家政治局势、社会动荡风险

近年来，国际安全形势日趋复杂，不稳定、不确定因素不断增多。以共建“一带一路”国家为例，各国政治制度各异，部分国家正处于体制转型期，经济社会发展不平衡，和平赤字、发展赤字问题严重，安全短板突出，治理能力低下，普遍存在政局不稳、政策多变、腐败、法治欠缺等现象，不可避免地给海外中资企业发展带来各种现实风险和潜在挑战。特别是在新冠疫情冲击之下，部分国家政局波动、社会动乱甚至武装冲突频发。

非洲特别是西非地区政治与安全形势加剧动荡，2020~2021 年共发生 8 次既遂或未遂军事政变，其中 2021 年一年内就发生 6 次，被联合国称作“非洲政变回潮年”。[①] 马里、几内亚、布基纳法索等国先后发生政变，尼日尔、几内亚比绍政变未遂，苏丹、突尼斯、乍得等多国政局动荡。同时，欧洲难民危机持续发酵，白俄罗斯、波兰等中欧班列沿线国家边境局势紧张。英国、加拿大、荷兰、比利时、奥地利和澳大利亚等欧美多国也频频发生各种反防疫抗议活动，一些游行活动演变为暴力骚乱。此外，一些国家政府控局能力下降，加之美西方暗中介入搅动，导致一些国家内部社会宗教、民族文化

① 《疫情产生蝴蝶效应，非洲多国政局动荡》，“人民资讯”百家号，2021 年 12 月 31 日，https://baijiahao.baidu.com/s?id=1720599932929574092&wfr=spider&for=pc，访问日期：2022 年 1 月 8 日。

矛盾形成爆点，不时演化为政治冲突和社会动荡，殃及海外中资企业和人员。

（三）恐怖主义、海盗活动等非传统安全风险

新冠疫情加剧了地区安全形势的脆弱性，一些恐怖分子和极端势力活动趁势回潮。据统计，2021 年，全球恐怖袭击数量较上年上升 10%。“博科圣地”在撒哈拉以南非洲地区发动恐袭数量上升 37%，叙利亚、也门、利比亚等地频频发生恐袭事件，伊拉克、阿富汗等国亦连续发生多起中资企业项目遭武装分子袭击事件。2021 年，全球共发生恐怖袭击事件 2509 起，日均恐袭达 7 起。①

“一带一路”沿线部分国家的结构性矛盾和历史性冲突地区，历来是恐怖主义、极端主义与民族分裂主义活跃之地，例如多年动荡的阿富汗、陷入内战的叙利亚，以及多次威胁中巴合作项目和中国驻巴基斯坦外交机构的巴基斯坦俾路支省分裂势力等。近年来，南亚地区安全形势以及恐怖主义威胁明显恶化，塔利班的重新崛起，使本土恐怖组织和极端势力更趋活跃。相关恐怖组织活动“独狼化”“碎片化”趋势明显，多点频发，已对中国当地中资企业构成长期且直接的现实威胁。其中，针对中方人员和机构的恐袭风险进一步突出。“巴塔”、俾路支分裂势力等接连实施对中方项目的恐怖袭击，造成中方人员伤亡。可以预见，随着国际恐怖主义势力进一步活跃以及南亚地区矛盾的持续突出，加之美西方对所谓新疆问题的恶意炒作，未来相当一段时间，当地中资企业和人员将处于各种恐怖主义势力的直接或潜在威胁之下，安全风险不可低估。

① 《中东睿评丨延续与异变：2021 年全球恐怖主义新发展新特点》，“澎湃新闻”百家号，2021 年 12 月 29 日，https://baijiahao.baidu.com/s?id=1720445045969352835&wfr=spider&for=pc，访问日期：2022 年 1 月 11 日。

与此同时，几内亚湾海盗活动日益猖獗，已取代亚丁湾成为世界“最危险海域”。国际海事局的报告显示，2017 年以来，几内亚湾受绑架事件影响的人员和船只数量不断增加，已成为全球海盗问题的中心地带。2018 年有 140 人被绑架，2019 年有 135 人被绑架，2020 年全球报告的海盗袭击事件比 2019 年增加了 20%，40%的袭击发生在几内亚湾，造成 136 人被绑架。① 2021 年 4 月，国际海事局发布的报告显示，第一季度全球报告的海盗事件中，43%发生在几内亚湾。②而 2021 年所有海盗绑架案，以及唯一一起致船员死亡事件，都发生在几内亚湾海域，其中包括多艘中国船舶。中国外交部和驻有关非洲国家使馆已对此多次发布安全提醒。

（四）各国社会治安和意外事故等频发

受疫情影响，相当部分国家经济发展受到重创，一些社会管控能力较弱的国家难免出现治理体系因疫崩溃、社会矛盾加剧的情况，民生问题更加突出。非洲开发银行数据显示，疫情导致非洲在 2020 年、2021 年分别有 3000 万人和 3700 万人陷入极端贫困。2021 年西非国家平均经济增长率仅为 2.8%。2021 年非洲贫困人口增长 3%，西非地区约 2500 万人的基本食物需求得不到满足。③

在经济发展受挫的社会大背景下，一些国家内部风险上升，

---

① 《2020 年全球海盗年度报告——西方形势恶劣，索马里海盗恐卷土重来》，“尼根同学的科普帝国”百家号，2021 年 3 月 2 日，https://baijiahao.baidu.com/s?id=1693127551248789127&wfr=spider&for=pc，访问日期：2022 年 1 月 12 日。

② 《IMB：前 9 个月，全球海盗事件创 30 年最低》，“CNSS 海事服务网”百家号，2021 年 10 月 18 日，https://baijiahao.baidu.com/s?id=1713922337330027052&wfr=spider&for=pc，访问日期：2022 年 1 月 10 日。

③ 《非洲开发银行发布〈2021 年非洲经济展望〉》，上海对外经贸大学国际发展合作研究院网站，2021 年 3 月 23 日，https://www.suibe.edu.cn/gfhy/2021/0323/c12038a135962/page.htm，访问日期：2022 年 1 月 12 日。

治安形势恶化，恐怖袭击和抢劫、绑架等恶性犯罪增多，爆发群体性事件的风险也不断增大。一些不法分子借机作乱，危害中方人员和企业的生命和财产安全。2021 年以来，安哥拉、赞比亚、南非等非洲国家接连发生多起中国公民住宅、企业驻地或华侨商店武装抢劫案件，甚至出现人员伤亡。而尼日利亚、刚果（金）、尼日尔等国则多次发生中资企业人员被绑架等恶性案件，引起中国政府高度重视。

虽然疫情期间海外中国游客数量大幅减少，往年有关中国游客在海外发生重大交通事故的案例已较少见，但海外中资企业人员的交通意外事故仍然屡防不止，不时见诸报端，一些中资企业在非洲、南亚的重大安全生产事故也时有发生。[①] 随着疫情防控常态化时期中外人员往来的逐渐恢复，各种意外事故仍将是海外中资企业和人员安全的主要威胁之一。

（五）负面舆情及民意冲击风险

多年来，国际话语权始终掌握在西方国家手中。美西方媒体掌握着全球 90%以上的新闻信息资源，近 70%的海外受众是通过西方媒体了解中国的。美西方国家通过掌控的互联网、媒体、非政府组织等渠道，采取各种手段唱衰、抹黑中国的正常对外经贸合作，或不断宣扬新的“新殖民主义”论调，或频频炒作所谓“债务陷阱”概念，或攻击渲染一些中国海外重大项目，或恶意炒作中资企业在海外的一些突发事件，以图破坏中资企业和中国政府的国际形象，分化各国与中国关系。

在疫情防控常态化时期，不排除美西方国家将利用其舆论主导权，

① 《关于一起在津企业安全生产事故情况的通报和安全提醒》，中国驻津巴布韦使馆网站，2021 年 10 月 9 日，http：//zw. china-embassy. gov. cn/lsyw/txtz/202110/t20211009_9572771. htm，访问日期：2022 年 1 月 20 日。

再度煽动“病毒溯源论”和“中国责任论”等话题，继续炒作涉疆、涉藏、涉港、台湾及人权等议题，助推海外负面舆情和反华情绪，损害中国对外合作的民意基础。据美独立新闻网站“美国展望”报道，美国参众两院通过的旨在加强美国制造业竞争力的有关法案中，均包含拨款“促进关于中国的负面报道”的条款。① 因所在国负面舆情的影响发酵，近年来在一些国家已有多个中资企业重要项目受到挫折。②

（六）新冠疫情反复和自然灾害等次生风险

至2022年年初，全球疫情趋缓，但病毒频繁变异，疫情尚未见底。欧美受奥密克戎病毒冲击严重，掀起新一波疫情高峰，单日新增确诊人数激增，不少西方国家政要也纷纷染疫，全球死亡病例已近600万。③ 部分海外中资企业集中的发展中国家则因发展程度或治理能力有限、公共卫生系统存在短板、医疗防疫物资短缺、防控能力和经验不足、疫情监测检验漏洞较多、民众防控意识薄弱、部分战乱国家的公共卫生管理更是严重缺失，极大增加了海外中资企业防控疫情的难度。

与此同时，受气候变化影响，近年来全球范围内地震、洪水、山火、海啸等自然灾害增多，特别是2021年以来，不同国家和地区的

---

① 《美国会挑明了给媒体“打钱”：报中国负面!》，上观新闻，2022年2月11日，https://export.shobserver.com/baijiahao/html/450864.html，访问日期：2022年2月20日。

② 《一年被堵路100天，投资70亿美元的秘鲁铜矿被迫关停》，“中企思智库”网易号，2022年2月12日，https://www.163.com/dy/article/H00K2IFP0518G6Q2.html，访问日期：2022年2月20日。

③ 《数读2月14日全球疫情：全球日增确诊159万例累计逾4.1亿例 美国多州出现假新冠病毒检测站》，网易新闻，2022年2月15日，https://www.163.com/dy/article/H07TCBGC0514R9L4.html，访问日期：2022年2月20日。

民众频繁遭遇重大自然灾害，严重程度甚至达数十年来之最，人们的日常生活，甚至生命都受到巨大威胁。应急管理部记录的 2021 年世界十大自然灾害事件，共造成近 6000 人死亡，受灾人口达上亿人，而我国 2021 年前三季度各种自然灾害已致 9494 万人次受灾。① 海外中资企业数量众多，遍布全球，如何根据所在国自然地理环境条件有效防范和应对重大自然灾害风险，值得研究。

三　海外公共安全治理面临的主要问题

与日益严峻的海外安全形势随之而来的，是涉及海外中资企业和人员的各类事件持续高发。据外交部门统计，仅 2021 年，驻外使领馆处理各类领事保护与协助案件约 6 万件，外交部“12308”热线已接听求助来电超过 50 万通。② 总体上看，海外中资企业虽然在数量和规模上发展迅速，但其自身国际化经营水平、海外风险防范能力尚无法与“走出去”的步伐相匹配，亦难以适应当前错综复杂的海外安全形势，与发达国家一流跨国企业相比存在较大差距。主要存在以下四个方面问题。

（一）风险防范意识和投入不足

受经营压力、思想认识、能力水平等方面原因限制，不少海外中资企业对海外安全重要性的认识不足，风险防范和安全保护成本投入普遍较低。一些企业将海外安保等同于国内项目的安保，既不重视对

---

① 《2021 年度国际十大自然灾害事件》，澎湃新闻，2022 年 1 月 14 日，https://m.thepaper.cn/baijiahao_16353219，访问日期：2022 年 1 月 13 日。

② 《王毅谈 2021 年中国外交：以人民为中心，是中国外交的价值底色》，澎湃新闻，2021 年 12 月 20 日，https://m.thepaper.cn/baijiahao_15955656，访问日期：2022 年 1 月 14 日。

国际和地区安全形势的总体掌握和判断，也不注意跟踪项目所在国安全局势发展方向；既没有专门的安全保护部门和管理团队，也没有聘请专业的安保公司，更没有建成完善的日常安全管理体系，对海外项目可能面临的日常具体安全风险缺乏信息来源，认识了解不够，也没能采取足够的安全防范和应急保障等措施。一些企业只是在派出人员之前做些简单的安全培训，存在着“不会出事”的侥幸心理，或“出了事，找警察”“有困难，找使馆”的错误期待，一旦遇到安全问题，则难以应对，极易出现情势失控和人员、财产损失。2021 年 3 月，缅甸仰光莱达雅工业区多家中资工厂遭不法分子打砸抢烧，虽然不少企业事先都接到警报，也采取了一些防范措施，但缺乏足够重视和经验，安保人员明显不足，应对失当，一些企业甚至毫无防备，以致遭受巨大损失。

（二）日常安全管理薄弱

一些企业没有认真按照国内主管部门和驻外使领馆要求，做好必要的“人防、物防、技防”措施，特别是一些高危地区的中资企业，安保硬件设施不符合实际需要，存在巨大安全漏洞和隐患。部分企业在安保方面完全依赖当地安保公司，缺乏对外方安保人员的有效监管，疫情之下也未能落实好疫情防控要求，导致接连发生感染甚至聚集性疫情。此外，不少中资企业员工系首次出国务工，语言不过关、法律知识匮乏、安保意识欠缺，非经大量有效培训无法提升自我保护能力。而目前部分中资企业对员工的安保培训不足，在岗培训或日常应急演练流于形式，对员工缺乏有效的安全意识教育，内部管理松懈麻痹，导致大量本可避免的安全事件频繁发生。

（三）企业自身合规意识欠缺

合规经营是海外中资企业避免发生事端、实现平稳发展的必要条件之一。据国内外智库研究，多数发达国家跨国公司专业合规人员占总人数的 10%，而我国企业距此指标有一定差距。据中国贸促会 2019 年对 1200 多家“走出去”企业的问卷调查结果显示，39%的企业未设置专门合规部门，19%的企业未开展合规工作，企业合规培训质量参差不齐。[①] 近年来大量海外案件表明，中资企业屡屡因为公司注册、劳务人员雇用、招投标、环境保护、知识产权、商业贿赂、员工证件等问题违规违法，不仅给自身利益带来损失，还造成安全事件，同时极易引发外界的炒作，给海外中资企业整体形象带来负面影响。

2021 年 8 月，刚果（金）东部南基伍省省长下令暂停了在姆文加（Mwenga）地区违规采金、破坏当地环境的 6 家中资矿企的经营权。刚果（金）地方政府要求这些企业的当地及外国员工必须立即离开。对于中资矿企的违规之举，中国政府态度也十分鲜明。外交部非洲司司长吴鹏在推特上回应说，中方绝对不允许在非洲经营的中国公司违反当地法律法规，中国支持刚果（金）依法打击非法经济活动，并表示在经过调查后，中方有关部门已责令涉事企业尊重刚果（金）当地政府命令，全面停止相关业务，尽快撤离南基伍省。[②] 此外，相关公司还将受到中国政府的处罚。中国驻刚果（金）大使朱京也表示，支持刚果（金）打击非法经济活动，并要求涉事企业尽快撤离。而一些中资企业在当地的非法采金行为，更是引发了大量恶性安全案件。

① 韩力：《加大合规建设是做大做强中企的必由之路》，“鼎昊国际 TIHAL”微信公众号，2020 年 9 月 28 日。

② 《刚果（金）暂停运营 6 家中资矿企，我外交官发推表态》，“人民资讯”百家号，2021 年 9 月 23 日，https://baijiahao.baidu.com/s?id=1711671680473668158&wfr=spider&for=pc，访问日期：2022 年 1 月 16 日。

（四）安保能力有待提升

除海外中资企业自身存在的有关问题之外，国家政府和社会层面在帮助海外中资企业和人员应对海外安全风险方面也存在一定不足。

从国家层面看，中国政府目前在领事保护方面面临着人手不足的突出问题。外交部有关负责人曾表示，中国驻外使领馆领保官平均每个人要面对、负责 20 万中国公民（人次）的领保工作，而美国这一比例为 1∶5000，日本则大约是 1∶10000。① 由于领保人员的数量缺乏，工作负担重，在日常维护海外企业和人员安全及合法权益方面难免捉襟见肘，顾此失彼，难以实施更有力的精细化保护。同时，与美西方发达国家相比，我国在海外军事力量运用、双边执法安全合作、情报信息收集、风险预警等方面还存在一定现实挑战。

从社会层面看，我国民间的海外安保行业建设任重道远。目前虽有诸如德威国际安保集团、华信中安、先丰集团等 30 多家中资安保公司分布在“一带一路”沿线国家，为海外中资企业提供安保服务，但相较于我国海外企业的数量、发展速度和安保需求而言，中资安保公司的服务供给仍明显不足，尚处起步阶段，且面临一系列发展瓶颈，例如体量小、生存难、业务单一且同质化严重、服务质量不高等。一方面，多数安保公司国际化经验不足，在海外缺乏情报信息网络支撑，服务理念多停留在“看家护院”层面，业务范围较窄，在风险评估、动态预警、安保方案设计、对外协调沟通、处理复杂风险和制定执行工作方案等海外中资企业需求最集中的方面供给能力不足，难以提供多元化、系统性服务，缺乏国际市场竞争能力。另一方面，当前海外安保市场壁垒较多，竞争激烈，美西方已占据约 70%

① 《泰国曼谷爆炸案频发，海外旅游遇突发事件怎么办》，第一财经，2015 年 8 月 18 日，https://www.yicai.com/news/4672573.html，访问日期：2022 年 1 月 16 日。

的国际市场份额，尚未涉足的国家大多明令禁止外国安保公司进入，原则上准入的国家也普遍由本国强力部门垄断安保行业。实践中，海外中资企业普遍更愿聘用价格低、本土实操能力强的当地安保公司，或服务水平更高的美西方国家安保公司，仅愿将内保等低端业务交于中资安保公司。据业内人士透露，目前海外中资安保公司90%处于亏损状态。由此可见，中国民间的海外安保能力发展仍面临较大挑战。

四　海外中资企业防范和应对安全风险的主要策略

经历全球新冠疫情的影响，中国发展的外部环境将更加复杂、多元，海外安全风险的跨国性、联动性和反复性特点也将日益突出。作为海外安全的主体责任者，“走出去”的中资企业所面临的风险挑战与国家层面面临的外部风险密切关联，需要时刻绷紧防范安全风险这根弦，不断强化海外安全风险的识别、防范和管控能力，积极妥善应对，加强安全管理，方能行稳致远。

（一）建立健全境外安全管理体系

一是开展安全风险识别和研判。海外中资企业应建立风险评估机制，在实施海外项目前，将开展对当地的安全风险评估作为一项刚性要求，依托各种资源和渠道，对所在国的政局情况、民族和宗教矛盾以及社会治安等进行充分评估，并认真做好对各类安全风险动态信息的收集、识别、分析和预判。可进一步加强与所在国有关部门以及中国驻当地使领馆的沟通交流，也可通过与国际国内有实力的风险管理和安保公司或咨询机构合作等方式开展风险评估，及时获取第一手安全信息和风险提醒。同时，加强与当地其他中资企业和友好人士的信息共享、社交媒体动态跟踪等。此外，还应重视预警信息平台的建设，建立覆盖全体员工的信息预警发布平台，遇有紧急情况第一时间告知全员，采取相应防范和应对措施。

二是增加安保投入成本。海外中资企业要将安保投入纳入建设经营成本，不断健全和完善安保制度和措施，努力确保万无一失。要根据不同情况，坚持“一国一策”“一项目一策”，针对不同区域制定不同安防标准，因地制宜增加对驻地安防的软硬件设施投入，切实提高人防、物防和技防水平。对中高风险地区、重点项目要进行分区管理，增配安保设施，提高安防标准，增加驻地巡逻人数和频率。实践中，部分企业在立项时候没有把安保纳入企业项目的总投资规划，不愿意在安保方面增加额外投入，而所在国执法部门也没有这方面的资金和资源投入计划，造成双方就安保问题相互推诿，一旦发生安全事件，最终还得由企业来买单。

三是做好应对各类突发和极端事件的应急预案。要对疫情防控常态化下的社会安全复杂局面加强预判，有所准备，在确保日常安全防范措施不放松的前提下，建立统一指挥、分级处置的应急机制，对可能出现的疫情反复、社会动荡、政局变化以及群体性冲击事件等做好有针对性、操作性强的预案，不断细化和完善紧急救助和撤离方案，及时妥善处理突发事件，切实保障人员和项目安全。

（二）统筹抓好安全保护、疫情防控和生产经营工作

海外中资企业要继续承担新冠疫情防控主体责任，始终把保护员工生命安全和身体健康放在首位，杜绝疲惫和松懈心理，在国内总部和中国驻当地外交机构的指导下，坚持“一手抓防疫，一手抓生产”，积极协调方方面面资源，在严格落实好疫情防控措施的前提下，稳步推进复工复产，实现“稳经营”“保业务”。

一方面，要坚持做好常态化防疫，结合当地实际情况，参照国内标准，继续完善疫情防控方案，查补防控漏洞，统筹抓好人员管理、

物资保障、环境消杀、物资储备等各项应对举措。由于海外中资企业大多实行人员集中居住和集中管理，因此尤其应注意加强各防控环节的监督落实，严控人员感染风险，全力避免发生大规模聚集性疫情。另一方面，要坚持底线思维，做好迅速救治染疫及重病员工的应急预案。应与当地卫生医疗和疾控部门、国际救援机构、健康保险公司保持密切联系，为企业人员的救治、转移做好准备。一旦员工中出现疑似病例，应第一时间报告国内总部及中国驻当地使领馆，尽快确诊救治疑似病例，分开隔离密切接触者，避免交叉感染，努力通过网格化管理模式，精准处置局部，避免影响全局。有条件的企业还可制定预案，必要时协调国内及时派出工作组、医疗队，或将重疾员工及时转运回国全力救治，切实维护员工生命安全和身体健康。

（三）重视加强合规建设

海外中资企业要认真遵守相关法规，力避出现任何形式的违规行为。应借鉴参考发达国家一流跨国企业的实践经验，增加合规建设方面的投入，多角度、全方位识别合规风险，做好海外项目全方位、全周期合规风险管理和测评，建立健全企业内部决策机制和风险管理制度，努力建设符合企业实际、责任全覆盖的高标准合规管理体系。

应不断提高企业国际化经营能力，提升同当地企业、跨国企业、国际组织合作水平，更多利用本土人力资源，借助当地公关、法律、安保等服务机构，提升本地化合规能力，增进利益融合，实现多方共赢。同时，企业内部要积极建设和培育诚信与合规文化。加强培训，让高管和员工熟悉有关法律法规细节，遵守中国、所在国、关联国家法律以及具有域外效力的外国法律，提高风险防范意识和保密意识。有条件的企业，应当配备高素质、有经验的专门合规人员，制定必要的合规制度，建立并完善相关预防、预警、咨询、报告、调查、处理等程序，有效识别、拦截、上报涉嫌违法的行为，同时坚持“不设合规部门不派出”、负责人和重点岗位“不经合规培训不派出”的原则，进一步压实合规文化建设。

（四）因地制宜用好外部安保力量

海外中资企业要充分依托当地资源，尽可能压实外方政府部门在安全保护方面的责任。在同外方商签合作协议时，要力争写入有关防范和应对安全风险的条款，明确安保责任，积极用好当地安保力量。同时，鉴于当前国内安保力量“走出去”还存在一些制约因素，例如几乎所有国家在法律上都不允许外国安保公司在其本国成立独资安保企业，有的国家甚至不允许外国公司持枪或带设备入境开展安保工作。因此，可以考虑雇用国内一些有资质的、可以“走出去”的安保公司人员，作为企业的安全负责人、顾问或内保人员专职开展安保工作，与当地安保力量进行有效对接。同时，积极通过行业商协会发挥作用，推动政府部门加强对国内安保力量“走出去”的政策扶持，为支持海外中资安保企业做大做强搭建平台、提供助力。

（五）强化“大安全观”理念，积极融入当地社会

积极践行全球发展倡议和全球安全倡议理念，充分尊重项目所在国的国情社情民情、宗教信仰和风俗习惯，树立正确义利观，诚信守法经营，重视履行社会责任，和谐融入当地社会。力争通过与当地社会各界的友好交往，为自身筑起一道安全保障。注意妥善处理与各党派、政府各部门以及社会各界的关系，应对当地存在的各种潜在矛盾和利益冲突有所了解，尽力避免卷入，多交朋友少树敌。充分尊重当地民众，善待当地员工，积极参与当地社区的公益和慈善事业并做好宣传。实践证明，当地公共关系处理得好的中资企业，项目推进受到的阻力就比较小，发生安全事件的概率也相对较低。

（六）积极开展舆情民意应对工作

要从落实“民心相通”的高度，将舆情民意应对作为企业海外经营的一项重要日常工作。一方面，要积极与所在国的利益攸关方和合作伙伴加强日常沟通，不断增信释疑，交流合作理念，放大合作效应，提升合作信心，与所在国各有关方面形成更加紧密的经贸合作关系。另一方面，聘请外籍人员或专业机构，与当地新闻主管机构、媒体和非政府组织等建立良好工作关系，增进交流，加强对涉及中方企业和人员的新闻跟踪。一旦出现负面舆情，应与当地媒体迅速沟通、及时澄清，消除不良影响，化解舆情风险。

（七）加强对员工的安全管理和人文关怀

既要严格坚持“不培训、不派出”的硬性规定，也要更加注重针对海外具体情况开展的安全技能在岗培训。应经常性就应对恐怖袭击、群体性骚乱事件和绑架、枪击、撤离等不同方案进行演练，帮助员工特别是项目管理者切实提高安保意识和防范能力，并严格落实员工出入管理制度和财务资金管理制度。各企业还可依托中资企业商协会，充分交流借鉴有关安全案例，对相关典型案件进行“复盘”，总结预防和处置的经验教训，举一反三。同时，应重点加强对员工日常生活、思想状态的关心关怀，切实做好员工的情绪引导和人心安抚工作，尽力丰富员工业余文化生活，提升海外员工的安全感、幸福感。针对疫情之下海外中资企业压力倍增的情况，企业的国内总部应充分调动资源，进一步加强对海外企业的关心和帮扶支持，做好海外员工的国内家属慰问工作。

（八）借助当地资源积极维护自身权益

海外特别是“一带一路”沿线国家华侨华人众多，分布广泛，融入当地社会程度不一，可以形成一支特殊的海外安保民间力量，一些国家的侨界还成立了“华侨华人互助中心”（简称“华助中心”）和治安联防组织等服务平台。海外中资企业可以依托当地侨社资源，实现商会、侨团联手，抱团取暖。根据当地具体情况，建立安全联防联控机制，拓宽自助互助渠道，丰富安全保护手段和工具，共同增强防范和应对境外突发事件能力。

美国“大国竞争”战略背景下中国海外利益的保护

陈　实*

摘　要：　近年来，美国坚持的“大国竞争”重新塑造了其对华政策的路径，其倾向于通过更为激进的遏制手段而非对华接触处理两国存在分歧的议题，并试图在这些议题上取得“零和”式的胜利。其中，中国不断增长的海外利益及海外利益保护能力、中国的高科技企业、参与全球治理的努力和提供公共产品的建设性举动都成为美国“大国竞争”的重点打击目标。更重要的是，中国的海外公民与中资跨国公司，乃至体育、文化等领域都受到了“大国竞争”的冲击，中国海外公共安全风险因此不断增长。在未来较长时间内，“大国竞争”将持续存在，中国需要提高海外公共安全风险防范意识，加强危机管理能力的建设。

关键词：　大国竞争　海外利益　公共安全风险

海外利益是指发生在一国主权管辖范围外的国家利益。其实质是保护跨境公民及非公民实体的人身财产安全，且国家作为海外利益保护的

---

* 陈实，外交学院外交学与外事管理系讲师，主要研究方向为亚太地区政治、国家间信任、中日关系等。

主体，对本国海外公共安全负有主体责任。① 根据海外利益内容差异，可具体细分为海外经济利益、海外政治利益、海外文化利益和海外安全利益等。② 根据海外利益所有者主体差异，可细分为国家层面、企业或法人层面和个人层面的海外利益。伴随着改革开放和“走出去”战略的推进，中国的海外利益高速发展，当前已具有海外利益总量大、涉及行业及领域广等特征，相应地，面临的安全风险挑战也显著复杂化。

然而，由于中国的海外利益保护能力短期内未能同步发展，存在相关法律机制欠缺且不完善，从事海外利益保护的人员数量不足、素质偏低，对国际法和相关国家法律、宗教及风俗理解不足等诸多问题。随着全球政治、经济和安全形势日益复杂，中国海外利益面临越来越多非传统安全问题的挑战，特别是受到新冠疫情的冲击。以美国为代表的西方国家近年来转变对华战略，以“大国竞争”为主导，视中国为对美国主导的国际秩序的“颠覆性力量”，并不断有针对性地打击中国海外利益。“大国竞争”已经对中国海外利益构成重大风险。因此，中国海外利益的不同主体均应加深对“大国竞争”本质的理解，做好制度上和实践上的应对准备。

一 “大国竞争”与中国海外利益及其保护发展的总体背景

（一）“大国竞争”的内涵与实质

“大国竞争”并非近年提出的全新概念，冷战时期美国就将与

① 刘莲莲：《国家海外利益保护的主体确认及责任重构》，载张蕴岭主编《海外公共安全与合作评估报告（2020）》，社会科学文献出版社，2020。

② 傅梦孜、刀书林、冯仲平：《中国的海外利益》，《时事报告》2004 年第 6 期；毕玉蓉：《中国海外利益的维护与实现》，《国防》2007 年第 3 期，转引自门洪华、钟飞腾《中国海外利益研究的历程、现状与前瞻》，《外交评论》（外交学院学报）2009 年第 5 期。

苏联的对抗定义为“大国竞争”。在冷战结束30年后，这一概念的再度兴起是美国主动调整对华战略的表现。“大国竞争”于特朗普政府时期正式提出并投入实践，到拜登政府得以保留和深化。特朗普基于“美国优先”的总体设计以及重单边主义、轻多边合作乃至对全球化的保守态度，其在对华政策上也表现得更为强硬。特朗普政府在2017年《美国国家安全战略》和《2018美国国防战略概要》报告中，改变了长期以来将恐怖主义视为美国国家安全首要关切的策略，转而把中国、俄罗斯视为主要战略竞争对手，认为美国将面临“大国竞争”的新时代。这两份报告定下的基调，即中国为美国的竞争对手、中国对美国构成了挑战，是特朗普政府留下的重要“政治遗产”。[①] 特朗普政府在正式官方文件中明确将中国定义为对美国的“威胁”，这一表述突破了美国官方话语体系的常见模式。中国学者潘锐指出，《美国国家安全战略》报告颠覆了尼克松政府以来美国历届政府的对华共识，以冷战眼光看待中国，以冷战思维对待中国。[②] 美国的“‘接触’战略的耐心逐渐消失，试图通过‘脱钩’来扭转传统战略中的‘接触’部分，这导致美国对华战略框架发生重大调整，原先的‘接触+遏制’框架正在加速向单纯‘遏制’框架转变”。[③] 2021年，拜登政府执政后，很大程度上继承了特朗普政府的对华政策。[④]

---

① 周琪：《特朗普的“政治遗产”及拜登政府对华政策展望》，《当代世界》2021年第2期。

② 潘锐：《重拾冷战思维、聚焦大国竞争——从战略视角分析和解读〈美国国家安全战略〉报告》，《国际关系研究》2018年第1期。

③ 朱锋、张乐磊：《美国对华遏制与秩序重塑背景下的中美关系》，《唯实》2020年第2期。

④ Antony J. Blinken, “A Foreign Policy for the American People,” March 3, 2021, accessed December 21, 2021, https://www.state.gov/a-foreign-policy-for-the-american-people/.

在实践中，美国推出“印太战略”，尝试通过自身行动以及与域内重要“盟友”和伙伴关系联合“遏制”中国。除传统安全领域的对抗外，自2018年2月起特朗普政府相继宣布数项针对中国的激烈贸易措施，这类“罕见突出强调经济安全”的举动，[①]将中美两国推向了贸易摩擦。而在高科技领域，从特朗普时期到拜登时期的美国政府都保持了对中国企业乃至行业的严格限制甚至是无端制裁，体现各领域议题泛安全化的特征。具体而言，特朗普政府时期首先大规模提高了中国对美输入产品的关税，直接导致中国对美出口企业遭受损失。拜登政府加强推动中美贸易链和产业链的“脱钩”，意图实现产业链的“去中国化”。2021年2月24日，拜登签署14017号行政命令，动员了美国政府商务、卫生、能源乃至国防等部门全面参与对包括半导体等重点领域在内的美国大部分经济产业链长达100天的审查。[②]同时，根据美国国会提出的《2021年战略竞争法案》草案，美国计划授权2022~2027财年每年拨款1500万美元，来帮助美国企业退出中国市场，促使供应链向中国以外地区发展。[③]美国还提出旨在重塑全球制造业供应链的计划，重点与日本、韩国、澳大利亚、新西兰、印度和越南六国磋商，设立专门基金，鼓励企业及关键供应商撤离中国。[④]拜登政府希望通过这一系列举措重振美国国内高科技行业及工业活力，同时重新塑造与世界其他国家的供应链关系。从事对美贸易的中国企业无疑将面临更加复杂且负面的经营前景，而涉及高

---

① 刘畅：《特朗普〈国家安全战略报告〉评析》，《和平与发展》2018年第1期。

② “Executive Order on America's Supply Chains,” The White House, February 24, 2021, accessed December 21, 2021, https://www.whitehouse.gov/briefing-room/presidential-actions/2021/02/24/executive-order-on-americas-supply-chains/.

③ 柯静：《美国拜登政府对外经济政策目标、路径及制约因素》，《太平洋学报》2021年第10期。

④ 张薇薇：《美国对华“脱钩”：进程、影响与趋势》，《当代美国评论》2021年第2期。

新技术的中国企业也将进一步面临严峻的审查。此外，拜登于2021年10月东亚峰会期间提出了“印太经济框架”，囊括所谓“印太”地区多个国家，提出将促进贸易、供应链韧性、清洁能源、去碳化和基础设施等领域的合作，并进一步声明美国将持续与盟友和伙伴一起关注和支持“民主”“人权”“法治”和“海上自由”等领域议题。①该框架将中国排除在外，体现显著的对冲中国“一带一路”倡议的特征。值得注意的是，以上举措并非完全基于经济因素，同时掺杂着对美国国内政治议程以及地缘政治与所谓安全因素的考量，特别是“大国竞争”背景下针对中国的意识形态与价值观对抗以及重塑美国在全球范围“领导力”的驱动。其结果是带来中美之间不确定因素的进一步增加以及中国海外公共安全利益遭受冲击。在未来一定时间内，中美关系的诸多核心领域仍将面临挑战，中美战略对抗风险将继续上升。

（二）“大国竞争”的新特征

解读美国政府的“大国竞争”战略，存在着两个无法回避的问题，即其对象“为什么是中国”，以及“为什么是当今的中国”。“为什么是中国”指的是相较其他国家而言，为何美国将“大国竞争”的目标指向中国。“为什么是当今的中国”指的是相较于往届美国政府，从特朗普政府开始，美国的对华政策为何发生变化。对于这两个问题的解答同样解释了为何美国“大国竞争”针对中国海外利益增长以及海外利益保护能力增强进行打击。

美国重启“大国竞争”，具有以下特点。第一，特朗普政府倾向

① “Readout of President Biden’s Participation in the East Asia Summit,” The White House, October 2021, accessed December 18, 2021, https://www.whitehouse.gov/briefing-room/statements-releases/2021/10/27/readout-of-president-bidens-participation-in-the-east-asia-summit/.

于单边主义、“美国优先”和“反全球化”的价值取向，这种特征贯穿于其对外政策，尤其是对华政策中。相较于美国重视在其所谓全球责任基础上的合作与互动传统，特朗普更重视获取（尤其是短期可实现的）现实利益。特朗普并非放弃以美国价值引领世界的行为方式，恰恰相反，是主动通过“不配合”的方式逼迫被认定为不利于美国利益或是美国较难获利的国际秩序与机制进行更加有利于美国的转变，若无法改变相关议程设置，特朗普政府不排除退出特定机制的可能，美国退出《巴黎协定》就是具体表现之一。第二，“大国竞争”是遏制中国和平发展的重要手段。特朗普政府将“大国竞争”对准中国和俄罗斯。当前，俄罗斯虽然具备较强的军事实力，特别是核威慑能力，但其综合国力迅速衰退，与美国的差距不断拉大。而根据世界银行 2018 年数据，中国 GDP 为 13.608 万亿美元，美国为 20.544 万亿美元，中国已达美国的 66.3%，而在 2000 年中国 GDP 仅为美国的 11.8%。[①] 因此，“为什么是中国”的答案是，中国成为全球在综合国力方面最接近美国的国家，美国产生了被中国赶超的危机感以及“地位焦虑”。[②] 拜登上任后，接受了这一基本论调，声称在其任内，不会让中国超过美国。[③]

“为什么是当今的中国”则不仅关注硬实力，它更进一步指明中国对国际秩序制定和全球治理参与度不断提高的现实。国际制度权力、国际规则制定权、国际话语权、国际组织中的角色转变等议题均

---

① “Data for United States, China,” World Bank, accessed December 22, 2021, https://data.worldbank.org/?locations=US-CN.

② 韦宗友：《中美战略竞争、美国“地位焦虑”与特朗普政府对华战略调整》，《美国研究》2018 年第 4 期。

③ “Remarks by President Biden in Press Conference,” The White House, March 25, 2021, accessed December 22, 2021, https://www.whitehouse.gov/briefing-room/speeches-remarks/2021/03/25/remarks-by-president-biden-in-press-conference/.

为当前海外利益保护领域的新兴要素。[①] 国际规则制定和全球治理方向很大程度上事关一国在全球范围内的政治安全、经济安全及军事安全等利益能否通过合理路径实现以及受到保护，因此各大国都非常重视国际秩序是否能够有效体现自身的全球利益。基于近年美国国内对华认知发生的转变，特朗普政府重启“大国竞争”将中国视作“主要威胁”。中国与西方体制和制度不同，国家发展成功的事实加强了中国的制度自信，确认了自身发展道路的正确性。美国长期以来对华“和平演变”并未取得实质成效，在不同领域，“中国方案”的全球影响力逐步提升，并且以更开放的心态参与全球治理和推进国际规则改革。对于中国海外利益的拓展与海外利益保护能力的增强，美国保持高度警惕。针对中国在吉布提建设海外保障基地，部分美国政客和媒体渲染所谓“在吉布提战略利益受威胁”，甚至虚假报道称多哈雷集装箱码头被中方“控制”等。[②] 而事实是，美国更早在吉布提设立了当地规模最大的军事基地。美国对中国的高度警惕，主要源于担心中国以高速发展的综合国力和不同于美国的治理方案作为支撑，在未来逐渐缩小两国差距直至赶超美国。因此，美国通过“不透明”“不民主”“扩张”“新殖民主义”“债务陷阱”等虚假标签“塑造”中国的负面形象，在全球散布“中国威胁论”。这种做法严重冲击了中国的海外利益，对中国的海外公共安全构成重大潜在风险。这也反映了“大国竞争”的第三个特点，即将涉华经济问题政治化，政治问题安全化，地区问题全球化。例如，美国遏制中国推进制造强国战略的第一个十年行动纲领《中国制造 2025》，“真正意图不在于维护贸易公平，而在于维护战略性技

① 刘莲莲：《国家海外利益保护机制论析》，《世界经济与政治》2017 年第 10 期。

② 《2018 年 3 月 16 日外交部发言人陆慷主持例行记者会》，中华人民共和国外交部网站，2018 年 3 月 16 日，https://www.fmprc.gov.cn/web/wjdt_674879/fyrbt_674889/t1542945.shtml，访问日期：2022 年 12 月 15 日。

术优势”。[1]

以上内容揭示了“大国竞争”如何成为美国对华问题的核心战略。美国开展“大国竞争”的对象“为什么是中国”的实质是中美综合国力不断趋近。“为什么是当今的中国”则指向美国认定中国的海外利益及海外利益保护能力的发展将成为中国模式、中国价值观和中国制度“挑战”当前美国主导的国际秩序。“大国竞争”不是单纯调整对华政策的执行力度或强硬程度，而是很大程度上单方面扭转了对华战略逻辑，美国放弃了对华协调，而是希望通过竞争彻底阻绝中国模式、制度或是价值观“取代或影响”美国主导的国际秩序的可能。海外利益发展、海外利益保护能力的增强、对全球治理的参与，特别是对国际秩序和规则制定的参与都是“大国竞争”的主要内容。随着美国“大国竞争”的实践，中国的海外公共安全将面临更多挑战。

（三）中国海外利益与海外利益保护能力建设的现状

海外利益及海外利益保护是两个不同范畴的内容。对任何国家而言，都可能存在“无（规模性，下同）海外利益，无海外利益保护能力”“有海外利益，无海外利益保护能力”“无海外利益，有海外利益保护能力”和“有海外利益，有海外利益保护能力”等不同状态。中国的实践经过了先有海外利益，海外利益发展，进而具备较强海外利益保护能力的过程。同时，中国海外利益的拓展还表现为中国参与全球治理、推动国际秩序改革、提供全球公共产品的能力与意愿同步上升。

首先，中国海外利益不断拓展。2021 年 1~11 月，我国对外全行

① 张幼文：《中美贸易战：不是市场竞争而是战略竞争》，《南开学报》（哲学社会科学版）2018 年第 3 期。

业直接投资 8384.4 亿元人民币，同比增长 1.8%（折合 1297.9 亿美元，同比增长 9.2%）。其中，我国境内投资者共对全球 165 个国家和地区的 5777 家境外企业进行了非金融类直接投资，累计投资 6403.8 亿元人民币，同比下降 2.9%（折合 991.3 亿美元，同比增长 4.3%）。① 在新冠疫情前，2019 年中国公民出境旅游人数已达到 1.55 亿人次。②

其次，中国海外利益保护能力不断加强。伴随着改革开放和“走出去”，中国的海外利益迅速扩展，但海外利益保护能力的建设则一度相对滞后，表现在相关法律机制欠缺且不完善，从事海外保护的人员数量及素质不足，对国际法和东道国法律、宗教风俗等不了解等多方面。近年来，中国的海外利益保护能力得到显著提高。中国的领事保护机制不断完善。党的十八大以来，中国领事保护机制建设多元参与的特点更为突出。参与方在纵横两个方向延伸和扩展。纵向上，以外交部牵头的部际联席会议机制为中心，向上延伸到国家元首和政府首脑，领事保护事务成为首脑外交的重要议题，向下延伸到各级地方政府，包括最基层的街道和乡镇。横向上，在官方层面，除外交部、商务部、教育部等部门外，军方、警方的参与逐渐常态化。在非官方层面，企业和社会组织也逐渐加入，形成了“政府主导、企业和社会组织协同参与”的局面。③ 2018 年，外交部发布《中华人民共和国领事保护与协助工作条例（草案）》征求意见稿，体现出中国领事保护立法进程稳步推进。同时，基于海外行动能力的增强，

① 《2021 年 1—11 月我国对外全行业直接投资简明统计》，中华人民共和国商务部网站，2021 年 12 月 24 日，http://www.mofcom.gov.cn/article/tongjiziliao/dgzz/202112/20211203231658.shtml，访问日期：2022 年 12 月 22 日。

② 《2019 年旅游市场基本情况》，中华人民共和国文化和旅游部网站，2020 年 3 月 10 日，https://www.mct.gov.cn/whzx/whyw/202003/t20200310_851786.htm，访问日期：2022 年 12 月 22 日。

③ 夏莉萍：《中国领事保护新发展与中国特色大国外交》，《外交评论》（外交学院学报）2020 年第 4 期。

中国政府以符合国际法的形式进行舰队护航和撤侨等大规模行动，凸显了政府主导下的海外利益保护能力的增强。此外，伴随着中国海外利益的不断增长，特别是共建“一带一路”国家海外利益的不断推进，海外中资企业在面临公共安全风险时，越发重视自身安保能力建设，包括完善企业应急机制和使用海外安保服务等。借此机会，中国海外安保企业也开始尝试“走出去”，为海外中资企业提供安保服务等。尽管尚存在起步较晚、规模受限、欠缺法规支撑等不利因素，但依然有多家中国私营安保企业开始开展海外业务，为改变中国传统的海外安全产品供给结构单一的局面提供力量。①

最后，中国在支持全球化、推动全球治理体系合理化发展、为国际秩序和规则提供新的公共产品方面不断努力。中国坚定维护以《联合国宪章》宗旨和原则为核心的国际秩序，希望成为全球治理的参与者、推动者、引领者并非要改变现行的国际规则和国际秩序，而是不断提供全球治理的中国方案、中国主张和中国贡献，推动长期以来规则制定、具体执行和总体受益都是由西方主导的国际秩序向着更加公正合理的方向发展。② 2021 年 9 月 21 日，国家主席习近平在第七十六届联合国大会一般性辩论上发表讲话时强调：“我们要大力弘扬和平、发展、公平、正义、民主、自由的全人类共同价值，摒弃小圈子和零和博弈。国与国难免存在分歧和矛盾，但要在平等和相互尊重的基础上开展对话合作。一国的成功并不意味着另一国必然失败，这个世界完全容得下各国共同成长和进步。我们要坚持对话而不对抗、包容而不排他，构建相互尊重、公平正义、合作共赢的新型国际关系，扩大利益汇合点，画出最大同心圆。”“我们必须完善全球治理，践行真正的多边主义。世界只有一个体系，就是以联合国为核心的国际体

① 刘波：《“一带一路”安全保障体系构建中的私营安保公司研究》，《国际安全研究》2018 年第 5 期。

② 颜旭：《推动全球治理体制更加公正合理》，《前线》2017 年第 6 期。

系。只有一个秩序，就是以国际法为基础的国际秩序。只有一套规则，就是以联合国宪章宗旨和原则为基础的国际关系基本准则。”①

二 美国“大国竞争”对中国海外利益构成的风险与挑战

长期以来，美国一直重视建设和维护自身的海外利益。美国国家利益委员会于2000年公布的《美国国家利益简介》以及历届美国政府发布的《国家安全战略》等文件将美国的海外利益概括为以下几类。一是安全利益。在维护美国领土安全和政治主权、公民安全的基础上，还要保证海外军事力量的无障碍投送与行动能力，以实现应对恐怖主义、大规模杀伤性武器以及保护美国盟友安全等目标。② 二是经济利益。要坚决维护国际经济的开放性，塑造符合美国海外利益的国际经济体系，促进美国经济的增长，建立有利于美国海外经济利益的制度，使美元成为主要的储备货币，保障美国可以得到价格稳定、合理的石油安全供应。同时，在疫情防控常态化时期与“大国竞争”的主基调下，美国更加重视自身供应链与产业链安全。拜登多次表示希望强化与美国盟友及伙伴的联系以强化国际供应链韧性。③ 其实质

① 《习近平在第七十六届联合国大会一般性辩论上的讲话（全文）》，中国政府网，2021年9月22日，http：//www.gov.cn/xinwen/2021-09/22/content_5638597.htm，访问日期：2021年12月20日。

② “U. S. National Interests Introduction,” Department of State, accessed December 21, 2021, https://1997-2001.state.gov/global/general_foreign_policy/00_perf_1.pdf.

③ “Fact Sheet: Summit on Global Supply Chain Resilience to Address Near-Term Bottlenecks and Tackle Long-Term Challenges,” The White House, October 31, 2021, accessed December 21, 2021, https://www.whitehouse.gov/briefing-room/statements-releases/2021/10/31/fact-sheet-summit-on-global-supply-chain-resilience-to-address-near-term-bottlenecks-and-tackle-long-term-challenges/.

是在“大国竞争”总体基调下尽可能降低对中国与俄罗斯等国家的经济贸易依赖，以进一步开展制度和价值观竞争。三是文化利益。要推进美国价值观的输出，将美国的“民主”与“保护人权”的理念在全球进行扩展。[①] 此外，秩序利益在“大国竞争”的渲染下，正在凸显美国对自身海外利益及保护的定义的最重要特点是，积极利用二战后形成的有利于美国的国际体系，以及基于此对美国海外利益的保障。因此，一旦“美国价值”和现存国际秩序受到挑战，乃至出现非美国意愿或非美国引领的改革时，它将表现出抗拒与不合作的倾向，这在强调“美国优先”的特朗普政府时代表现得尤为明显。而从拜登政府当前的表现来看，虽然做法有所不同，更强调多边主义与合作，但是政策目标并无实质差别。正因为如此，美国对中国海外利益的拓展高度警惕，这是美国对中国国家意图判断产生偏差的必然结果。

美国认为，中国有能力在海外甚至在美国本土维护自身利益，同时认定，中国希望以此开展针对美国的竞争。因此，由特朗普政府塑造并被拜登政府所继承的“大国竞争”态势，试图对中国海外利益及保护能力进行“精确打击”。

（一）威胁海外中国公民人身与财产安全

首先，在“大国竞争”的影响下，各国针对包括海外中国公民在内的亚裔的歧视、仇恨及伤害事件数量剧增。数据显示，2021 年美国反亚裔仇恨犯罪激增 339%。[②] 此外，美国政府以所谓保护国家安全、防止知识产权遭窃等理由，严格限制所谓涉及中国特定领域与

① 于军、程春华：《中国的海外利益》，人民出版社，2015。

② 《外媒：2021 年美国反亚裔仇恨犯罪激增 339%》，参考消息网，2022 年 2 月 1 日，https://www.cankaoxiaoxi.com/kuaixun/20220201/2468033.shtml，访问日期：2022 年 12 月 16 日。

行业的学生及研究者入境美国。[①] 在此类政策影响下，中国学者和留学生经常遭受以美国国家安全为理由的盘查、没收电子产品甚至遣返等不公平对待。2021 年 8 月 15 日，3 名中国留学生持合法签证在美国休斯敦机场入境时，遭美方盘查并遣返回中国，理由是 3 人受中国政府资助或其个人手机内发现军训照片，因而被怀疑有军方背景。中国政府对此表达了强烈不满和坚决反对，向美方提出严正交涉。[②] 此类事件的频发反映“大国竞争”已对正常社会交流和教育领域产生相当程度的负面影响。

（二）中资海外企业运营面临的安全风险加大

中国海外经济利益的增长引起美国的高度关注。在高科技领域，美国发起对中兴、华为等中资海外技术企业的制裁、禁令，意图实施技术封锁。例如，美国禁止中国联通在美国境内经营其通信业务。[③] 又如以“信息安全”为由，限制甚至逼迫 TikTok 等非传统技术但拥有影响大众社交能力的企业出售在美国的业务。美国还不断将中国企业列入“实体清单”，严格限制这些企业的

① “Proclamation on the Suspension of Entry as Nonimmigrants of Certain Students and Researchers from the People's Republic of China,” The White House, May 29, 2020, accessed December 16, 2021, https://trumpwhitehouse.archives.gov/presidential-actions/proclamation-suspension-entry-nonimmigrants-certain-students-researchers-peoples-republic-china/.

② 《2021 年 8 月 30 日外交部发言人汪文斌主持例行记者会》，中华人民共和国外交部网站，2021 年 8 月 30 日，http://new.fmprc.gov.cn/web/fyrbt_673021/jzhsl_673025/202108/t20210830_9171330.shtml，访问日期：2021 年 12 月 15 日。

③ “China Unicom to Stop U.S. Services,” Federal Communication Commission, February 3, 2022, accessed December 18, 2021, https://www.fcc.gov/consumers/guides/china-unicom-stop-us-services.

跨国运营。[①]

技术霸权是美国霸权地位的重要组成部分之一。但近年来，美国企业在部分高科技领域已经出现落后情况，美国担忧若中国企业取代美国现有的位置，其将面临高科技领域的人才和资金转向中国以及由此产生的多米诺骨牌效应。因此，美国不仅在其本土，而且要求其盟友国家限制中国高科技企业的海外业务。在美国的影响下，以美国盟友为主的部分国家纷纷对中国高科技企业采取更为谨慎的态度，使中资企业的海外业务频频受阻。同时，美国还通过各类法案提高各行业特别是高新技术和制造业的对华竞争力，例如《2021 年美国创新与竞争法案》[②] 和《2022 年美国竞争法案》。[③] 已进入海外市场的中国跨国企业时刻如履薄冰，即便在遵循当地法律正常经营的情况下，仍可能受“大国竞争”语境下泛安全化的影响而面临潜在困难。尚未进入海外市场但有计划“走出去”的中国企业一方面将面临着潜在的审查风险与更高的准入门槛，另一方面将投入更多成本用于市场准入。

---

① “Commerce Acts to Deter Misuse of Biotechnology, Other U. S. Technologies by the People's Republic of China to Support Surveillance and Military Modernization that Threaten National Security,” U. S. Department of Commerce, December 16, 2021, accessed December 18, 2021, https://www.commerce.gov/news/press-releases/2021/12/commerce-acts-deter-misuse-biotechnology-other-us-technologies-peoples.

② “S. 1260 - United States Innovation and Competition Act of 2021,” US Congress, April 20, 2021, accessed December 18, 2021, https://www.congress.gov/bill/117th-congress/senate-bill/1260/text.

③ “Rules Committee Print 117-31 Text of H. R. 4521, the America Competes Act of 2022,” United States House of Representatives, January 25, 2022, accessed December 18, 2021, https://rules.house.gov/sites/democrats.rules.house.gov/files/BILLS-117HR4521RH-RCP117-31.pdf.

（三）中国参与全球治理及规则制定能力受损风险

美国重启“大国竞争”维护自身秩序利益的目标使其更加关注中国对国际秩序制定和完善进程的参与。特朗普政府不满于美国在国际秩序及其议程中所扮演的角色，认为美国承担了过多“国际责任”，而相关国际秩序与机制无法有效体现和服务于美国利益，因此，要求修订相关议程设置甚至“退群”。形成鲜明对比的是，中国对参与全球治理表现出更为积极的态度。中国坚定支持全球化进程，认为现存全球治理体系需要进行改革。但与“美国优先”不同，中国是基于现存全球治理体系未能全面反映发展中国家需求的考虑，希望能通过提供中国方案和思路进行完善，并非对当前国际秩序的颠覆。“一带一路”倡议是中国参与全球治理、提供新公共产品的典型代表。“一带一路”倡仪主张构建“共商共建共享”的国际合作平台。但是，美国认为，“一带一路”倡议是中国挑战美国对国际秩序无可替代的决定能力的一种表现形式。拜登政府强调的强化同盟关系、捍卫“美国价值”以及与中国展开竞争实际上是“大国竞争”在国际秩序领域的延续。

三　未来发展趋势与中国的应对

（一）近期：2022年中国海外利益安全风险将持续受到挑战

美国对华“大国竞争”战略短期内不会终止，中国海外利益安全将持续受到挑战。2021 年年底，美国国防部发布“中国军力报告”和“全球态势评估报告”，继续渲染“中国威胁”并意图联合盟友与伙伴国家进一步遏制中国。[①] 同时，美国在外交、科技、商业和全球治理等多领域的对华竞争也在同步加强，这将进一步恶化对华关系，不可避免地波及正常的社会人文交流，损害国家间关系的根基。例如，部分国家炮制“抵制北京冬奥”闹剧，不断“标签化”和“妖魔化”中国，将体育文化活动赋予价值观前提，意在全面开展对华竞争。拜登政府于2021年10月提出的“印太经济框架”可能将在2022年以更为具体和明确的形式得到落实。届时相关国家参与该框架的形式值得关注，若在美国推动“大国竞争”的背景下在中国进出口贸易或是产业链“去中国化”等议题上采取不利于中国的政策，将可能对“一带一路”倡议甚至是中国与特定国家的关系带来潜在的负面冲击。

（二）长期：“大国竞争”将持续对中国海外利益构成制度性挑战

美国发起的对华全面战略竞争态势很难在短期内扭转。在这种国际环境下，中国应继续拓展海外利益，保持改革开放的总体方向，鼓励海外企业加强自身能力建设，遵循市场经济规律，继续拓展海外市场，人为地限制海外利益发展是违背客观规律的。

同时，中国应加强海外利益保护能力建设。通过制度建设、实力建设，进一步完善领事保护机制，维护海外中国公民的人身与财产

① “DOD Releases 2021 Report on Military and Security Developments Involving the People's Republic of China,” U. S. Department of Defense, November 3, 2021, accessed December 22, 2021, https://www.defense.gov/News/Releases/Release/Article/2831819/dod-releases-2021-report-on-military-and-security-developments-involving-the-pe/; “DoD Concludes 2021 Global Posture Review,” U. S. Department of Defense, November 29, 2021, accessed December 22, 2021, https://www.defense.gov/News/Releases/Release/Article/2855801/dod-concludes-2021-global-posture-review/.

安全。

中国有必要继续积极参与全球治理进程，依托“一带一路”倡议加强与沿线国家的战略对接，加强与各个区域的合作，维护合理的地区与国际秩序，与广大中小国家共同推进构建人类命运共同体，这也是避免所谓“关于公共品供给真空或治理主导权交接的‘金德尔伯格陷阱’”① 的重点。② 考虑到全球治理面临的议题越发多样和复杂，以及国际秩序须体现包括中国在内的广大发展中国家利益的现状，中国主动积极的参与是对全球治理体系和国际秩序与规则的有效补充而非挑战，也是回避“金德尔伯格陷阱”的有效路径。

（三）中国的应对：整合多元主体的海外利益保护机制

考虑到美国推进“大国竞争”的国际背景，未来中国在维护海外利益中应进一步尝试保持合规性与灵活性的统一。合规性，是指海外中国公民与企业需要深入了解所在东道国的文化习俗、宗教以及法律，避免因自身违反当地法规而遭受利益损害。尤其是在“大国竞争”的背景下，此类案件极易被美国主导的国际舆情利用与炒作。灵活性，是指在海外利益保护过程中应做到“一国一策”“一例一策”，通过精心规划、精细推进、精准处理，加强危机预防措施，应对在可预见未来中国面临的外部环境与国际舆情。

作为中央与地方各级政府，应进一步完善机制建设，积极为海外中国公民及企业提供各类服务，包括但不限于持续完善海外利益保护法律法规、执行能力和宣发推广；提供安全风险预警信息，提高“领事直通车”及“12308”外交部全球领事保护与服务应急热线的

① “金德尔伯格陷阱”，指在曾经具有世界领袖地位的大国衰落之际，由于新兴大国无力提供必要的全球公共品，从而造成世界治理的领导力真空的一种局面。

② 蔡昉：《金德尔伯格陷阱还是伊斯特利悲剧？——全球公共品及其提供方式和中国方案》，《世界经济与政治》2017 年第 10 期。

普及度，建立有效的应急机制，以及在海外地区充分发声以建立良好的国家形象并合理辟谣等。

作为海外利益主体之一的中资企业，应审慎评估拓展海外市场或海外上市的可行性，深化对国际环境复杂性与不确定性的认知，全面研判本行业的潜在法律、政策和“泛安全化”风险。应避免强行上马不合适的项目，在行业可能面临“大国竞争”带来的负面影响情况下谨慎对待业务的跨国扩张。同时，加强员工安全培训，特别表现在对重大国际问题敏感度和相关基本常识的掌握，避免将国内的法律、规章制度或习俗不加修正地代入其他国家，还要避免出现对当地安全状况、法律和文化理解不足的情况。

海外中国公民应进一步熟悉所在国政治生态与政治风险，避免卷入当地政治运动。在面对个人人身财产等安全受到损害的情况时，应掌握多种求助手段，包括用尽当地救助及向中国驻当地使领馆求助等。包括政府、企业和个人在内的海外利益主体维护海外公共安全的需求是一致的，应对海外公共安全风险的手段也是相通的。政府通过制度建设等措施可以为企业和个人提供海外利益保护的平台。企业通过风险评估和员工培训等措施可以降低公共安全事件发生的频率并提高后续处理效率。个人通过规范行为和掌握维权途径，可以减少政府或企业在个案中进行干预的成本。因此，应对“大国竞争”带来的海外公共安全风险需要全社会特别是海外利益主体的积极联动。

结　语

“大国竞争”是百年未有之大变局的深刻体现，是美国基于恶意遏制中国的目的主动修正对华战略的结果，也是当前中国海外利益的重大风险来源之一。在未来较长的一段时间内，“大国竞争”将成为国际关系实践中的常态，而中国是“大国竞争”的主要对象。这将使中国海外公共安全问题更加复杂化，海外中国公民人身财产安全、跨国公司正常运营、国家间社会交往、中国国家形象以及中国参与全球治理和规则制定等都将面临更多严峻挑战。为应对此类公共安全风险，各海外利益主体均须对“大国竞争”可能带来的风险领域、内容和表现形式加深理解，并完善相应的机制、手段与措施。

实践治理篇

中国领事保护实践*

夏莉萍**

摘　要： 在全球疫情流行的大背景下，保障海外同胞健康安全，并为他们提供必要的协助，克服疫情所带来的不便，是2021年中国领事保护的首要任务。“预防与处置并重，以预防为主”一直是中国领事保护工作的指导原则。疫情之下，领事保护更显重要，中国外交部和驻外使领馆多渠道开展预防性领事保护活动。在应急处置方面，多层面协调处置重大领事保护案件，包括紧急处置海外中国公民遭爆炸袭击和被绑架案件、保护受局势骚乱影响的驻在国中国公民和中资企业、就海外中国公民受滋扰和中资企业遭打压进行交涉等。2021年的中国领事保护实践充分体现了“以人为本、生命优先”的指导理念，更具有针对性、

* 本文为国家社科基金重大课题“完善我国领事保护制度研究”（20&ZD206）的阶段性成果。

** 夏莉萍，外交学院外交学与外事管理系教授，北京对外交流与外事管理研究基地研究员，主要研究方向为领事与侨务问题、当代中国外交。

主动性和创新性，同时领事保护实践与党建活动的紧密结合，呈现鲜明的中国特色。

关键词： 领事保护 海外中国公民 “春苗行动”

2021 年，全球疫情跌宕蔓延，百年变局加速演进，大国博弈错综复杂，局势动荡、恐怖袭击、社会治安恶化等风险依旧，海外中国公民和中资企业的安全深受影响。尽管出国的中国公民人数大幅下降，但领事保护任务并未因此而减轻。中国外交部和驻外使领馆在国内外有关方面的支持下，采取多项措施，为海外中国公民和中资企业提供保护和协助。

一 保障海外中国公民健康安全

在全球疫情流行的大背景下，保障海外中国公民健康安全，并为他们提供必要的协助，克服疫情带来的不便，是 2021 年中国领事保护的首要任务。

（一）落实“春苗行动”

2021 年 3 月 7 日，国务委员兼外交部长王毅回答中外记者提问时宣布，将推出“春苗行动”，积极协助和争取为海外同胞接种国产或外国疫苗。[①] 此后，该行动陆续在世界多国启动，一些具备条件的国家还设立了地区接种点，为周边国家有需要的中国同胞提供疫苗接

① 《王毅在十三届全国人大四次会议举行的视频记者会上就中国外交政策和对外关系回答中外记者提问》，《人民日报》2021 年 3 月 8 日，第 3 版。

种服务。[①] 截至2021年10月中旬，“春苗行动”已协助290多万海外中国公民在180国接种中外新冠疫苗，有力维护了海外同胞的健康安全。[②]

因世界各国医疗卫生水平、相关法律和抗疫措施差别很大，为推动“春苗行动”落地，外交部领事司牵头，会同驻外使领馆和其他相关部门调研摸排海外中国公民情况、各国有关法律规定、医疗保障条件等，因地制宜、一国一策。在当地疫苗充足可实现本国公民全覆盖的国家，中方与驻在国政府协商，本着互惠原则推动其将中国公民纳入当地疫苗接种体系；对批准使用中国疫苗的国家，通过中外疫苗合作，协调安排当地中国公民接种国产疫苗；对于其他部分具备条件的国家，协调有关部门和企业，从国内专门采购疫苗为当地的中国公民安排接种；对于部分海外侨胞聚居的国家，推动驻在国政府集中、优先安排中国侨胞接种疫苗。[③]

此外，积极推动在交通便利的友好国家设立国产疫苗地区接种点，在做好疫情防控的基础上，为周边国家有需要的同胞提供国产疫苗接种服务。[④] 经多方协力，塞尔维亚、阿联酋成功设立国产疫苗地区接种点。[⑤] 塞尔维亚于2021年4月初设立全球首个“地区接种

---

① 《“春苗行动”，外交为民的生动实践》，光明网，2021年7月13日，https://m.gmw.cn/baijia/2021-07/13/34991743.html，访问日期：2022年1月10日。

② 外交部领事司：《“春苗行动”为海外同胞撑起健康安全保护伞》，《旗帜》2021年第10期。

③ 外交部领事司：《“春苗行动”为海外同胞撑起健康安全保护伞》，《旗帜》2021年第10期。

④ 《“春苗行动”为海外同胞撑起健康安全保护伞》，参考网，2021年12月8日，https://www.fx361.com/page/2021/1208/9169458.shtml，访问日期：2022年1月10日。

⑤ 外交部领事司：《“春苗行动”为海外同胞撑起健康安全保护伞》，《旗帜》2021年第10期。

点”。[①] 同年4月至6月，驻波黑、北马其顿等使馆与驻塞使馆协调配合，组织安排当地1000多名中国公民赴塞尔维亚接种国产疫苗，确保当天往返，最大限度降低染疫风险。[②]

为确保“春苗行动”有效落实，外交部和中国驻外使领馆做了大量细致工作。对于同意将中国公民纳入当地疫苗接种体系的国家，外交部要求相关驻外使领馆及时发布推送驻在国疫苗接种信息和指南，与当地医疗机构加强对接，引导海外同胞本着知情自愿原则，参与疫苗接种，并积极提供必要协助；为有效监管国产疫苗接种流程，外交部和驻外使领馆依托“防疫健康码”国际版小程序开发海外疫苗接种登记功能，实现了人员实名认证、疫苗全程可追溯、接种记录随时可查；为便利群众咨询，专门设立外交部“12308”全球领事保护与服务应急热线涉“春苗行动”专项机制，截至2021年10月中旬，共接听群众涉“春苗行动”咨询来电6000余通。[③]

（二）继续发放防疫物资

2020年疫情全球蔓延之时，滞留海外的中国同胞面临口罩脱销、洗手液限购、预防药品买不到的问题。在国内有关部门的大力协助下，中国驻外使领馆向海外的中国留学人员发放装有口罩、消毒液、药品等防疫物品的“健康包”。2021年，驻外使领馆继续为海外同胞发放“健康包”。例如，2月，加纳疫情形势趋于严峻，而加医疗卫生体系相对薄弱，为进一步帮助侨胞们加强疫情防控，中华海外联谊会、北京市侨办、驻加纳使馆经多方协调，从国内筹集了600份“新春暖心包”，通过“华人

① 《“春苗行动”，外交为民的生动实践》，《人民日报》2021年7月13日，第18版。

② 外交部领事司：《“春苗行动”为海外同胞撑起健康安全保护伞》，《旗帜》2021年第10期。

③ 外交部领事司：《“春苗行动”为海外同胞撑起健康安全保护伞》，《旗帜》2021年第10期。

之家”发放。[①] 5月，驻突尼斯使馆向在突同胞发放第五批“健康包”。[②] 6月，驻比利时使馆向旅比侨胞发放第七批防疫物资。[③] 11月，驻格林纳达使馆向华侨华人赠送装有抗疫药品的“安心包”。[④]

（三）举办疫情防控交流活动并建立相关机制

驻外使领馆举行疫情防控专题座谈会。例如，驻拉脱维亚使馆通过视频同在拉侨胞和留学生代表举行新冠疫情防控专题座谈会。大使转达党和政府对在拉侨胞和留学生的关心和慰问，介绍拉脱维亚疫情最新形势，提醒大家面对德尔塔变异毒株给拉脱维亚带来的新一波疫情，切实增强防范意识，严格遵守当地疫情防控有关规定，坚持非必要不旅行，做好自我防护，保护好自身安全和健康。大使强调接种疫苗对抵御病毒的重要性，提醒个别尚未接种者本着知情自愿原则，抓紧在当地接种疫苗。[⑤]

驻外使领馆与国内有关单位一起为海外同胞举办疫情防控知识讲

---

① 《关于向在加纳侨胞发放“新春暖心包”的通知》，中国驻加纳使馆网站，2021年2月26日，https://www.fmprc.gov.cn/ce/cegh/chn/lsyw/lstx/t1856964.htm，访问日期：2021年12月16日。

② 《驻突尼斯使馆向在突同胞发放第五批“健康包”》，中华人民共和国外交部网站，2021年5月19日，https://www.fmprc.gov.cn/web/zwbd_673032/jghd_673046/t1877060.shtml，访问日期：2021年12月16日。

③ 《驻比利时使馆向旅比侨胞发放防疫物资》，中华人民共和国外交部网站，2021年6月7日，https://www.fmprc.gov.cn/web/zwbd_673032/jghd_673046/t1881969.shtml，访问日期：2021年12月16日。

④ 《驻格林纳达使馆举办2021年华侨华人、中资机构座谈会暨“中国领事”APP护照旅行证线上业务启动仪式》，中华人民共和国外交部网站，2021年11月9日，https://www.fmprc.gov.cn/web/zwbd_673032/jghd_673046/202111/t20211109_10445812.shtml，访问日期：2021年12月16日。

⑤ 《驻拉脱维亚大使梁建全与在拉侨胞和留学生代表在线座谈》，中华人民共和国外交部网站，2021年8月19日，https://www.fmprc.gov.cn/web/zwbd_673032/jghd_673046/t1900605.shtml，访问日期：2021年11月4日。

座。例如，驻突尼斯使馆和江西省卫生健康委员会共同举办新冠疫情防控视频会，邀请江西省抗疫专家为在突同胞做抗疫知识讲座。① 驻曼德勒总领馆和上海市政府外事办公室共同在线举办“上海-缅北疫情防控经验专题交流会”，邀请上海市疫情防控专家在线专题授课并与缅北地区中资机构、华侨华人代表互动交流。② 此外，部分使馆建立疫情联防联控机制。例如，驻孟加拉国使馆、中资企业协会、华侨华人联合会三方建立“在孟中国公民疫情防控联席会议”机制。③

二　调研疫情下海外同胞的困难并协助解决

新冠疫情不仅带来身体健康和生命安全风险，也给海外同胞的生活带来很多不便。中国驻外使领馆通过多种方式进行调研，及时掌握海外中国公民和中资企业遇到的困难，并尽力协助解决。

（一）了解疫情之下中资企业和侨胞困难

驻外使领馆通过走访、座谈和问卷调查等形式调研海外中资企业和侨胞遇到的困难。例如，驻白俄罗斯大使赴中白工业园考察园内主要中资企业，重点调研自新冠疫情下各中资企业及项目的生产情况，

① 《驻突尼斯使馆与江西省卫健委共同举办疫情防控视频会》，中华人民共和国外交部网站，2021 年 7 月 12 日，https://www.fmprc.gov.cn/web/zwbd_673032/jghd_673046/t1891533.shtml，访问日期：2021 年 11 月 4 日。

② 《张文宏教授对话缅北中资机构和华侨华人——驻曼德勒总领馆和上海市政府外事办公室在线举办疫情防控交流会》，中华人民共和国外交部网站，2021 年 7 月 24 日，https://www.fmprc.gov.cn/web/zwbd_673032/jghd_673046/t1894803.shtml，访问日期：2021 年 11 月 4 日。

③ 《驻孟加拉国使馆在线召开在孟中国公民疫情防控联席会议》，中华人民共和国外交部网站，2021 年 5 月 30 日，https://www.fmprc.gov.cn/web/zwbd_673032/jghd_673046/t1879739.shtml，访问日期：2021 年 11 月 4 日。

了解各项目在经营过程中遇到的困难，表示使馆将全力协助企业解决经营过程中遇到的难题。① 驻圣克鲁斯总领事赴中资企业在建项目考察，了解项目施工进展、投产计划、施工安全、疫情防护等情况，以及项目建设过程中遇到的问题和困难。② 驻葡萄牙大使同侨领代表座谈，了解旅葡侨社总体情况，特别是疫情期间旅葡侨胞经营生活现状和普遍困难，表示使馆将协助侨胞防疫抗疫，提供更加高效、便捷的服务，全力为侨胞排忧解难，维护侨胞合法权益，营造良好的生存发展环境。③ 驻加纳使馆设计了《在加纳中国公民面临困难调查问卷》，请公民自愿填写。使馆根据调查结果，梳理同胞们的困难，提供力所能及的领事服务，并为部分较困难的同胞发放防疫“健康包”。

（二）驻外使领馆通过“三方机制”协助解决困难

驻外使领馆不仅通过各种方式了解疫情之下海外中国公民和中资企业遇到的困难，还通过驻外使领馆、驻在国有关部门和海外同胞三方协调机制，协助解决困难。例如，驻约旦使馆举办2021年度领事保护“三方机制”线上座谈会。约旦外交与侨务部、卫生部、内政部、劳工部、公安总局、预防安全局、居留与边境局和海关等部门代表参加。中资企业、教师、留学生和华侨代表反映了在约工作、学习

① 《驻白俄罗斯大使谢小用赴中白工业园考察中资企业项目》，中华人民共和国外交部网站，2021年5月3日，https://www.fmprc.gov.cn/web/zwbd_673032/jghd_673046/t1873354.shtml，访问日期：2021年11月12日。

② 《驻圣克鲁斯总领事王家雷巡视中资钢厂项目》，中华人民共和国外交部网站，2021年6月25日，https://www.fmprc.gov.cn/web/zwbd_673032/jghd_673046/t1886744.shtml，访问日期：2021年11月12日。

③ 《驻葡萄牙大使赵本堂同旅葡侨领代表座谈》，中华人民共和国外交部网站，2021年11月5日，https://www.fmprc.gov.cn/web/zwbd_673032/jghd_673046/202111/t20211105_10444800.shtml，访问日期：2021年11月12日。

和生活中面临的具体困难和问题。约方表示，重视中国企业和公民代表所提问题和建议，将跟进协调解决。[①] 受新冠疫情影响，厄瓜多尔社会治安形势趋于复杂，多次发生针对中国公民和企业的恶性事件，危及中方人员和企业的安全。驻瓜亚基尔总领事主持召开厄瓜多尔埃尔奥罗省涉中国公民治安工作联席会议。埃省警察总长、马查拉市市长、市政府总协调员、国民警察埃省司令、外交部驻马查拉协调员及埃省侨界和中资企业代表等出席。中国总领馆希望埃省相关主管部门积极支持建立涉中国公民治安问题联席工作机制，密切沟通协作，共同完善防范和应急处置措施，及时排除安全隐患，为中国公民安居乐业创造良好条件。厄方参会代表表示将协调各方加强同总领馆、中资企业和侨团的互动与协作，采取必要措施打击犯罪，为中方人员和企业提供安全保障。与会中资企业和侨界代表针对具体问题表达安全关切。各方就此进行探讨并提出工作建议。[②]

（三）推出“国际旅行健康证明”

2021 年 3 月 7 日，国务委员兼外交部长王毅宣布，为落实习近平主席提出的健康码国际互认倡议，外交部将推出中国版国际旅行健康证明电子文件，在充分保护个人隐私前提下，实现核酸检测和疫苗接种等信息的相互验证，助力安全有序的人员交往。[③] 次日，中

① 《驻约旦使馆举办领事保护“三方机制”线上座谈会》，中国领事服务网，2021 年 8 月 22 日，http://cs.mfa.gov.cn/gyls/lsgz/lqbb/t1901111.shtml，访问日期：2021 年 11 月 12 日。

② 《驻瓜亚基尔总领馆在线召开埃尔奥罗省安全工作联席会议》，中华人民共和国外交部网站，2021 年 8 月 7 日，http://new.fmprc.gov.cn/web/wjdt_674879/zwbd_674895/t1898240.shtml，访问日期：2021 年 11 月 12 日。

③ 《王毅在十三届全国人大四次会议举行的视频记者会上就中国外交政策和对外关系回答中外记者提问》，《人民日报》2021 年 3 月 8 日，第 3 版。

国版“国际旅行健康证明”微信小程序正式上线。[①] 中国版“国际旅行健康证明”展示持有人的核酸、血清 IgG 抗体检测结果及疫苗接种情况等。健康证明内含加密二维码，以供各国相关部门验真并读取个人相关信息。除电子化展示外，还可以打印生成纸质版。[②] 中国版“国际旅行健康证明”在推动跨国人员健康、安全、有序往来中发挥重要作用，为中国公民“行走天下”提供坚实保障。[③]

（四）提供海外领事“云服务”

疫情之下，海外同胞出行面临健康风险。中国外交部和驻外使领馆创新方式方法，利用网络，积极为海外公民提供领事服务。

推出“中国领事”App。这是王毅国务委员兼外长在 2021 年“两会”期间宣布的三项外交为民新举措之一。“中国领事”App 集成护照旅行证首次颁发、换发、补发，领取养老金资格审核等多项证照办理服务，海外同胞可一键直达驻外使领馆，实现“掌上办”“零跑腿”，“全天候”在线办理海外中国公民的旅行证件和领保服务。[④] 例如，该 App 可为在境外居住的退休人员提供在线办理领取养老金

① 《好消息！中国版“国际旅行健康证明”正式上线》，中国驻登巴萨总领事馆网站，2021 年 3 月 9 日，https://www.mfa.gov.cn/ce/cgdenpasar/chn/xwdt/t1859539.htm，访问日期：2021 年 11 月 5 日。

② 《中国版“国际旅行健康证明”微信小程序正式上线！》，人民政协网，2021 年 3 月 12 日，http://www.rmzxb.com.cn/c/2021-03-12/2807874.shtml，访问日期：2021 年 11 月 5 日。

③ 《如何获取国际旅行健康证明》，“光明网”百家号，2021 年 3 月 11 日，https://m.gmw.cn/baijia/2021-03/11/1302159692.html；《一图了解中国版“国际旅行健康证明”》，人民网，2021 年 3 月 20 日，http://world.people.com.cn/n1/2021/0319/c1002-32055861.html，访问日期：2021 年 11 月 5 日。

④ 《王毅在十三届全国人大四次会议举行的视频记者会上就中国外交政策和对外关系回答中外记者提问》，《人民日报》2021 年 3 月 8 日，第 3 版。

资格认证服务，避免老人长途旅行，降低交叉感染风险。[①] 中国驻外使领馆纷纷举行“中国领事”App推介活动，向领区侨胞详细介绍该App推出的背景、功能及使用要点，并现场解答侨胞提出的问题。

提供跨国远程视频公证服务。随着近年来旅居海外同胞人数的增加，办理公证文书的需求增长较快。疫情之下，去驻外使领馆线下办理公证不便。为解决海外公民办理公证的迫切需求，2020年9月，外交部和司法部联合启动海外远程视频公证试点工作。同年10月，两部门召集各试点省市外办、司法局、公证处召开专题研讨会，共同探讨构建工作框架、规范设计，分析问题、统一思想、提高认识，为驻外使领馆海外远程视频公证试点工作按下“加速键”。[②] 2021年3月17日，中国驻大阪总领馆与浙江省杭州市国立公证处合作，为一名旅日中国公民远程办理委托国内亲属处理房产的公证书，顺利完成了首例跨国远程视频公证。[③] 此后，其他中国驻外使领馆也为海外中国公民提供远程视频公证服务。[④]

---

① 《让在境外居住的退休人员办理领取养老金资格认证不再烦心》，中国领事服务网，2021年6月3日，http://cs.mfa.gov.cn/gyls/lsgz/lqbb/t1880995.shtml，访问日期：2021年11月8日。

② 《海外中国公民办理公证书的新途径——首例驻外使领馆与国内公证机构合作开展海外远程视频公证背后的故事》，中国新闻网，2021年4月15日，https://www.chinanews.com.cn/gn/2021/04-15/9455526.shtml，访问日期：2021年11月8日。

③ 《海外中国公民办理公证书的新途径——首例驻外使领馆与国内公证机构合作开展海外远程视频公证背后的故事》，中国新闻网，2021年4月15日，https://www.chinanews.com.cn/gn/2021/04-15/9455526.shtml，访问日期：2021年11月8日。

④ 《中国驻多伦多总领馆成功开展海外远程视频公证试点工作》，中国领事服务网，2021年8月11日，http://cs.mfa.gov.cn/gyls/lsgz/lqbb/t1898704.shtml，访问日期：2021年11月8日；《中国驻巴塞罗那总领馆成功开展海外远程视频公证试点工作》，中国领事服务网，2021年11月6日，http://cs.mfa.gov.cn/gyls/lsgz/lqbb/202111/t20211115_10448367.shtml，访问日期：2021年11月8日。

三　多渠道开展预防性领事保护

“预防与处置并重，以预防为主”一直是中国领事保护工作的指导原则。疫情之下，领事保护预防工作更显重要。

（一）针对不同海外公民群体开展线上安全保护宣讲和交流活动

中国驻外使领馆针对海外留学生、侨胞和中资企业等不同群体，召开线上安全保护宣讲会和交流会等活动。

为留学生举办平安留学线上讲座。例如，驻芝加哥总领事馆线上举行“2021年平安留学讲座”，希望中国留学生们切实把安全和健康放在首位，提高自我保护意识和防范各类风险能力，尽快熟悉和适应美国大学学习和生活，积极参加学校组织的入学教育以及中国学生学者联谊会等学生社团举办的活动，遵守当地法律法规，并按照当地和学校的要求，做好疫情防控，科学安排好学习和生活。领事还结合近年领保案例讲授领保知识并提出预防建议，领区知名华人律师就留美学生常见法律问题进行了解析，著名心理医生就留学生心理健康问题进行答疑解惑。①

开展线上“领事保护进社区”活动。例如，驻大阪总领事馆举办2021年领事保护“进社区”线上宣介会，邀请大阪出入国在留管理局代表重点围绕出入境、外国人在留管理与服务和疫情防护等日方政策和法规做了具体介绍。总领馆法律顾问针对交通安全、电信诈骗等集中多发的领事保护问题进行了专业讲解，从不同角度就风险预防

---

① 《驻芝加哥总领事馆“2021年平安留学讲座”成功举行》，中国领事服务网，2021年8月26日，http://cs.mfa.gov.cn/gyls/lsgz/lqbb/t1901894.shtml，访问日期：2021年11月2日。

提出建议。总领馆干部围绕主要安全风险点就有关领事保护知识和案例进行了进一步分析，来自中资企业协会、侨团、留学生学友会的代表和领保协助志愿者分享了各自经验。①

召集海外中资企业代表举行线上安全保护工作会议。一是驻外使领馆对海外中资企业项目进行线上安全巡视。例如，驻玻利维亚使馆召开在玻中资企业“七一”前线上巡视会，近30家在玻中资企业40余名代表在线参加。大使对艾尔西亚公路和伊比利苏水电站等6个项目进行了线上巡视，对项目生产安全、疫情防控、安全保卫等进行实景抽查，对发现的问题和不足提出了整改要求和指导意见。② 二是召开线上安全保护专门会议。例如，驻厄瓜多尔使馆、驻瓜亚基尔总领馆联合召开在厄中资企业、华侨华人安全工作专题视频会议，分析全球特别是厄瓜多尔面临的安全与发展形势，通报使领馆近期在维护海外中国公民安全方面所做的工作，并对下一阶段在厄中资企业与侨界如何进一步做好安全工作作出部署。③ 驻尼日利亚使馆召开安全问题专题视频会，分析研判尼安全形势，研究部署进一步加强我在尼企业和人员安全工作。④ 驻苏丹使馆举行在苏中资机构安全工作和疫情防控视频会议。大使强调，当前苏丹仍面临安全环境脆弱、疫情风险加

---

① 《驻大阪总领馆举办2021年预防领保“进社区”线上宣介会》，中华人民共和国外交部网站，2021年8月5日，https://www.fmprc.gov.cn/web/zwbd_673032/jghd_673046/t1897609.shtml，访问日期：2021年11月2日。

② 《驻玻利维亚使馆在线对在玻中资企业项目开展安全巡视》，中华人民共和国外交部网站，2021年6月21日，https://www.fmprc.gov.cn/web/zwbd_673032/jghd_673046/t1885648.shtml，访问日期：2021年11月2日。

③ 《驻厄瓜多尔使领馆在线召开在厄中资企业及华侨华人安全会议》，中华人民共和国外交部网站，2021年5月21日，https://www.fmprc.gov.cn/web/zwbd_673032/jghd_673046/t1877862.shtml，访问日期：2021年11月2日。

④ 《驻尼日利亚使馆召开进一步加强我在尼企业和人员安全工作专题会议》，中国驻尼日利亚使馆网站，2021年6月18日，http://ng.chineseembassy.org/chn/hzqzqw/zxxx/t1884723.htm，访问日期：2021年11月2日。

剧、经济民生困顿、社会治安不稳等多重挑战，中国在苏机构、项目和人员安全保障、疫情防控等持续面临压力，要求各中资机构要切实履行企业主体责任，加强安全预警和防范，全面排查风险隐患，完善各类应急预案，守住防疫底线，确保中资机构人员和财产安全。[①] 驻刚果（金）大使同在刚中资矿业企业代表举行视频会议，就新形势下加强企业安全风险防范，提升海外运营管理能力等开展座谈交流，要求中资企业全面深入查找漏洞和短板，加强员工安全教育，根据实际情况需要，制订完善应急处突预案；期望由中资矿业企业协会统筹协调，梳理问题清单。[②]

（二）针对比较突出的海外安全问题举行预防性领事保护活动

除针对不同公民群体开展预防性领事保护活动外，驻外使领馆针对比较突出的海外安全问题，例如诈骗风险、心理健康等问题召开专门会议。

驻外使领馆针对猖獗的网络电信诈骗举行防诈骗宣讲会。例如，中国驻新加坡大使馆与新加坡警察部队反诈骗部门联合举办线上防诈骗专题宣讲会。新加坡警官介绍了冒充官员、网络爱情和网络钓鱼等几类常见骗局，提醒留学生高度警惕来源不明电话，尤其是+65 前缀的录音电话，做到不轻信、不慌张、不汇款，对网络上不合理低价商品或高价回报的“帮忙”，不贪图便宜，以免造成经济损失或卷入违

① 《驻苏丹使馆举行在苏中资机构安全工作和疫情防控视频会议》，中华人民共和国外交部网站，2021 年 7 月 17 日，https://www.fmprc.gov.cn/web/zwbd_673032/jghd_673046/t1892855.shtml，访问日期：2021 年 11 月 2 日。

② 《驻刚果（金）大使同在刚中资矿业企业代表举行视频会议》，中华人民共和国外交部网站，2021 年 8 月 27 日，https://www.fmprc.gov.cn/web/zwbd_673032/jghd_673046/t1902481.shtml，访问日期：2021 年 11 月 2 日。

法犯罪活动。使馆领侨处代表结合电信诈骗领事保护案例，分享案件的经验教训。[①]

新冠疫情反复延宕，许多海外同胞承受着巨大心理压力。对此，驻外使领馆举办心理健康专题讲座，邀请心理问题专家与同胞交流，帮助他们排减压力。例如，驻里约热内卢总领馆邀请国内心理学专家线上为领区同胞做心理健康讲座，为大家提供心理纾困指导，帮助大家在疫情常态化背景下提高调节情绪、释放压力的能力。[②] 驻尼日尔使馆邀请国内心理学专家为在尼中国同胞举行线上心理健康讲座。[③]

（三）举行法律知识普及讲座并强调不袒护同胞的违法违规行为

近年来，外交部和中国驻外使领馆非常重视向海外同胞进行普法宣传，增强法律意识，维护自身合法权益，做到“知法、懂法、守法、用法”，减少因不了解相关法律而导致的领事保护案件的发生。例如，驻伊基克总领事馆邀请智利第一大区总检察长为领区侨胞举办法律知识线上讲座。总检察长系统介绍了智检察机关体系、主要职能和诉讼审判程序，并表示，第一大区检察院将与总领事馆继续保持密切沟通，努力为中国公民的工作生活和经营提供更加可靠的司法协助。在提问互动环节，与会侨胞代表结合公民举报、申诉、报案结果

---

① 《中国驻新加坡大使馆与新加坡警察部队举办留学生防诈骗宣讲会》，中国领事服务网，2021 年 10 月 11 日，http://cs.mfa.gov.cn/gyls/lsgz/lqbb/t1913549.shtml，访问日期：2021 年 11 月 30 日。

② 《驻里约热内卢总领馆举办预防性领事保护心理健康线上讲座》，中华人民共和国外交部网站，2021 年 11 月 13 日，https://www.fmprc.gov.cn/web/zwbd_673032/jghd_673046/202111/t20211115_10448562.shtml，访问日期：2021 年 11 月 30 日。

③ 《驻尼日尔使馆举行在尼同胞线上心理健康讲座》，中华人民共和国外交部网站，2021 年 10 月 16 日，https://www.fmprc.gov.cn/web/zwbd_673032/jghd_673046/t1915539.shtml，访问日期：2021 年 11 月 30 日。

查询、案件审核时效、商标保护等具体关心的问题与总检察长进行了深入探讨和交流。①

强调不袒护违法违规的海外中国公民。例如，2021 年 8 月，刚果（金）南基伍省政府因非法采矿和破坏环境暂停 6 家中资公司的运营，命令所有本地和外国员工离开。事发后，中国外交部非洲司司长曾在推特发文回应此事，表示中方支持刚果（金）依法打击非法经济活动，已责成涉事公司彻底停止相关业务并离开南基伍省。相关公司将受到中国政府的处罚。中方绝不允许在非洲的中国公司违反当地法律法规。②

（四）协助海外华商获取安全防护设备并提供相关培训

为海外侨商联系提供消防设备及消防培训。例如，驻黑山大使同黑山华商会会长视频连线，了解在黑华侨防疫、复工复产及生活情况，并就华商企业进一步强化疫情防控、消防安全生产措施等提出了要求。大使表示，要从贝尔格莱德华人市场火灾中举一反三，高度重视安全生产经营，认真排查并消除安全隐患，加强仓库、商铺、住所等地的消防安全。针对黑山图兹市批发市场缺乏消防设施等情况，使馆通过黑山当地消防公司向市场内华商店铺提供灭火器等消防器材，并安排专业人士现场培训。③

① 《驻伊基克总领事傅新蓉出席智利第一大区检察院为当地侨胞举办法律知识线上讲座》，中华人民共和国外交部网站，2021 年 11 月 18 日，https://www.fmprc.gov.cn/web/zwbd_673032/jghd_673046/202111/t20211119_10450200.shtml，访问日期：2021 年 11 月 30 日。

② 《5 名中国公民在刚果（金）被绑架》，《环球时报》2021 年 11 月 22 日，第 3 版。

③ 《驻黑山大使刘晋连线侨胞商防疫》，中华人民共和国外交部网站，2021 年8 月 18 日，https://www.fmprc.gov.cn/web/zwbd_673032/jghd_673046/t1900486.shtml，访问日期：2022 年 1 月 6 日。

四　多层面协调处置重大领事保护案件

2021 年，除新冠疫情风险之外，海外同胞还面临恐怖袭击、武装分子绑架、局势骚乱、恶意滋扰等安全风险，正当权益受到严重影响。对此，中国驻外使领馆和中国外交部多方协调，并进行交涉，敦促有关方面予以高度重视并快速解决。

（一）紧急处置海外中国公民遭爆炸袭击和被绑架等恶性案件

2021 年 7 月 14 日，中国企业承建的巴基斯坦开普省达苏水电站项目通勤班车在赴施工现场途中遭遇爆炸，造成 9 名中方人员遇难。中巴两国对此高度重视，中国驻巴使馆多次发布预警，加强对在巴中国机构、项目、人员的安全排查，同时有关方面抓紧案件侦查工作，找出元凶。[①] 2021 年 8 月 20 日，载有中国项目人员的通勤车队在位于巴基斯坦俾路支省的瓜达尔东湾快速路项目附近遭遇自杀式炸弹袭击，造成当地人员伤亡和 1 名中方人员轻伤。中国驻巴使馆于第一时间启动应急预案，要求巴方妥善救治伤员，彻查此次事件，严惩凶手。同时要求巴各级相关部门，务必采取切实有效措施，加快推进加强版全流程安保措施和升级版安保合作机制，确保类似事件不再发生。[②]

2021 年 7 月 17 日，不明身份的武装分子袭击了马里某建筑工地，劫持中资企业 3 名中方员工。中国外交部和驻马里使馆密切跟踪案件进展，持续做马方工作，敦促马方全力开展安全营救，并指导相关企

---

① 《巴方逮捕两名达苏恐袭案嫌疑人》，《环球时报》2021 年 7 月 30 日，第 3 版。

② 《中国驻巴基斯坦使馆关于瓜达尔东湾快速路项目遭遇自杀式袭击的声明》，光明网，2021 年 8 月 21 日，https://m.gmw.cn/baijia/2021-08/21/1302501089.html，访问日期：2022 年 1 月 6 日。

业采取妥善应对措施。10 月 31 日，被扣押的中国公民设法逃离被扣押的地点，并于第二天被马里军方成功解救。① 2021 年 8 月 13 日，3 名中国公民在刚东部伊图里省遭不明身份武装人员绑架。8 月 17 日，驻刚果（金）大使紧急约见刚副总理兼内政、安全、地方分权和传统习俗事务部长，就此事向刚方表达关切，敦促对方采取一切必要措施，尽快查明 3 名中国公民的下落，并在确保人质安全的前提下全力实施营救。要求刚方加强对中国在刚机构和人员的安全保障，维护中方机构人员正当合法权益，让两国合作在安全、可靠的环境下推进。②

（二）保护受局势骚乱影响的中国公民和中资企业

2021 年 3 月 14 日下午，缅甸仰光城郊工业区的多家中资服装厂遭人为纵火。中方要求缅方采取进一步有效措施，制止一切暴力行为，依法查处相关肇事者，确保在缅中国企业和人员的生命与财产安全。③中国驻缅甸使馆紧急提醒在缅中国公民和中资机构密切关注形势发展，提高风险防范意识，严格遵守当地法律法规，不参与任何政治活动；并建议适当储备生活必需品，尽量居家，避免赴人群聚集场所。④

2021 年 7 月 13 日，因南非前总统祖马被捕引发的骚乱迅速蔓延。7 月 15 日，中国驻南非大使致电在骚乱中遭受严重财产损失的旅南侨胞和中资企业人员。大使表示已促请南非政府切实加强对在南

① 《马里被绑的 3 名中国公民已安全获救》，《环球时报》2021 年 11 月 3 日，第 4 版。

② 《驻刚果（金）大使要求刚方全力搜救被绑架中国公民》，中国领事服务网，2021 年 8 月 18 日，http://cs.mfa.gov.cn/gyls/lsgz/lqbb/t1900126.shtml，访问日期：2022 年 1 月 6 日。

③ 《多家在缅中资企业遭打砸抢烧》，《环球时报》2021 年 3 月 15 日，第 2 版。

④ 《驻缅甸大使馆紧急提醒在缅中国公民做好安全防范》，中国驻缅甸使馆网站，2021 年 2 月 1 日，http://mm.china-embassy.org/chn/sgxw/t1850148.htm，访问日期：2021 年 2 月 9 日。

中国公民和企业的保护，南方已承诺将采取切实措施，保护在南中国公民生命和财产安全，并将加强重点骚乱地区的警力部署。提醒旅南侨胞和中资企业加强联防联保，形成合力，共同阻遏可能再次发生的暴乱冲突，并做好生活物资储备和疫情防范工作。①

2021年11月下旬，所罗门群岛首都霍尼亚拉发生严重社会骚乱，唐人街等地华商店铺遭打砸抢烧，造成严重财产损失，在所中资企业生产生活受到严重影响。中国外交部和驻所使馆第一时间对一些中国公民和中资机构遇袭表示严重关切，并要求所政府采取一切必要措施保护在所中国公民和机构安全。② 使馆连日和侨界开会，收集诉求，并提醒大家加强安全防范。③ 骚乱期间，所警察部队虽然表现出职业素养，但也暴露出装备匮乏、训练不足等短板。④ 应所罗门群岛政府和所警方请求，中国政府向所方提供了一批警用装备、防疫物资，并派遣临时警务顾问组，力争为所警方提高自身能力，保障旅所侨胞及中资企业合法权益发挥建设性作用。首批援所警用装备物资于2021年12月29日运抵所首都霍尼亚拉。⑤

---

① 《驻南非大使陈晓东电话慰问旅南侨胞和中资企业人员》，中华人民共和国外交部网站，2021年7月16日，https://www.fmprc.gov.cn/web/zwbd_673032/jghd_673046/t1892614.shtml，访问日期：2022年2月9日。

② 《中国临时警务顾问组致全体旅所侨胞、中资企业的慰问信》，中国驻所罗门使馆网站，2022年1月31日，http://sb.chineseembassy.org/sgxw/202201/t20220131_10637841.htm，访问日期：2022年2月9日。

③ 《听华商讲述谁在搞乱所罗门群岛》，《环球时报》2021年11月29日，第7版。

④ 《驻所罗门群岛大使李明刊文介绍中所警务合作》，中国驻所罗门使馆网站，2022年1月23日，http://sb.chineseembassy.org/sgxw/202201/t20220123_10632238.htm，访问日期：2022年2月9日。

⑤ 《中国临时警务顾问组致全体旅所侨胞、中资企业的慰问信》，中国驻所罗门使馆网站，2022年1月31日，http://sb.chineseembassy.org/sgxw/202201/t20220131_10637841.htm，访问日期：2022年2月9日。

（三）就海外中国公民受滋扰和中资企业遭打压进行交涉

中方在中美高层会晤中就美方滋扰中国公民和打压中国企业的做法提出严正交涉。2021 年 7 月，中国外交部副部长谢锋与来访的美国常务副国务卿舍曼会谈。随后，国务委员兼外长王毅也会见了舍曼。中方向美方提出了美方必须停止的错误言行清单和中方关注的重点个案清单。在纠错清单里，中方敦促美方无条件撤销对中共党员及家属的签证限制，撤销对中方领导人、官员、政府部门的制裁，取消对中国留学生的签证限制，停止打压中国企业，停止滋扰中国留学生，停止打压孔子学院，撤销将中国媒体登记为“外国代理人”或“外国使团”，撤销对孟晚舟的引渡，等等。在中方关切的重点个案清单里，中方主要就中国部分留学生赴美签证遭拒，中国公民在美遭受不公正待遇，美国不法分子滋扰、冲撞我驻美使领馆，美国国内仇亚、反华情绪滋长，中国公民遭暴力袭击等个案向美方表达严重关切，要求美方尽快解决，切实尊重、保护中国公民和机构的合法权益。①

就美方无端遣返持有合法赴美签证的中国留学生事件进行交涉。2021 年 8 月 15 日，3 名中国留学生在美国休斯敦机场入境时遭美方盘查，他们持有合法签证，但却被遣返回国，美方给出的理由是 3 人受中国政府资助，或在学生手机内发现军训照片，因而怀疑其有军方背景。中国外交部新闻发言人表示，中方对此强烈不满，坚决反对，就此向美方提出了严正交涉。② 9 月 29 日，一名中国留学生在入境美

① 《2021 年 7 月 26 日外交部发言人赵立坚主持例行记者会》，中华人民共和国外交部网站，2021 年 7 月 26 日，http://new.fmprc.gov.cn/web/fyrbt_673021/t1895085.shtml，访问日期：2022 年 2 月 9 日。

② 《3 名中国留学生遭美遣返 外交部回应》，《环球时报》2021 年 8 月 31 日，第 3 版。

国时被美方无理盘查滋扰，该学生持有合法入境签证，但却在一处狭小空间内被限制人身自由长达50多个小时，其间正常饮食和休息均无法保障，最终被美方以“莫须有”的理由经第三国遣返。中国驻美国使馆发言人表示，美方此举严重侵犯中国赴美留学人员合法权益，中方已向美方提出严正交涉。该发言人指出，一段时间以来，美方持续干扰阻挠中美教育、人文等领域交流合作，接连发生执法人员对中国赴美留学生进行无端、粗暴盘问甚至遣返的恶劣事件，严重侵害当事人人权。美方做法严重破坏中美正常人文交流和教育合作，与美方自我标榜的开放自由等理念背道而驰。中方敦促美方将欢迎中国留学生的表态落到实处，立即停止泛化国家安全概念，停止遣返、盘查、滋扰中国赴美留学人员，停止侵犯中国公民合法权益，确保此类事件不再发生。①

中资企业高管海外历经磨难，最终回到祖国，彰显保护成效。经中方多次严正交涉，2021年9月25日，被加拿大无理拘押1000多天的华为高管孟晚舟回国，中国驻加拿大大使全程陪同。外交部发言人当日应询表示，中方在孟晚舟事件上立场是一贯的、明确的。事实早已充分证明，这是一起针对中国公民的政治迫害事件，目的是打压中国的高技术企业。② 在孟晚舟被拘押的近三年时间里，中国外交部先后60次就孟晚舟事件发声，中国驻加拿大大使、驻温哥华总领事也先后多次上门看望孟晚舟或同其通话。此外，中国媒体在孟晚舟被无理拘押1000天之际于网上发起网友联署，要求加拿大政府立即释放孟晚舟，共获得超过1000万网友的参加。在离开加拿大，临上飞机

---

① 《中方促美停止盘查遣返我留学生》，《参考消息》2021年9月30日，第15版。

② 《2021年9月27日外交部发言人华春莹主持例行记者会》，中华人民共和国外交部网，2021年9月27日，https://www.fmprc.gov.cn/fyrbt_673021/jzhsl_673025/202109/t20210927_9584072.shtml，访问日期：2022年2月9日。

之前，孟晚舟发表简短演讲，表示祖国和祖国人民对她的支持和帮助是她走到今天最大的支柱。①

五　对2021年中国领事保护实践的评价与思考

2021 年的中国领事保护实践有以下特点。一是充分体现了“以人为本、生命优先”的指导理念。新冠疫情跌宕蔓延，对海外同胞的生理和心理健康产生了巨大影响。为了保障海外同胞生命与健康安全，外交部和驻外使领馆积极推动“春苗行动”在世界各地落地，为海外同胞持续发放防疫物资，邀请专家举办抗疫知识和心理健康讲座，帮助他们科学防疫，舒缓心理压力，提升调节心理状态的能力。

二是更具有针对性。例如，驻外使领馆通过各种方式调研疫情之下海外中国公民和中资企业遇到的困难，以便有针对性地解决问题；在预防性领事保护方面，针对海外留学生、侨胞和中资企业等不同群体，召开线上安全保护宣讲会和交流会，针对比较突出的海外安全问题，例如诈骗风险、心理健康等问题召开专门会议；协助海外侨胞防范火灾隐患，帮助海外侨商联系采购消防设备并提供消防培训。

三是主动性与创新性。驻外使领馆通过多种渠道开展预防性领事保护活动，旨在提升海外中国公民的风险防范意识和能力。此外，为及时排除安全隐患，为海外同胞安居乐业创造良好条件，驻外使领馆积极建立驻外使领馆、驻在国有关部门与海外中国公民及中资企业三方协调机制，推动解决难题。在所罗门骚乱之后，中方意识到，海外中国公民和中资企业的安全依赖驻在国的整体安全环境。为驻在国提供援助，协助其政府提升维护安全的能力十分重要。应所罗门群岛政

① 《中国驻加拿大大使丛培武全程陪同孟晚舟回国》，环球网，2021 年 9 月 25 日，https://3w.huanqiu.com/a/8f8fcf/44uvGeLAf8P?p=1&agt=4，访问日期：2022 年 2 月 9 日。

府和所警方请求，中国政府向所方提供了一批警用装备、防疫物资，并派遣临时警务顾问组，力争为所警方提高自身能力，保障旅所侨胞及中资企业合法权益发挥建设性作用。为克服疫情带来的健康安全风险，为海外同胞提供更多便利，外交部和驻外使领馆充分利用网络科技，推出“中国领事”App、中国版“国际旅行健康证明”微信小程序及跨国远程视频公证服务等，这些都是前所未有的新举措。

四是领事保护实践与党建活动紧密结合，呈现鲜明的中国特色。2021年是中国共产党百年华诞，国内开展了各种形式的纪念和庆祝活动。外交部和中国驻外使领馆将领事保护工作与党建活动结合起来，将其作为“我为群众办实事”系列活动之一。外交部领事司表示，紧密结合党史学习教育，扎实开展“我为群众办实事”实践活动，通过“春苗行动”协助海外中国公民接种疫苗，着力解决人民群众急难愁盼问题。① 中国驻外使领馆也将“春苗行动”作为“我为群众办实事”的一项重要内容，努力让海外同胞感受到祖国的关怀。②

2021年的中国领事保护实践再次体现了领事保护任务艰巨与保护手段薄弱不相匹配的矛盾。在百年变局与新冠疫情交织叠加的大背景下，海外中国公民和中资企业所面临的安全环境更为复杂，保护任务更为艰巨。中国领事保护还有很多值得改进的地方。例如，在巴基斯坦发生的两起中方员工遇袭案件的案情十分相似，却未能在第一次事件发生后，采取充分的措施预防第二次事件的发生；案件的元凶仍然逍遥法外，难以对其他犯罪分子形成有力的震慑等。这说明，海外中国公民和中资企业的安全保护任务艰巨，中国领事保护任重道远。

---

① 外交部领事司：《“春苗行动”为海外同胞撑起健康安全保护伞》，《旗帜》2021年第10期。

② 《“春苗行动”，外交为民的生动实践》，《人民日报》2021年7月13日，第18版。

新冠疫情背景下国际安保行业合规风险与监管

周章贵*

摘　要： 为了应对新冠疫情的挑战，许多国家将安保服务外包给私营部门，这一转变对监管国际私营安保公司、保证其履行合规责任提出了挑战。各国必须防范安保外包服务对边缘和弱势群体的侵权，东道国监管部门、国际安保公司、业务委托方应密切关注并确保负责任地提供服务。除了遵守国际法律和东道国相关行业监管要求外，各国应关注特定群体在新冠疫情影响下的脆弱性，加强海外安保服务在采掘业、性别平等、移民和边境管理、人道主义环境、新技术和网络行为等方面的合规管理。

关键词： 新冠疫情　国际安保　海外利益　合规风险

一　新冠疫情背景下国际安保行业监管面临的新挑战

新冠疫情下，国际安保行业受到较大影响。随着国际环境、安

---

* 周章贵，非传统安全管理学博士，浙江大学非传统安全与和平发展研究中心海外安全与安保研究方向负责人，海南中金鹰和平发展基金会高级研究员，私营安保服务供应商国际行为守则协会（ICoCA）观察员。研究方向为海外安保、安全风险评估、数字安防等。

全形势和服务模式的复杂变化，国际安保行业需要适应不断变化的运营环境。私营安保海外服务当前主要受制于新冠疫情的演变与各国政府的管控措施。在许多国家，经济衰退对私营安保公司造成了财务上的影响。从整个安保服务供应链视角看，涉及采购、供应、监管的政府部门、行业机构、供应商和客户大多都面临成本削减压力。然而，新冠疫情防控本身以及脆弱环境下的经济复苏都要求以安全保障作为前提，高标准的安保服务需求在多数国家和地区急速增长。

国际私营安保行业具有较强的跨国性，而各国对该行业的监管方式并不统一。海外安保职能私有化程度的不断提高以及跨境私营安保行业的普遍发展引起了许多新的质疑，包括私人使用武力是否合法，以及国家是否有能力在其本国领土施行司法管辖，提供有力的问责机制，并为私营安保公司侵权行为的受害者提供有效救济。

一家私营安保公司可能在 A 国登记，在 B 国、C 国和 D 国招募人员，与 E 国（或 E 国的一家私营实体）签订合同，在 F 国提供服务，但很少有国家在国内立法中涵盖对私营安保公司在海外开展活动的监管。考虑到私营安保服务的跨国性，如果国家层面监管不充分，就会严重削弱法治。因此有必要填补空白，促进国际、区域和次区域就私营安保公司监管问题达成协议，以有效保护法治和人权并把私营安保公司监管置于区域和国际安全背景视域，纳入政府间组织、区域组织和次区域组织议程。

联合国雇佣军问题工作组在 2013 年至 2016 年就私营安保公司的国内立法问题开展了研究，涉及全球五大地区的 60 个国家。研究表明，各国普遍在这一领域存在立法空白，各国国内立法不完善的方面主要包括：从业人员的许可、登记、审查，准许和禁止的业务范围，使用武力、枪支和其他武器的规则，对违法行为的问责和补救等领域。工作组还肯定了《蒙特勒文件》和《私营安保服务供应商国际行为守则》对完善整个私营安保行业规制和标准产生的价值影响。然而，考虑到私营安保公司具有跨国性质并从事跨国活动，国内立法和自我监督都存在局限，难以认定私营安保公司工作人员实施的侵权行为，尤其是在新冠疫情环境和跨境背景下对侵权行为的问责，以及对受害者的有效救济。

回顾过去十年，私营安保服务国际规则制定进程加速，在联合国、红十字国际委员会、瑞士政府以及其他海外安保需求和供给大国的推动下，《蒙特勒文件》《私营安保服务供应商国际行为守则》《联合国工商业与人权指导原则》《安全与人权自愿原则》等国际安保规制文件相继出台。从机构机制建设来看，联合国层面设立雇佣军问题工作组，每年向联合国人权理事会和联合国大会提交对全球雇佣军和私营安保公司的调查报告；在瑞士日内瓦分别组建设立了《蒙特勒文件》论坛秘书处和私营安保服务供应商国际行为守则协会，具体推动国际安保问题的国家间对话以及多元行为体共同参与的私营安保服务国际监管。私营安保服务供应商国际行为守则协会进入全面运作后逐步上升为行业普遍认可的安保行业国际组织。这一时期，在国家行为体和国际行业规制基础上，基于公司业务管理和安保服务质量体系的标准制定趋于国际化，从早期的 PSC.1 标准完善，逐步发展上升到国际安保业务标准 ISO 18788，以及针对海事安保公司的武装护卫业务标准 ISO 28007。虽然上述重要的多方倡议规范了国际私营安保行业，但其作用依然有限，新冠疫情突凸显了其监管漏洞。

二　新冠疫情背景下国际安保行业监管薄弱环节与合规风险

在新冠疫情环境下，国际各方高度关注私营安保服务供应商执行任务期间对本处于弱势地位的群体的侵权行为。联合国雇佣军问题工作组、私营安保服务供应商国际行为守则协会对受私营安保公司侵犯行为影响的受害者进行调查，发现各国应加强海外安保服务在采掘业、性别平等、移民和边境管理、人道主义环境、新技术和网络行为等特定领域进行合规管理。我国海外安保服务提供商应积极关注相关国际标准并致力于做好海外运营合规风险防范。

（一）海外安保服务在采掘业面临的合规风险

采掘公司是私营安保公司的重要客户，具有强大的经济和政治影响力，其在获得土地和侵犯当地社区利益方面的活动经常引起人们的关注。研究表明，一个国家自然资源越丰富，发生长期武装冲突和内战的可能性就越大。目前，开采自然资源与武装冲突的相关性得到国际社会的广泛重视，联合国安全理事会多次出台相关决议和文件，例如关于安哥拉、塞拉利昂和利比亚冲突的安理会第 1173 号决议、第 1237 号决议、第 1306 号决议和第 1343 号决议，以及联合国大会文件 A/HRC/39/70。这些决议和文件推动通过了多项关于“矿物冲突”的国内和区域法律。

在治理薄弱且缺乏正规国家安全部队的地区，采掘公司可能依赖私营安保公司保障其业务活动的安全。当国家安全部队能力有限，且其主要功能是处理国家安全威胁时，出现这种情况的可能性就很大。在这种情况下，私营安保公司可能参与履行常规业务以外的职能活动。例如，在一个国家，除国家安全部队追加安保措施外，矿业公司还会购买私营安保服务，以应对外籍雇员易遭绑架的状况。特别严重的安全威胁，例如海盗犯罪、游击队武装和腐败政权等安全挑战也可能促使采掘公司约聘私营安保服务。

中资矿业采掘公司在国际竞争中逐步意识到，当其约聘的私营安保公司在采掘场所内和周边实施的不端行为被指控时，可能给采掘公司带来声誉风险。在某些情况下，采掘公司更倾向于依靠自己的雇员或安保服务承包商，而不是东道国的安全部队。主要原因是：第一，这样做便于通过公司内控手段对雇员或安保服务承包商的行为保持直接影响和控制；第二，一些国家的安全部队常常被指控实施侵权行为，这种情况会让采掘公司更加审慎地与这些国家安全部队接触。因此，在复杂环境下，采掘公司约聘和管理安保公司是个敏感问题，中国安保公司提供海外服务时也应当规避合规风险。

（二）海外安保服务在性别平等方面的合规风险

安保私有化在性别平等方面的影响及其对妇女和儿童造成的影响很少受到关注。历史上，私营安保公司多次被指控存在性暴力和人口贩运方面的侵犯行为。一般来说，妇女获得司法救助面临重重障碍。由于社会传统观念和文化陋习等，妇女被私营安保公司员工侵犯后获得救济存在现实障碍，包括较难确定施害者所属组织，不易明确施害者行为责任，尤其在多名安保人员同时参与的情况下。除了司法机制无法良好运行之外，私营安保公司的内部申诉机制也不一定健全。

当前，中国私营安保公司的海外服务普遍承诺遵守《私营安保服务供应商国际行为守则》，该守则明确规定了私营安保公司的合规责任，并根据国际人权法和国际人道主义法，为在“复杂环境”中运作时负责任地提供私营安保服务制定了善治原则和标准。这些国际行为守则要求所有国际安保供应商遵守平等就业机会、公正待遇和禁止歧视等行业规则，并就性暴力、人口贩运等涉及犯罪问题的预防开展培训并建立举报机制。目前，国际安保供应商普遍对鼓励征聘和留用妇女、促进性别平等、尊重性取向多元化等重视不够。中国安保公司在“走出去”服务中应特别关注国际行为守则及东道国关于形式平等或性别中立及特别平权措施等规定。为此，中国安保公司需要评估海外安保服务人员中性别比例、岗位薪资等与国际同行业的偏差，以便通过政策变革来解决这些合规风险问题。

（三）海外安保服务在移民和边境管理领域的合规风险

移民和边境管理是规模达数十亿美元的新兴业务，新冠疫情进一步助推了这一业务领域的发展。传统上移民管控服务市场集中在移民目的地所在国，现在过境国和离境国对这类服务的需求也在增长。随着移民管控办法的调整以及边境安全公共预算的增加，私有化边境管理和安保服务现已成为有利可图的业务。移民和边境管理外包给私营安保公司的业务量大幅增加，各种企业行为体争相布局，力求从中受益。

2021 年，联合国雇佣军问题工作组曾发布紧急行动通知和联合媒体声明，特别指控美国一个移民拘留中心在新冠疫情期间侵犯和践踏人权。工作组向相关国家的政府和安保公司发出调查指控函，称涉事的一家私营安保公司于 1984 年至 1988 年在斯里兰卡武装冲突期间参与实施了违反国际人道主义法及侵犯和践踏国际人权法的行为，该公司没有被追责，也未对受害人予以补救。工作组还就在利比亚的黎波里附近地区的敌对行动中使用雇佣军和相关行为体的问题向多国政府和一个非国家行为体发出调查指控函，随后发表了联合媒体声明。①

近年来，一些国家将边境地区的移民管控服务承包给私营安保公司。由于缺乏适当的隐私保障，安保公司参与移民管控服务时在数据和信息管理方面也存在一些风险，包括数据的收集不透明、没有经过知情同意、储存时间过长、过时数据没有销毁、甄别移民（包括难

① Communication Report and Search, accessed November 5, 2022, https://spcommreports.ohchr.org.

民和寻求庇护者）时作出的决定缺乏细微的人性化判断等，这些都可能导致严重的合规问题并引起当地社区的反感。

（四）海外安保服务在人道主义环境中的合规风险

近年来，红十字国际委员会、联合国等国际人道主义机构开始寻求与私营安保公司合作，以提升其开展人道主义行动时工作人员的安全保障水平。这些人道主义行为体在与武装团体谈判，争取获准接触待援群体等情况时，倾向寻求私营安保公司的专门知识，但这也有可能损害人道主义行为体原本的公正、中立和独立形象。

在人道主义行动安保服务私营化的总体背景下，私营安保公司的参与一定程度上损害了人道主义行动的中立和独立形象。与此同时，这些公司由于对人道主义客户（合同）的依赖以及与其他安全行为体的竞争，势必遵从客户需求优先原则。这些公司的生存取决于是否被接受为合法安全行为体，而在新冠疫情环境和人道主义紧急情况下，关于其服务情况的主要评估标准是短期经济效益，而非是否满足了平民的需求。

联合国雇佣军问题工作组曾收到私营安保人员参与践踏人权行为的资料，人道主义组织如果在私营安保公司承包流程中未能履行应尽职责和进行监督，则可能无意中聘用了与冲突方或与侵犯人权行为涉案人有关联的人员。受雇于私营安保公司的人员如使用武力会破坏中立原则，使人道主义行为体卷入冲突。私营安保公司对平民随意过度使用武力，造成平民死亡之类的事件在安保人员从事人道主义类型的辅助服务，包括为车队、人员和房地提供警卫服务时也会发生。

私营安保人员在参加与国家军队或联合国和平行动等的协同行动并使用武力时，有可能会违反区分平民和军事人员的原则，造成合法目标的混淆。而一旦未能区分平民和军事人员，私营安保公司就会违反作为国际人道主义法核心的重要区分原则。上述案例说明，私营安保公司一旦出现问题，就可能对人权产生负面影响。鉴于此，我国安保公司在开展海外业务时应积极关注相关规则，遵守国际社会和东道国的监管要求。

（五）海外安保服务在新技术和网络行为中的合规风险

私营部门在面向国家或代表国家提供网络服务方面，发挥着日益重要的作用。通过“网络雇佣军”进行的网络安全攻击私有化的威胁不断演变，私营领域和国家领域之间的界限日益模糊。传统私营安保公司通常将曾经由国家垄断的职能私有化，而网络安全供应商首先在私营部门出现并蓬勃发展，当今世界复杂的军事行动也严重依赖私营部门的网络安全专长。某些私营安保公司已经将传统私营安保服务供应商与网络安全供应商的身份和职能融合贯通，具备人防、技防、物防等一体化服务功能。网络安全产业复合体的实质是公私合作、军民融合，它降低了成本、提高了效率，有助于建立和维持制网权。相关网络安全业务交由私人企业承担，在一定程度上可以绕开军队官僚机构固有的繁文缛节，有助于应对需要军事安全部门处理但不宜其亲自出面的事情。

近年来，各国致力于为保护个人隐私提供法律保障，加紧推动网络数据领域的立法。2018 年，欧盟出台《通用数据保护条例》，该条例明确规定数据控制者对于数据主体应履行告知义务，并赋予数据主体对其数据广泛的控制权，包括知情、访问、更正、删除、限制处理、可携带、反对等权利。比如，在收集数据时，数据控制者应以简洁、透明、易懂及便于访问的方式向数据主体提供数据控制者的身份及联系信息、数据处理的目的及合法基础、数据主体享有的权利等信息。《中华人民共和国个人信息保护法》在第十三届全国人民代表大会常务委员会第三十次会议通过，已于 2021 年 11 月 1 日起施行。因此，中国安保公司提供海外安保服务需要对母国（公司注册国）、项目所在国的数据安全及个人隐私保护等情况进行梳理，识别新技术和网络行为引发的侵权问题和合规风险。

三　新冠疫情下中国海外安保服务合规风险的应对与展望

新冠疫情要求国际安保业的所有利益攸关方重新设计安保业务模式，并根据业已形成的国际规则提供私营安保服务。许多国家为了应对新冠疫情的挑战而将安全保障服务外包给私营部门，这一转变增加了国际私营安保公司的合规风险。各国必须加强新冠疫情下私营安保服务对边缘和弱势群体的侵权防范，东道国监管部门、国际安保公司、业务委托方等应密切关注并确保适当、负责任地提供服务，除了履行《蒙特勒文件》《私营安保服务供应商国际行为守则》所载国际法律义务并遵守东道国相关行业监管要求外，应承认并考虑特定群体新冠疫情下的脆弱性。

新冠疫情催生了一系列问题，国际安保公司需要在更为复杂的环境下继续开展工作。例如，一些国家的政府要求私营安保公司在支持当地执法机构处理涉及医院、药房、监狱和食品店的疫情事件中发挥更突出的作用。联合国、红十字国际委员会以及其他非政府组织需要私营安保公司为其人员和驻地提供安保服务。一些非洲国家难民营或移民中心的紧张局势有所加剧，国际安保公司也被期望在压力下保持高标准运营。鉴于这样的国际环境，中国私营安保公司开展海外业务需要应对多方面的挑战与考验，避免安保服务质量的下降，包括：考虑如何在边境管控、全球旅行限制等措施下高效运营；作为私营安保服务提供者，必须根据当前国际规制的基本原则和要求接受有效监测、监督和问责，而相关监管部门要对安保承包商进行有效审查、风险防范指导和使用武力培训。

一是加强海外安保服务在采掘业面临的合规风险防范。近年来，部分海外案例表明，为采掘场所内外运营提供安全保障的私营安保公司一旦行为不端，就会有损采掘公司自身的声誉。这些复杂情况为我国海外采掘公司及安保公司带来新的挑战，这些公司需要在防范风险方面采取改善措施。第一，加强危机预防意识。努力履行《联合国宪章》和其他相关的联合国文件及国际法文件所载的国际人权和人道义务，迅速努力处理由采掘公司与私营保安服务的关系所引起的合规风险关切。第二，采掘部门应坚持要求私营安保公司在提供服务时尊重受采掘业务活动影响的所有利益攸关方的权益。第三，中国私营安保公司在为海外采掘业提供安保服务时应当采取措施，以避免在违规环境中运营的情况出现，并在出现不合规行为时积极进行补救。

二是加强海外安保服务中性别平等方面的合规风险管理。当前国际社会特别重视各行各业的平权行动。国际组织、非政府组织和海外项目所在东道国政府都在加强评估安保行业男女平等、同工同酬等从业环境。虽然文化、传统、风俗等方面有所差异，但安保行业传统上往往被公认是以男性主导的行业，不同性别在该行业的就业和晋升机会明显不同。《私营安保服务供应商预防与处理性剥削和性虐待指南》载明了私营安保公司处理性剥削和性虐待的基本原则和应对措施。① 由于国际例行做法和基本原则都是对此类问题采取“零容忍”，基于国家立法的严格甄选和审查程序需要进一步得到制定，以确保有不当行为记录的人和分包商，尤其是有性暴力、性别歧视和其他侵犯人权行为记录的人和分包商不会得到雇用或再雇用。在新冠疫

① 《私营安保服务供应商预防与处理性剥削和性虐待指南》，ICOCA，https://icoca.ch/wp-content/uploads/2020/07/ICoCA_PSEA_Guidelines_A4_zh_web.pdf，最后访问日期：2022 年 11 月 11 日。

情环境下，应鼓励第三方开展尽职调查，以找到进行背景调查的替代手段，同时建立内部举报制度，以便能够向监管机构举报，并确立性别相关的投诉流程和举报政策。中国私营安保公司应在内控制度中列出关于预防性别不平等问题的培训内容，提高对性别不平等问题（包括禁止任何类型的性骚扰、性暴力、性别歧视和人口贩运）的认识。

三是促进移民和边境管理领域安保服务的合规风险防范。当前，国际社会敦促各国应防止包括私营安保公司在内的第三方不合规和侵犯人权行为。各国必须确保对私营部门行使边境管理职能的授权不得侵害人权，侵犯行为须被追责。各国必须采取适当措施防止、调查、惩处侵犯行为，并对受害者实施救助。在私营安保行业监管尚缺法律强制约束力的国际文书情况下，联合国雇佣军问题工作组曾建议国际安保行业遵行《蒙特勒文件》和《私营安保服务供应商国际行为守则》的规定。

四是提升对人道主义环境的安保服务合规管理。违反国际人道主义法行为受害者或私营军事和安保公司人员犯罪受害者能否获得补救，取决于是否存在报告机制，向实体或个人提供诉讼的渠道是否方便可及和财政资源是否充裕等多种因素。在许多情况下，私营安保公司内部的申诉机制可能并不存在，也可能是临时运作。当前受害者获得有效补救的权利有坚实的国际法基础，国家有责任和义务防范包括私营安保公司等实施的第三方侵犯。如果国家未对这些私人行为体的侵犯行为采取补救措施，理论上可以对没有履行应尽监管职责的国家追责。因此，中国海外安保行业监管部门应在规范私营安保公司行为的监管框架时考虑到这些情况，尤其应防止海外安保服务中的侵犯人权和违反国际人道主义法行为的发生，明确私营安保公司的业务许可范围，并对违规和侵犯行为进行追责、惩罚、补救。国家应通过国内立法对中国私营安保公司的海外服务进行强有力的监管和监督，确保它们及其所属人员遵守相关国际国内标准和守则，恪守行业标准和规范，并将其纳入与从业者签订的合同中。

五是关注海外安保服务所涉新技术和网络行为的合规管理。疫情催生并加速了数字安防技术在私营安保领域，尤其是在海外安保这种相对高风险的复杂环境中的应用，这对国际安保业提出了新的挑战。① 鉴于私营安保服务相关行为体的不断演变，网络安保复合体（网络雇佣军）等形式引起各国和其他利益攸关方的紧急关注。当前关于这一领域的监管讨论趋热，但还没有形成统一的国际监管框架。为防止和减轻私营安保公司在新技术应用和网络空间产生的负面影响，国际社会应敦促各国在国内立法中明确禁止通过招募个体和雇用私营安保公司参与此类网络攻击行为。中国海外安保公司在其业务中涉及获取信息数据等工作内容时，必须遵守符合合法性、必要性和相称性的原则，具体可参照《中华人民共和国网络安全法》《中华人民共和国个人信息保护法》等法律文件的要求，以提升服务合规性。在国际一级，中国应积极参与多、双边对话，讨论新的和不断演变的网络雇佣军形式，更有效地打击网络安保复合体，形成有效、可及和具有操作性的举措，并在国际网络治理方面形成话语权和参与规则制定。

国际社会正在呼吁出台一项具有法律约束力的国际文书，以强化全球范围内的统一监管，包括建立标准化的、有效的问责机制，完善受害者赔偿和救济框架，这一进程将助力中国安保公司海外运营服务的监管机制建设。展望未来，只有在国家和国际两级采取综合办法，才能有效监管和防范中国安保公司海外服务所涉的合规风险。中国安保服务企业须进一步加强行业自律，遵行国际守则，并

① 周章贵：《OSS 研究 | 数字安防：浙江产业高质量发展的战略看点》，"海外安全与安保论坛" 公众号，2020 年 8 月 14 日，https://mp.weixin.qq.com/s/ea3qGkd pygaDI1BvRFCEsQ，访问日期：2022 年 11 月 12 日。

履行合同履约义务。海外私营安保服务凡涉及使用武力，应符合联合国《关于使用私营安保公司武装安保服务的准则》所载规则，并对违规行为施以适当惩戒，确保问责制的有效落实，维护企业利益和国家形象。

个案研究篇

新时代海外安全风险管理：以海油国际境外公共安全及公共卫生管理的实践为例

刘国志　郭长太　王　真*

摘　要： 当前，世界面临百年未有之大变局，新冠疫情反复，国际形势发生深刻变化，国际社会正处在一个新挑战层出不穷、新风险日益增多的时代。随着"走出去"的中方人员、企业、机构不断增多，维护我国海外利益安全的重要性越发凸显。面对严峻复杂的国际形势，中国海洋石油国际有限公司构建了有效的管理体系和风险评估机制，为企业在海外生产经营中的安全合规管理提供了有效的判断依据，对防控海外安全风险起到了积极的促进作用，确保了驻外人员的生命财产安全与企业的运营安全。这不仅为石

* 王真，中国海洋石油国际有限公司安全环保经理；刘国志，中国海洋石油国际有限公司健康安全环保部经理；郭长太，中国海洋石油国际有限公司健康安全环保部副经理。

油行业的可持续发展提供了有力的科学支撑，还为中资企业海外安全风险管理提供了有益的借鉴与参考。

关键词： 海外安全管理 海外利益 安全风险评估

当前，世界百年变局和世纪疫情叠加，全球经济复苏脆弱乏力，南北发展鸿沟进一步拉大，世界进入新的动荡变革期。[①] 随着"走出去"的中国人越来越多，面临的安全风险也在增多，因有关国家政局动荡、政策突变、恐怖袭击等因素引发的安全事件越来越多。这些问题一旦发酵炒作，易引发国内民族情绪，影响国内社会政治大局稳定，[②] 如何维护海外利益安全迫在眉睫。中国海洋石油国际有限公司坚持"以人为本，安全第一"的安全管理理念，坚持做到海外安全风险评估先行，建立安全风险管控工具及分析模型；海油国际提高组织韧性、强化组织资源、优化组织分类，筑牢风险管控底线，为中资企业海外安全风险管理提供了有益的借鉴与参考。

一 新时代海外安全管理的背景、风险挑战与经验

随着共建"一带一路"不断走深走实，我国企业"走出去"步伐逐年加快，带动了海外利益持续高速增长。但是，随着国际形势发生深刻变化，中国面临的海外利益保护压力和风险也在不断增加。因此，构建符合中国新时代发展需要的海外利益综合保障体系已刻不容缓。

---

① 《习近平向"全球发展：共同使命与行动价值"智库媒体高端论坛致贺信》，《人民日报》2022 年 7 月 5 日，第 1 版。

② 全国干部培训教材编审指导委员会编《全面践行总体国家安全观》，人民出版社、党建读物出版社，2019。

（一）我国海外利益规模不断扩大

近年来，我国海外利益拓展明显提速，海外人员、机构、企业、投资等方面的规模不断扩大。

一是海外公民数量多。2019 年，中国公民出境旅游人数达 1.55 亿人次，比 2018 年同期增长 3.3%。① 在新冠疫情的冲击下，2020 年中国全年出境旅游人数为 2033.4 万人次，同比下降 86.9%。2021 年，全年累计查验出入境人员 1.28 亿人次，同比下降 2.8%；其中内地居民出入境 7423.4 万人次，同比上升 6.6%；港澳台居民出入境 4897.3 万人次，同比上升 4.4%。② 虽然疫情导致我国出境人数有所下降，但从整体来看，赴境外工作、留学、旅游的人员数量依然众多。

二是外交机构规模大。截至 2021 年 12 月 10 日，我国已经与 181 个国家建立外交关系，总计有 178 个联合国会员国以及巴勒斯坦、库克群岛、纽埃 3 个非联合国会员国。我国共有驻外外交机构 240 多个，其中大使馆 159 个，常驻国际组织代表团、处 12 个，总领事馆、领事馆等机构 70 余个。③ 此外，外交部还分别在香港、澳门两个特别行政区设有特派员公署。我国已成为世界上外交机构总数最多的国家。

三是中国企业对外投资总体保持活跃。2020 年，受新冠疫情冲击，世界经济萎缩 3.3%，为 2009 年以来首次负增长。但是，以习近

---

① 《2019 年中国人出境旅游总人数 3 亿人次 同比增长 3.1%》，中国服务贸易指南网，2020 年 3 月 11 日，http://tradeinservices.mofcom.gov.cn/article/tongji/guonei/qitatj/202003/100213.html，访问时间：2022 年 2 月 17 日。

② 《国家移民管理局：2021 年累计查验出入境人员 1.28 亿人次》，中国政府网，2022 年 1 月 27 日，http://www.gov.cn/xinwen/2022-01/27/content_5670783.htm，访问时间：2022 年 2 月 17 日。

③ 《驻外外交机构及人员基本情况》，中国驻长崎总领事馆网站，https://www.mfa.gov.cn/ce/cgnaga//chn/qwdt/t230876.htm，访问时间：2022 年 2 月 17 日。

平同志为核心的党中央统揽全局，及时作出统筹疫情防控和经济社会发展的重大决策，使中国在全球主要经济体中唯一实现经济正增长。2020 年中国对外直接投资 1537.1 亿美元，同比增长 12.3%，流量规模首次位居全球第一。2021 年中国对外全行业直接投资 1451.9 亿美元，同比增长 9.2%；非金融类对外直接投资 1136.4 亿美元，同比增长 3.2%；其中，对“一带一路”沿线国家和地区投资同比增长 14.1%，持续领先整体增速。① 与此同时，中国对“一带一路”沿线国家投资稳步增长。截至 2020 年年底，中国 2.8 万家境内投资者在全球 189 个国家（地区）设立对外直接投资企业 4.5 万家，全球 80%以上国家（地区）有中国的投资。2013～2020 年，中国对沿线国家累计直接投资 1398.5 亿美元。②

（二）我国海外安全风险进一步凸显

我国的海外利益拓展适逢国际秩序调整期、局部动荡加剧期和非传统安全威胁凸显期，维护海外利益的困难性、复杂性和敏感性显著提升，以“一带一路”沿线为重点的海外利益安全风险增大。③

第一，国际安全形势发生深刻变化。当前，中国面临的安全和发展环境复杂多变，各种可以预见的和难以预见的风险因素明显增多。在政治上，美国将中国视为战略竞争对手，对中国的遏制从双边向全球辐射，拜登上台后千方百计组建“遏华联盟”。欧洲对华政策实行“三重定位”，认为中国在应对气候变化等方面是伙伴，在技术和经

---

① 《2021 年中国海外投资概览》，安永，2022 年 2 月 10 日，https://assets.ey.com/content/dam/ey-sites/ey-com/en_cn/topics/coin/ey-overview-of-china-outbound-investment-2021-bilingual.pdf，访问时间：2022 年 2 月 17 日。

② 中华人民共和国商务部、国家统计局、国家外汇管理局编《2020 年度中国对外直接投资统计公报》，中国商务出版社，2021。

③ 全国干部培训教材编审指导委员会编《全面践行总体国家安全观》，人民出版社，2019。

济领域是竞争者，在制度、治理模式方面则是对手。① 西方国家“逆全球化”“民粹主义”“保护主义”甚嚣尘上，对全球治理体系的推进和改革形成巨大阻碍。在经济上，新冠疫情导致世界经济出现了深度下滑。据国际货币基金组织统计，2020 年世界经济同比深度下滑 3.1%。其中发达经济体下滑 4.5%，新兴市场和发展中经济体下滑 2.1%。该组织在 2022 年 4 月发布的《世界经济展望报告》中预测，2022 年全球经济将仅增长 3.6%，较 1 月预测值大幅下调 0.8 个百分点；2023 年全球经济将增长 3.6%，较此前预测值下调 0.2 个百分点。② 在安全上，俄乌冲突愈演愈烈，对国际安全的影响难以估量。2021 年 8 月，美国从阿富汗仓促撤军，南亚地区形势生变，恐怖主义威胁显著上升，随时可能产生严重外溢效应。与此同时，受政局动荡、颜色革命、恐怖主义等因素影响，国际安全形势的不稳定因素增加、不确定风险上升，共建“一带一路”国家公共安全形势不容乐观。

第二，能源行业面临较高的安全风险。中东、非洲、拉美等产油地区始终是“火药桶”，安全形势极不稳定。海油国际作为中国海洋石油有限公司全资附属公司，主要负责中国海洋石油有限公司海外油气资产的勘探、开发、并购及经营管理，其海外业务分布六大洲 20 多个国家。③ 与其他“走出去”企业相比，除共性风险外，其还面临突出的社会安全风险。一方面，从全球能源分布看，由于石油作业大多处于偏远地区，中资企业在当地不仅面临基础医疗服务不完善、多

① 冯仲平：《欧洲对华政策变化与中欧关系的强大韧性》，习近平外交思想和新时代中国外交网站，2022 年 3 月 28 日，http://cn.chinadiplomacy.org.cn/2022-03/28/content_78133618.shtml，访问日期：2022 年 5 月 28 日。

② 《世界经济增长面临多重风险》，新华网，2022 年 4 月 20 日，http://www.news.cn/fortune/2022-04/20/c_1128578543.htm，访问日期：2022 年 5 月 18 日。

③ 北极星能源网，2022 年 1 月 20 日，https://news.bjx.com.cn/html/20220120/1200616.shtml，访问日期：2022 年 2 月 9 日。

种流行性疾病肆虐的境况，还需应对与东道国之间存在较大文化隔阂与差异的被动局面。这些因素都使油气公司在海外作业时，面临着较高的安全风险，主要包括：地区与国家政局动荡、宗教冲突、社会治安较差、大规模传染性疾病，以及突发性自然灾害等。例如，尼日利亚的恐怖主义袭击、南非频发的社会治安事件、西非地区恶性热带传染病埃博拉、智利频发地震等。① 另一方面，发展中国家在抗疫和经济领域的困难已开始传导至社会政治领域。发展中国家本就基础设施条件差、政治生态与治理机制不成熟，难以有效应对冲击。在抗疫艰难、复苏黯淡的背景下，一些长期积聚的矛盾被激化、放大。2021年，乌克兰、印尼、缅甸、泰国、南非、埃塞俄比亚、古巴、几内亚等数十国爆发大规模骚乱或动荡，印度、巴西、南非等新兴大国亦面临严峻执政危机。② 与此同时，中东、中亚和非洲等局部地区仍然冲突不断，地区冲突仍是影响全球形势的不利因素。上述安全风险对企业经营发展和海外员工的安全构成复合型威胁。

（三）中国维护海外利益的主要做法

我国企业在海外的投资不断扩大，在海外经商、旅游、留学的中国公民数量与日俱增，随着“一带一路”倡议的实施，中国在海外的利益进一步扩大，维护我国海外利益的任务十分艰巨。当前，中国海外安全风险管理的主要做法有以下四点。

一是提供制度保障。针对国内外风险和挑战的复杂变化，《中共中央关于制定国民经济和社会发展第十四个五年规划和二〇三五年远景目标的建议》中特别强调，要“健全促进和保障境外投资的法律、政策和服务体系，坚定维护中国企业海外合法权益，实现高水平走出

① 胡大洋：《中国企业海外社会安全预警机制及其构建》，《企业改革与管理》2020年第6期。

② 中国现代国际关系研究院：《国际战略与安全形势评估》，时事出版社，2021。

去”，并将构建海外利益保护和风险预警防范体系作为统筹发展和安全、确保国家经济安全的重要内容之一，这为我国“十四五”乃至更长时期推进和加强海外利益保护提供了根本指引。[①]《国家安全法》第三十三条明确规定：“国家依法采取必要措施，保护海外中国公民、组织和机构的安全和正当权益，保护国家的海外利益不受威胁和侵害。”

二是坚持预防为先。维护海外利益，要以日益提升的综合国力以及社会主义“集中力量办大事”的制度优势为依托，围绕海外利益保护实际需要和重点难点问题，建立完善工作机制，坚持预防优先，深化安全合作，正确引导舆论，不断扩大维护我国海外利益安全的有利条件。[②]

三是提升风险防范意识。海外企业要时刻关注所在国家和地区的发展形势，加强安全风险监测预警工作，切实提高相关企业、机构、人员的安全风险意识，做好风险防范工作，制定并完善风险应急预案，提升风险应对处置能力。在动荡地区开拓业务的企业，更要强化底线思维，制定和完善应急预案，提升风险处置应对能力。中国侨联作为联系广大归侨、侨眷和海外侨胞的桥梁和纽带，高度关注包括广大侨资企业在内的中国企业海外投资兴业的实际需要，组织编写了《中国企业海外投资安全防范指南》，[③] 以助力中国企业参与共建“一带一路”、有效规避和防范海外投资风险。

四是政府与智库等共同助力。一方面，政府主管部门对企业进

---

① 高凌云、程敏：《统筹推进和加强我国海外利益保护》，《中国发展观察》2021年第5期。

② 全国干部培训教材编审指导委员会编《全面践行总体国家安全观》，人民出版社，2019。

③ 《〈中国企业海外投资安全防范指南〉正式发布并上线》，中国侨联网站，2021年2月9日，http://www.chinaql.org/n1/2021/0209/c420879-32027414.html，访问日期：2022年2月19日。

行安全风险警示，助其防范应对各种安全威胁，必要时协调重大安全事件的处置应对工作，同时加强政策指导，督促企业认真落实项目安全保障主体责任；另一方面，国内智库、研究机构发挥专业优势，对海外企业安全风险进行研究，为做好相关安全保障工作献计献策。①

二　中海油建立完整的海外安全管理体系

“一带一路”倡议提出后，越来越多的中国油气公司参与全球石油作业活动，在世界油气行业的竞争力和影响力呈上升态势。2020年，我国海上油气产量突破6500万吨油气当量，创历史新高。② 面对新冠疫情、低油价、政局动荡、恐怖主义等多重挑战，海油国际以搭平台、提能力、强管理、控风险、增效益、保安全为目标，采取系列措施建立健全海外安全管理体系。

（一）坚持“以人为本，安全第一”的安全管理理念

海油国际作为一家国际能源公司，长期致力于勘探和开发常规陆地和海上油气资产、非常规油气资产和油砂资产。截至目前，公司业务遍及六大洲20多个国家，拥有3000多名员工。海油国际秉承“以人为本，安全第一”的安全管理理念，坚持“安全持续地开发我们的高质量资产组合，为所有人提供安全能源”的发展思路。在对海外业务的安全管理上，海油国际深入贯彻落实习近平总书记关于安全

① 全国干部培训教材编审指导委员会编《全面践行总体国家安全观》，人民出版社，2019。

② 《中国海油：推动海洋石油工业高质量发展》，新华网，2021年2月26日，http://www.xinhuanet.com/energy/2021-02/26/c_1127141832.htm，访问日期：2022年2月19日。

生产的重要指示批示精神，[①] 统筹发展与安全，安全发展理念得到不断强化，安全生产基础得到不断夯实，保持安全生产形势总体平稳，同时超额完成国务院国资委节能减排考核任务，实现“十四五”良好开局。作为国有大型能源企业，海油国际严格遵守集团公司要求以及海外项目属地政策，坚决落实国资委“稳在当地、稳住人心”的“两稳”要求，强化政治担当，加强人文关怀，落实各项措施，加强资源协调。海油国际始终坚持“引进来”与“走出去”并举，为公司可持续高质量发展开拓广阔空间；始终坚持“合作共赢、开放包容、互利共赢”的理念，为公司持续做大做强做优创造有利条件；[②] 始终坚持市场化运作，利用市场化手段破解发展难题，为公司不断发展壮大夯实基础；始终坚持对标一流，在合作中学习全球先进技术和管理理念，在实践中提出建设中国特色国际一流能源公司的战略目标，为公司高质量发展明确前进方向，[③] 为公司的海外生产运营夯实安全基础。

（二）坚持做到海外安全风险评估先行

随着中国国有企业改革的不断深入，建立现代企业制度、转换企业管理机制显得尤为重要。国际安全环境不断恶化与新冠疫情持续相互叠加，对企业海外安全风险管控提出了更高的要求。为了建立更加切合实际的海外风险管控机制，海油国际坚持海外安全风险评估先行

① 《习近平对安全生产作出重要指示强调 树牢安全发展理念 加强安全生产监管 切实维护人民群众生命财产安全》，《人民日报》2020 年 4 月 11 日，第 1 版。

② 《中国海油 40 年引进外资超 2500 亿元》，中工网，2022 年 2 月 16 日，http://www. workercn. cn/34055/202202/16/220216054455869. shtml，访问日期：2022 年 3 月 19 日。

③ 《中国海油：推动海洋石油工业高质量发展》，新华网，2021 年 2 月 26 日，http://www. xinhuanet. com/energy/2021-02/26/c_1127141832. htm，访问日期：2022 年 3 月 19 日。

的原则。在其海外安全风险分析评估矩阵中，通常将事件分析指标（变量）分为三个层级。

第一层级指标为宏观指标，主要是对东道国的政局政党、经济发展和社会群体状况、国家安全管控能力等总体宏观安全形势指标进行分析判断。这些因素通常变化不大，在一定时期内具有相对稳定性。这也是一个国家或地区社会安全基本面的判断基础，国际组织、企业等制定的安全风险地图和安全形势分析报告多在此层面，结论也具有较大相似性和一定的参考价值。①

第二层级指标主要是针对安全事件本身，包括事件性质、影响范围、严重程度、针对目标等要素。一是判断事件性质。这是事件分类分析的基础指标之一，可以分为普通社会治安事件、抗议游行、大范围传染病传播、严重自然灾害、恐怖袭击活动、政治局势动荡、安全预警等。二是明确事件的影响范围，通过观察事件发生地是否属于项目所在地，是否对员工和经营安全造成冲击，以此判断其产生的影响是局部性的、区域性的还是全球性的。② 例如，活跃在尼日利亚东北部地区的恐怖组织“博科圣地”，对于项目所在的南部区域影响不大。三是观测事件严重程度。安全事件往往造成人员伤亡、财产损失、国内及国际舆论发酵等。根据事件对受害人的严重程度判断，可以分为人质死亡、人质被绑架、人质受伤但无死亡、未造成人员伤亡以及传染病感染等。四是分析事件针对性，根据事件的遇袭对象，确认事件是否为孤立事件、有无特定目标，尤其需要确认其是否针对中资员工、针对油气行业等。对于企业而言，不以中资企业为特定目标的事件，一般威胁较小。孤立事件和无针对性事件目标较为随机，危

① 胡大洋：《中国企业海外社会安全预警机制及其构建》，《企业改革与管理》2020年第6期。

② 胡大洋：《中国企业海外社会安全预警机制及其构建》，《企业改革与管理》2020年第6期。

险系数增加。例如，恐怖组织常在公众场所及人员聚集区域放置汽车炸弹，进行自杀式爆炸及枪击等暴恐活动，有可能殃及中方人员。针对中资员工、中方营地或油田作业区域的事件安全层级最高。例如，一旦有情报显示，当地有针对中方人员或相关设施的安全威胁，海油国际将通过管理流程，将事件针对性安全等级提至最高，并根据预案做好相应的防范措施。五是事件发生的频率，根据海油国际的管理实践，通常以每周或每月滚动频率来进行衡量。事件频次的意义在于衡量事件发生的密度，不仅限于单个事件本身，也包括同类型的事件，这样能够使数据信息分析更具连续性和相关性。

第三层级指标是辅助性指标，例如国家人口数量、地域范围等。安全事件发生频率应结合国家人口数量和区域大小分析，人口基数大且地域较广阔的国家或地区有更大的安全容量，安全事件波及中资企业及员工的概率更低。一个事件的发生不是孤立的，既要看发生的背景和社会环境，也要看事件本身的情况，例如两个国家同样发生一起抢劫事件，但是两个国家的社会治安状况、社会环境、人口数量等指标不同，判断的结果就会不同。辅助性指标的加入，一定程度上弥补了单纯从事发频率来进行安全统计的不足。

（三）建立安全风险管控工具及分析模型

首先，切实做到提前预判、提前介入，为保障海外项目的安全风险管控起到更好的系统性保障作用。传统的海外安全风险管理已经不能满足日趋复杂的国际安全局势，对于海油国际的风险管控来说，管理指标的选择、预警模型优化，都在根据项目属性和所处环境不断进行适应性调整。将宏观指标判断结果作为各地区的基底数据，持续跟踪项目所在地区的风险变量，利用事件指标对事件本身进行研判，然后结合辅助性指标进行综合评估，分析该事件安全预警指数。通过直观了解事件的发生频率、严重程度、是否触及提前设定的预警线等信息，判断是否触发联动机制，进行警报提醒，加强安全形势监测、加强安全防范、进行应急响应。同时，各海外机构建立了相应的属地化管理机制，加大社会安全预警模型的应用力度，为分析层面提供基础数据，同时也为公司的海外安全管理优化和创新提供思路和科学依据。这里的预警机制是指及时发现可能的社会安全事件，以及事件可能对公司的影响，提早作出分析、判断和准备。这也是公司海外应急管理机制的重要前提和组成部分，可以有效地预防或者避免突发事件对公司的冲击和影响。

其次，通过分析事件各要素的相关特征或指标，运用统计的手段，对事件进行量化权衡，进而形成全面覆盖的海外社会安全事件数据库，以保证短、中、长期风险预警和评估的时效性，与公司海外社会安全管理体系进行有效的融合联动。目前，虽然有不少第三方机构或国际组织在全球范围内进行专业的社会安全风险评估，并综合多种因素在全球各地区进行风险划分，但这些社会安全评估具有一定的局限性。一是缺乏一定的时效性和针对性。此类安全风险评估多是年报或不定期专题报告，难以起到准确、及时预警和预防作用。二是多以国家为单位，不能精准反映项目所在地更具体的信息（例如所在城市办公地点、住宿地点、所在营地等）及安全状况。三是以宏观因素居多，对具体细节因素如所处行业特点、特定区域的治安交通、不同政治环境下的种族宗教冲突等考虑不充分，无法结合各个企业的自身特点和需求进行有针对性、可操作的重点评估和分析。

最后，建立完善的安全管理体系。为更好地应对新形势下海外安全风险的管控，准确研判时局，海油国际从提升人员安全意识入手，建立预警机制、加强先期防范处置和突发事件应急能力等安全风险管控的全方位系统化管理体系，通过长期积累，拥有了一套全球化、标准化的安全管理体系，从预防应对到持续改进，形成了一个闭环的安全管理机制。

三　海油国际海外安全管理良好作业实践

作为“走出去”的中央企业，海油国际一直恪守央企高质量发展“排头兵”的职责，以建设完善的管理制度体系为切入点。根据海外业务的不断拓展，业务结构的不断变化，及时有效地对体系进行评审和修订。结合国际行业标准和集团公司的管理要求，制定出更具操作性的、适合国际化管理实际的管理体系。同时，从企业文化建设的角度，加强体系的宣传和贯彻，让员工从自身角度主观地认识安全管理的重要性，把被动的强制管理转变成主动管理。对于海油国际而言，体系化的安全管理是有效应对风险最为有效的实践。

（一）提高组织韧性，夯实风险管控基础

在长期的作业实践中，油气行业已经形成较为完善的安全管理体系和标准，国际油气生产者协会（IOGP）推荐油气企业按照安全管理体系的理念、模式来管理，将员工健康管理体系与安全管理、环保管理等体系融合，形成统一的管理体系。这种有效整合内部资源、体系化的员工健康管理模式成为石油行业的良好作业实践。目前，海油国际建立了以总部为中心、区域为支撑、海外作业单元为端点的全球区域化安全管理模式。

第一，对项目所在国进行综合评估。在开展新的海外业务之前，海油国际将对项目所在国的社会安全、公共卫生风险及医疗情况进行综合评估，并出具评估报告。在舆情管理方面，海油国际已建立比较成熟的舆情信息收集渠道及预警机制，并借助当地中国使领馆及第三方专业资源，及时了解当地的流行性疾病及医疗资源信息。

第二，及时有效识别风险源。识别并评估与健康相关的风险及危

险源，识别危险源及所接触人群之间的关联和工作内容。在对风险源进行评估之后识别出重大风险并制定相应的整改措施。

第三，建立完善的应急预案。在建立预案前，要对当地的综合资源、道路交通路况、通信情况等进行充分了解，评估当地的综合应急资源，包括保险、应急撤离、医疗转运、驻地医生等，以便在编制应急响应预案时，有针对性地提高海外医疗健康安全风险预警能力和突发事件处理能力。在预案制定后，要开展定期的应急撤离演习，明确各岗位在应急撤离中的职责，熟悉流程。

第四，对差旅及外派人员进行岗前培训，提高人员自身医疗健康管理意识。对体检和疫苗注射提出具体的管理要求，协助员工进行有效的健康医疗风险防控，结合多种手段保障海外人员的健康安全。对于安全健康风险管控，海油国际一直采用“屏障”原则，通过采取层级化的各类“屏障”来管控健康风险。在有多种“屏障”可以选择时，同样可以适用风险管控的“最低合理可行”原则来确定需要采取的管控措施。另外，通过对已完成工作的实际效果开展监测和评价，识别存在的薄弱环节并持续改进，不断提升管理水平。

（二）强化组织资源，提升风险管控能力

长期以来，海油国际聚焦“全球化、专业化、标准化、数字化、简约化”目标，致力于打造“讲政治、守纪律、肯奉献、能战斗”的国际化人才队伍。为了不断提升员工的个人能力，海油国际构建了人员能力素质模型（见图 1），将对人员的管理风险分成由外至内三个层次。

首先，制定整体管理框架和准则。在最外层的思想政治领域，海油国际严格贯彻国家对“走出去”企业的管理要求，严肃组织纪律，坚持目标导向，不断提升员工的政治素养和政治能力，强化人员的合

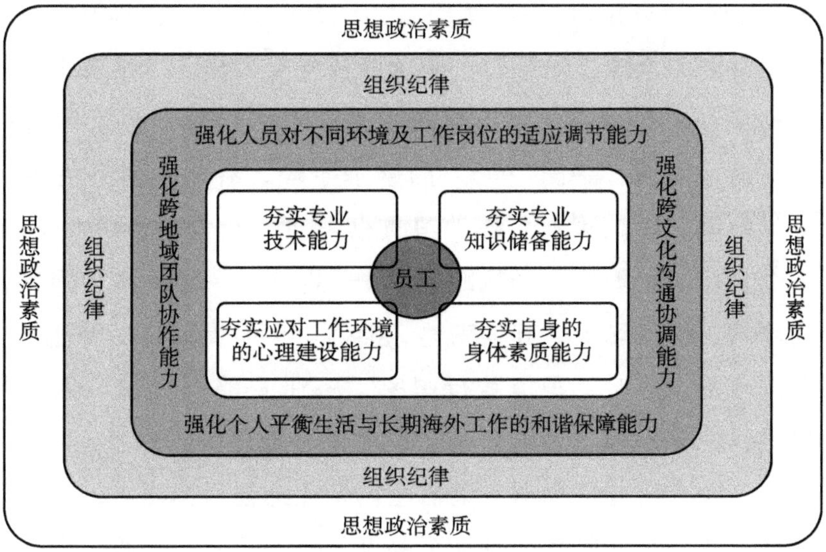

图 1　人员能力素质模型

规意识，切实完成公司海外生产经营的各项考核指标，推动公司国际化发展战略的落地，实现公司高质量的可持续发展。

其次，塑造人员的综合能力。中间层指标涉及人员的综合能力，不仅是海外生产经营中各个环节的连接，也是应对海外安全风险的有效屏障。既包括人员对不同环境及工作岗位的适应调节能力、跨地域团队的协作能力，也涵盖跨文化的沟通协调能力以及平衡个人生活与长期海外工作的和谐保障能力。

最后，强化人员的专业能力。作为“压舱石”的关键层，包含了人员的专业技术能力、专业知识储备能力、应对工作环境的心理建设能力以及自身的身体素质能力。只有具有这些基本条件的人员，才有可能符合“走出去”企业在海外生产经营的根本需求。

（三）优化组织分类，筑牢风险管控底线

首先，实行闭环管理。在对海外风险管控上，海油国际实行收集

整理-识别研判-合规对标-持续完善的闭环管理。一是利用专业资源构建内协外联的全球合作平台，服从服务外交大局。二是着力构建全球风险预警和应急体系，突出提质增效，加强国际业务风险管控能力。三是通过加强“一国一策”的管理手段，有效地对各海外机构进行分类施策。四是深入系统学习贯彻习近平外交思想和“四个革命、一个合作”能源安全新战略，[①] 对于共建“一带一路”国家，突出协同增效，积极融入。五是完整、准确、全面贯彻新发展理念，主动服务国家重大战略，积极践行国家“一带一路”倡议。六是坚持底线思维，充分发挥境外国别风险“触角”作用。

其次，深入研判目标国政策信息。企业进驻目标国前，对当地相关政策、法律法规的收集和解读至关重要，这既能够保障中资企业在海外的运营更加合规、有效、安全，也能够确保资源配置的适宜性和管理职责的一致性。海油国际通常借助前方的专业部门、第三方的专业机构，对目标国的相关法律法规进行深入研判分析，对可能发生的社会安全风险进行客观、科学、合理的评估，尤其注重将这些安全风险按照发生的概率、可能造成的损失量级以及造成风险的原因进行安全风险分级，对重大安全风险源进行专项管控。

（四）发挥组织作用，加强健康安全风险预防管理

由于各国海关对于人员出入境的要求不同，目标国的国情、社情、恐情、舆情不同，因此中资企业需要提前做好风险评估和信息收集工作，并遵循基于风险、必要充分和层级化的原则，向海外配置适宜人员并提供医疗设施等。

一是在开展健康风险评估时，对将要开展作业地区的基础医疗设

---

① 陈刚：《深入学习贯彻习近平外交思想 推动新时代中国工会外事工作创新发展》，《当代世界》2021 年第 10 期。

施及服务质量情况进行评价和分析，得出企业应当配备的医疗设施和人员配置需求（包括数量、种类和标准）。需要的资源部分由当地医疗服务机构提供，缺口部分将由企业自行配置资源进行弥补，最终形成完善的医疗设施和人员资源配置体系。在员工外派工作前，海油国际会聘请专业机构针对社会安全风险应对能力、急救能力以及健康风险等方面对员工进行培训。

二是启动应急响应机制。海油国际编制了相应的医疗应急程序，核心是在意外事件发生时提供医疗应急响应。对于发生新冠疫情的区域，各个海外机构都制订了专项的应急方案。例如，针对前往传染性疾病高发的国家或地区的人员，海油国际会及时督促其接种疫苗，如未接种疫苗则会对相关人员进行指定天数的隔离观察。

三是为外派员工提供全天候的专业医疗咨询、心理健康咨询、一键报警援助等各项健康安全保障措施。在这一过程中，海油国际持续对员工的所在位置、安全条件、健康状况等进行跟踪，并定时定期对外派员工进行心理筛查，防止有心理问题的员工从事海外工作，避免心理健康事件发生。员工回国后，海油国际会对重点人群进行健康观察、心理辅导等后续工作。

结　语

中国海洋石油国际有限公司在未来全球的生产作业运营中将面临更大的风险挑战，只有坚持不懈地致力于体系化的风险管控，遵循行之有效的风险管控实践，不断加强应急响应能力，提升人员风险管控水平，持续改进海外安全管理绩效，践行“以人为本，安全第一”的可持续发展理念，才能保障公司“走出去”战略的平稳实施。在中国海油的企业安全文化中，一直坚信员工是最核心的价值和资源，是能够创造利润和价值的根本。而员工个体的不安全、不健康会给公司带来各种直接或者间接的损失，特别是在海外，健康医疗风险带来的危害更大。对于海外安全风险的管理是一个持续的、不断改进的过程。海油国际以对党和人民高度负责的态度，始终心怀“国之大者”，把安全工作放在更加重要、更加突出的位置，不断地优化和提升管控，把各项工作抓实、抓细、抓到位，实现真正的管理机制化，从而使员工更加积极地投入工作，为企业创造更大的价值。

海外中国公民绑架风险防范与应对

史良洵　白伟　袁辉*

摘　要： 2021年，新冠疫情在全球持续蔓延，对世界各国政治、经济和社会产生深刻影响。同时，国际地缘政治云谲波诡，安全环境日趋复杂多变，各类危机交织并存，给传统与非传统安全风险和危机管理认知带来巨大冲击。一些国家政局长期动荡或存在较大隐患，民族宗教矛盾普遍存在，新冠疫情又加剧了国内经济萧条，使社会安全环境进一步恶化。近年来，针对中国公民的海外安全事件逐年增多，特别是绑架勒索等相关事件越来越多。随着共建"一带一路"的深入，海外中国公民人数增加，一定程度上也增加了遭海外绑架的概率。海外公民被绑架事件在不同地区和国家呈现不同的犯罪形式、方法和手段。对此，海外中资企业须加强员工的安全教育培训，加强风险评估与预警，构建防范绑架劫持的安全体系，以此进一步保障海外公民的人身安全。

关键词： 绑架劫持　海外安全　中国公民

随着共建"一带一路"不断走深走实，出国经商、投资、务工、旅游、留学、探亲访友和学术交流的中国公民人数不断上升。同时，

* 石合群，中国平安财产保险股份有限公司团体事业群总监；袁辉，中国平安财产保险股份有限公司高端产品部经理。

受新冠疫情的全球持续蔓延影响，国际安全环境更加复杂多变。政局动荡、经济萧条、战乱频发、治安恶化所导致的恶性刑事犯罪与恐怖活动猖獗，海外中国公民遭绑架劫持事件不断增多。① 据美国 Constellis 公司 2022 年 1 月的《全球绑架勒索报告概览》统计，2021 年，在全球遭遇绑架劫持的外籍公民中，中国公民数量排名第一。② 因此，深入分析海外中国公民遭遇绑架劫持风险的成因与特点，并采取相关应对措施来避免重大损失，显得尤为重要。

一　海外中国公民绑架劫持事件的基本特征

近年来，海外中国公民遭遇绑架劫持等事件屡有发生，媒体报道的绑架案件只是冰山一角。虽然自 2020 年发生新冠疫情以来，全球经济遭受冲击，中国公民出境数量大幅下降，海外中国公民绑架劫持事件也随之减少。但是，随着新冠疫苗接种率的提高以及各国陆续放宽防控措施，境外旅游行业有所恢复，海外项目也逐渐开工。因此，从媒体报道看，2021 年，海外中国公民遭绑架劫持事件的数量和遇害人数，相较 2020 年明显增多（见图 1）。

近年来，非洲、亚洲和拉丁美洲是中资企业参与共建“一带一路”的重要区域，海外务工人数直线上升。这些国家和地区经济发展相对落后，叠加新冠疫情导致的经济萧条，社会安全环境恶化明显。在非洲的尼日利亚、刚果（金）和马里等国，都出现多起绑架劫持中国公民

---

① 何会锁：《海外中国公民防范与应对绑架劫持犯罪问题探析》，《武警学院学报》2021 年第 6 期。

② “Global Kidnap for Ransom Insight Global Summary-January 2022 Report,” Constellis, Feburary 2022, accessed March 1, 2022, https://www.constellis.com/wp-content/uploads/2022/02/CONSTELLIS-Global-Kidnap-for-Ransom-Insight-Report-JANUARY-2022.pdf.

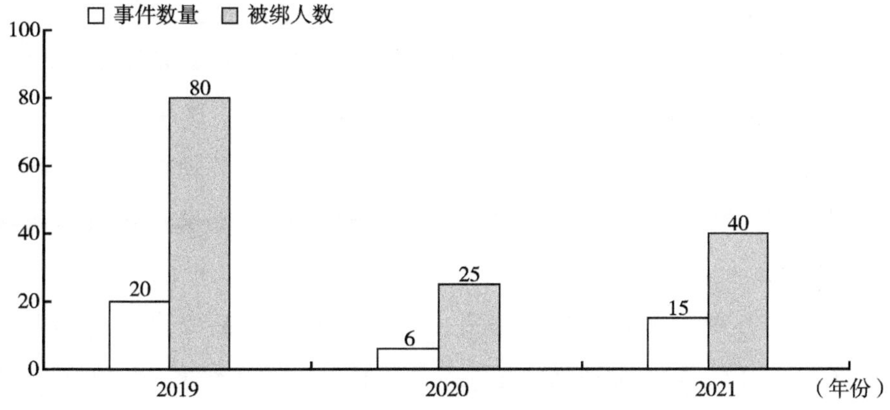

图 1　2019~2021 年海外中国公民绑架劫持事件

资料来源：鼎昊国际公共安全研究院。

事件，不仅事件发生频率高，而且受害人员数量也超过以往。2021 年，全球共发生针对中国公民的绑架劫持事件 15 起，相较 2020 年增加了 9 起；遇害被绑人数达 40 人，比 2020 年增加 15 人（见图 1）。

绑架劫持作为一种世界性的犯罪现象，在不同地区和国家呈现不同的犯罪方式、方法和手段。所以，海外中国公民绑架劫持事件的主要特点可以概括为以下四点。

一是犯罪主体复杂。海外针对中国公民实施绑架劫持的犯罪主体，主要包括反政府武装、恐怖组织、跨国有组织犯罪组织和一般犯罪团伙等。另外，一些华人华侨与当地犯罪组织相勾结，实施或参与绑架同胞的活动也时有出现。此外，也有少数中资企业的当地雇员与犯罪分子联手绑架中国公民的现象。值得注意的是，在一些国家和地区，绑架劫持已形成了完整的“产业链”，刺激更多的人实施绑架劫持犯罪。①

① 何会锁：《海外中国公民防范与应对绑架劫持犯罪问题探析》，《武警学院学报》2021 年第 6 期。

二是作案动机多样。中国公民在海外遭绑架的主要原因是绑匪对赎金的需求。在经济相对落后的国家或地区，绑架勒索是重要的经济来源。除此之外，绑架劫持还可能出于政治目的、宗教极端意识形态和心理变态等原因。其中，以政治诉求为目的的绑架劫持中，绑匪会向本国政府或利益相关的外国政府提出难以接受的要求，导致人质解救极为困难。

三是侵害对象多元。海外华人，特别是存在较高安全风险的国家或地区，往往成为绑架勒索对象。绑匪的袭击目标多样，瞄准了海外中资企业员工、留学生、游客及华商。

四是造成的损失巨大。海外中国公民遭遇绑架劫持后，不仅被绑架劫持者身心倍受煎熬、生命受到威胁，而且其家庭和企业也会因巨额的赎金造成难以估量的经济损失。特别是对于困难家庭和中小企业来说，损失更是巨大。其中，即使人质没有死亡或者伤残，也将面临着赎金的损失、专业谈判顾问费用的支出和各类交通费用、支付给线人的酬金、绑架期间的薪酬、为支付赎金和相关费用向银行贷款所应支付的利息等。而如果没有提前购买保险的话，企业和个人将自己承担此部分资金风险。

二　海外中国公民遭绑架劫持原因分析

国际环境因素和所在国国内因素是海外中国公民遭绑架劫持的主要原因。此外，也有部分海外公民的个人因素。

一是经济因素。从公开报道的海外公民遭绑架事件来看，大部分发生在非洲地区，其中南非、刚果（金）、尼日利亚等国家是发生绑架事件的“重灾区”，这从我国驻非使领馆频繁发布的安全提醒也可以看出。从历史发展来看，非洲国家本身就存在政府政治基础薄弱、国家治理能力不强的问题，经济落后造成了大范围的贫困。从新冠疫情发生以来，非洲约 1.14 亿人陷入极端贫困，非洲大陆经济增长放缓，失业率上升、食品及防疫物资短缺、收入分配不均等社会问题日益凸显，暴力冲突和抢劫偷盗犯罪案件激增。政府税收减少，用于维持社会安全的经费被压缩，打击犯罪的安全力量被严重削弱，当地军警对违法犯罪的惩治力度大幅下滑，刑事犯罪明显增加，导致以勒索钱财为主要目的的绑架案件不断发生。

二是政治因素。在新冠疫情的影响下，一些国家民族矛盾、宗教冲突和领土边界问题进一步激化，恐怖主义、武装团体林立，安全环境恶化。自 2021 年以来，撒哈拉以南非洲频繁发生军事政变，马里、几内亚和苏丹的军事政变导致国内政局动荡不安；埃塞俄比亚政府军和“提人阵”爆发了大规模武装冲突；南苏丹和乍得仍是过渡政府运作，政局不稳定且风险依然存在。由政局混乱引发的武装团体林立，也是绑架劫持案件频发的一个重要原因。

三是恐怖主义问题。恐怖组织出于政治和宗教原因实施的绑架劫持，是海外中国公民遭绑架劫持案中的重要一类。以非洲为例，从索马里“青年党”活跃的索马里和肯尼亚，到“伊斯兰马格里布基地”组织活跃的阿尔及利亚、马里、尼日尔，再到“博科圣地”活跃的尼日利亚、喀麦隆和乍得，横跨东西非，加之不断流窜、四处并联的“伊斯兰国”分支组织，非洲恐怖主义势力日益猖獗。缺乏资金支持、传播极端意识形态以及与政府进行政治谈判和对抗，成为恐怖主义实施绑架劫持行为的主要原因。

四是海外公民规模的不断扩大。随着共建“一带一路”的持续深入和拓展，中资企业海外务工人员不断增加，客观上增加了海外中国公民遭绑架劫持的概率。据商务部和外汇局统计，2021 年，我国对外全行业直接投资 9366.9 亿元人民币，同比增长 2.2%（折合 1451.9 亿美元，同比增长 9.2%）。我国对外劳务合作派出各类劳务人员 32.3 万人，较上年同期增加 2.2 万人；其中承包工程项下派出 13.3 万人，劳务合作项下派出19万人。[①] 年末在外各类劳务人员59.2万人。[②]

五是中国海外项目大多位于风险较高地区。长期以来，针对外国人的绑架劫持主要发生在欧美国家人员身上。由于欧美国家在国际问题上制造事端和不公正的所作所为，欧美国家公民遭受政治绑架事件频发。因此，欧美国家公民逐渐减少甚至避免前往高风险地区和国家。[③] 在很多高风险国家和地区，随着欧美国家人员的减少，中国公民成为当地的主要外籍公民，进而成为具有“高价值”的绑架目标。尤其是在国际市场竞争的大背景下，中资企业海外项目大多位于经济相对落后的国家和地区，安全风险一直处于高位。由于社会动荡、武装冲突和暴乱频发，这些地区经济发展缓慢，民生难以改善，因此一些犯罪分子就把抢劫和绑架劫持作为谋生渠道。于是，中资企业的项目、财产和人员就成为他们的生财目标。研究发现，迄今为止针对海外中国公民的绑架劫持事件，仍是以勒索赎金为主。[④] 但随着国际环境和世界格局的演变，未来更要警惕针对海外中国公民的政治绑架事件。

六是人员自身安全防范意识不强。很多海外企业尚未因形势发展而做好应对准备，防范思维还没有转变过来，对在海外可能面临的风

① 《2021年我国对外全行业直接投资简明统计》，中华人民共和国商务部网站，2022年1月24日，http://hzs.mofoom.gov.cn/article/date/202201/20220103238997.shtml。

② 《2021年我国对外劳务合作业务简明统计》，中华人民共和国商务部网站，2022年1月24日，http://hzs.mofcom.com.gov.cn/article/date/202201/2022013238997.shtml，访问日期：2022年3月19日。

③ “Global Kidnap for Ransom Insight Global Summary-January 2022 Report,” Constellis, Feburary, 2022, accessed March 1, 2022, https://www.constellis.com/wp-content/uploads/2022/02/CONSTELLIS-Global-Kidnap-for-Ransom-Insight-Report-JANUARY-2022.pdf.

④ 何会锁：《海外中国公民防范与应对绑架劫持犯罪问题探析》，《武警学院学报》2021年第6期。

险因素缺乏了解。虽然人员在出国前接受了安全培训，但未免或多或少会存在侥幸心理，尤其是炫富等不当行为，使一些中国公民更有可能成为绑架劫持的目标。

三　海外中国公民遭绑架劫持事件的防范与应对

（一）积极预防绑架劫持犯罪的发生

防范与应对绑架劫持事件，涉及面较为广泛，包括当事人、各部门及各方力量等。在预防和应对绑架勒索事件时，各部门及各方力量应各司其职。海外华人自身既是绑架勒索事件的直接受害人，也是应对绑架勒索最坚实的防卫力量。

减少直至最终清除绑架勒索活动，是需要多方努力的长期战略任务。从短期看，更应该从策略角度做好绑架劫持事件的防范预警预案。对于海外中国公民和企业来说，需要做到以下四点。

一是积极组织和参加海外安全教育培训，提升安全防范意识。最基本的预防策略是提高预防意识，想好应对之策。需要唤起海外中国公民对安全的重视，特别是提高预防绑架勒索的警惕性。通过安全教育培训，中国公民可以了解绑架劫持相关防范和应对知识，并掌握应对方法和技能。2019 年，公安部、外交部、商务部、国资委、全国工商联联合制定了《境外企业外派人员安全培训指南（2019 年版）》，为中国公民参与海外安全教育培训提供基本依据和遵循。① 例如，某企业派驻在海外项目的中方工程师乘车外出时，突然遭遇武装犯罪分子袭击，随车

① 《转发公安部等五单位关于印发〈境外企业外派人员安全培训指南（2019 版）〉的通知》，福建省公安厅网站，2019 年 9 月 17 日，http://gat.fujian.gov.cn/zwgk/zxwj/stwj/201909/t20190917_5024141.htm，访问日期：2022 年 3 月 19 日。

司机试图逃跑，被犯罪分子枪杀，中方工程师保持在防弹车内双手抱头卧倒，随后被犯罪分子绑架。事件发生后，保险公司立即安排了专业救援顾问机构启动救援。专业救援顾问机构对案件情况、事件相关进展情况进行了解，并对事件可能的发展及应对策略等提供建议，最终在案发第三天将工程师平安接回。该工程师在出行前参加了该救援顾问机构开展的安全风险培训，因此知道遭遇此类情况后不能试图逃跑或自救，要最大程度确保自身安全等待企业的救援，因此避免了不必要的伤害。

二是规范自身言行举止，规避可能引发绑架劫持犯罪的行为。海外中国公民要注意以下几方面：了解当地的习俗文化，谨言慎行，在日常生活工作中注意低调，切记“财不外露”，外出时选择恰当的穿戴；注意保护个人隐私，避免在社交软件上透露个人信息；靠近车辆前，应先环视四周，上车后将车门反锁；时刻保持警惕，以免被跟踪；交友须谨慎，切勿向他人透露个人信息；避免与当地人产生矛盾与摩擦；若发现家中门窗异常或遭破坏，不要马上进屋，应立即报警；切勿为节省时间选择人烟稀少的小路，提高随机应变能力；参加集体活动要与团体保持一致，不要擅自离队，若不慎走丢，应及时与警方联系。

三是要加强风险评估与预警，构建防范绑架劫持的安全体系。“走出去”的中国企业、出国旅游或留学的个人，都需要对目的地的安全风险进行评估，尤其是对目的地的严重暴力犯罪和恐怖袭击风险进行评估，这也是判断出国与否的重要参考依据。及时发布重点国家和地区绑架风险预警，科学识别海外绑架风险，可以将中国公民遭绑架的风险控制到最小。在正常情况下，若当地安全可控，则可以出行；否则，需要谨慎行事。一个国家的安全形势会随着变量因素改变，海外中资企业应该进行定期和不定期的风险评估，根据风险评估结果，有针对性地采取防范和应对措施。要以驻外使领馆为依托，发挥中资企业、华人华侨、当地人脉的信息网点作用，加强风险动态监测感知能力，提升风险预警的及时性和准确性。要整合多方力量分析研判境外安全风险，及时推送境外安全风险信息、发布预警提示，引导个人和企业做好绑架易发国家和地区的安全防范工作。

四是购买绑架勒索保险，进行风险转嫁。绑架劫持事件很可能给海外中资企业和员工造成严重的人身安全威胁和经济损失。中资企业和海外公民可通过绑架勒索类保险来转移风险。此外，保险公司还提供风险预防服务和专业救援服务，进一步降低人员伤亡和损失。例如，某企业的海外项目在发生人员绑架事件后，采购了绑架勒索保险。在保险生效后不久，该项目再次有人员被绑架，保险公司立即安排专业救援顾问机构启动救援。经过调查分析，救援顾问判断是之前案件的犯罪分子所为，从犯罪分子对企业的了解和索要赎金金额上也印证了该判断。有了之前案件作为参照，犯罪分子对于赎金的要求非常坚定，这给该案件的救援造成了很大的阻力。经过近一周的努力，保险公司最终完成了救援工作，此次支付的赎金仅为之前案件的1/3。之后的几年中，该企业再未发生过此类案件。

（二）一旦遭遇绑架劫持，应沉着冷静应对

一是及时预警，快速发出求救信息。如发现即将被绑架劫持，或有可能被绑架劫持，应在第一时间发出求救信号。可向外交部全球领事保护与服务应急热线“12308”发信息寻求帮助，也可向海外企业领导、同事及亲友发出求救信息。为应对突发性绑架事件，海外公民应提前将报警求救电话设为紧急联系人，并提前拟好求救消息，以便遭遇绑架时能够快捷操作。同时，在发送求救消息时应注意避开绑匪，以免被发现后遭报复。

二是保持镇定，掌握绑匪的心理特点。根据中国公民在海外被绑

架劫持的案例，大多数绑匪是为了谋取钱财，有时还提出政治要求。绑架者通常不愿意为了赎金或实现政治目的而杀害人质。绝大多数人质都能被解救，只有极少数被杀害。因此，在这种情况下，受害人必须保持冷静，根据情况，或寻找逃跑的机会或等待救援，以便更好地保护自己。

三是注意观察，做好自救逃生准备。遭遇绑架时，尽可能记住转移路线或方向，仔细注意周围的地形环境和路况，以便选择正确的逃生路线；仔细观察绑匪的外貌特征、体型、语言、行为举止及是否携带武器等。这些细节将在未来的救援行动或自救中发挥很大作用。另外，在被转移的途中要尽可能留下可以被救援人员发现的追踪物，例如自身携带的眼镜、打火机、香烟和衣物碎片等，为后续救援提供线索。

四是谨言慎行，避免遭受不必要的伤害。在绑架劫持事件刚发生时，绑匪处于亢奋和警惕的状态，此时被害人应选择不看不语的态度，根据绑匪的指示行动，且动作要缓慢，不要抗拒。不要受绑匪的思路干扰，不要随意泄露任何对绑匪有价值的信息，尽可能降低个人对公司的价值，以混淆绑匪的视听。

五是养精蓄锐，等待救援。不要期望立即获释，要为长期被困做好准备。不管身处多么恶劣的环境，都要保持乐观心态，坚定求生信念，始终坚信国家和单位正在尽力营救。此外，还要保持体力，尽可能地锻炼身体，正常饮食。当有人为自己治疗时，要真心地接受并与之沟通。

六是人质救援注意事项。人质解救谈判过程中，需要注意以下问题：第一，反复核实人质是否还活着；第二，加强并积极配合与使领馆、政府、警方的沟通；第三，充分依靠地方政府、军队和警察部门、危机管理和谈判专家、法律顾问和其他专业机构及人员；第四，争取时间，以最快速度获得绑架信息，锁定目标，解救人质；第五，选择恰当的沟通方式和渠道，以人质的人身安全为主。

（三）事件结束后，多方面恢复重建

一是进行心理治疗，抚平受害人心理创伤。人质在经历绑架以及救赎谈判的漫长等待中，心理难免遭受创伤。情节较为严重者，需要寻求心理医生的帮助，来消除其心理阴影。获释后，若受害人情绪较为稳定，可先进行自我调整；若一段时间后，受害人心理恢复效果不佳，同样可寻求心理医生的治疗。

二是妥善处理救援后工作，将事件对个人及社会的影响降到最低。海外中国公民遭遇绑架劫持事件，所属单位需要承担善后工作。首先，给予经济方面的支持，包括赎金、危机管理费用（聘请谈判专家或咨询费等）及员工被解救后的抚恤金等；其次，要处理好与当地政府和媒体的关系，避免媒体大肆宣扬。

三是总结经验教训，加强安全管理，防止绑架事件再次发生。通过已发事件，总结经验教训及项目地管理存在的漏洞；定期对员工进行安全培训，提高员工的随机应变能力。

世界正处于百年未有之大变局的重大历史时期，在席卷全球的疫情影响之下，海外安全形势不容乐观。面对海外绑架事件高发态势和增长趋势，加强对海外绑架劫持问题特点和规律的研究是十分必要的。另外，培养一批能胜任海外绑架谈判的专业化实战队伍，也是掌握处置绑架劫持事件主动权的必要手段。要注重培养具有国际视野、掌握谈判技巧、精通当地语言和文化的专业化谈判队伍，提升应对海外绑架犯罪的能力水平。同时，应做好境外中方员工安全保障工作，进一步压实各方的责任，推进以领事保护机制为核心，以执法安全合作为重点，以海外安保公司为主体，以海外中资企业、商协会和海外侨团等为依托的海外安保能力建设，推动国内外各领域、全方面形成合力，维护好以海外公民安全为核心的海外利益安全。

附录：绑架勒索保险承保相关介绍

（一）绑架勒索保险承保的事件

绑架勒索保险推出之初仅承保绑架事件，并提供解决绑架事件的专业救援顾问服务。随着社会环境和犯罪形式的不断变化，绑架勒索保险可承保的事件包括：

（1）绑架，指以勒索财物为目的，实际、企图或声称使用暴力、胁迫或者其他方法控制他人，限制其人身自由，或者胁迫他人作为人质的行为。①

（2）勒索，指以非法占有为目的，对被害人使用恐吓、威胁或要挟的方法，强行索要其公私财物的行为。②

（3）劫持，指以暴力、胁迫或者其他方法强使行驶或使用中的汽车、船只、航空器等交通工具，按照实施人指定的路线、方向、航向或目的地行驶或强使交通工具改变用途的行为。③

（4）非法拘禁，指以拘押、禁闭或者其他强制方法，非法剥夺他人人身自由的行为。④

同时，还可以根据被保险人前往国家或地区的风险情况和管理需

① 马紫玮：《论绑架罪之入罪标准》，《楚天法治》2019年第3期。

② 《网络犯罪案件分析》，https://www.66law.cn/question/32404071.aspx，访问日期：2022年3月19日。

③ 《劫持船只、汽车罪构成要件》，法律快车网，2020年8月24日，https://www.lawtime.cn/info/xingfa/jiechichuanzhi-qichezui/20181029/3406953.html，访问日期：2022年3月19日。

④ 《非法拘禁罪从哪天开始算天数？非法拘禁罪可以执行缓刑吗？》，“法妞问答”头条号，2019年6月25日，https://www.toutiao.com/article/6706381431213392392/?wid=1694485605982，访问日期：2022年3月19日。

求，进一步扩展更为广泛的安全事件，包括但不限于：

（5）失踪，指人员可能因遭到犯罪行为侵害而下落不明的情况。

（6）袭击，指对人员进行突然的、意外的打击。

（7）政治遣返，指人员因收到从其工作或访问（但非该国公民）的国家撤离的官方通告或其被前述国家驱逐，而需要返回个人国籍所在国的情形。

（二）绑架勒索保险承保的支出

绑架勒索保险所承保的支出分为费用和损失两大类。其中，费用又分为专业救援顾问服务费用、救援过程中的相关费用和其他费用；损失又分为最终交付的赎金、运送赎金过程中可能发生的赎金损失和其他相关赔偿金。

（三）绑架勒索保险的专业服务与保险理赔

（1）专业服务。绑架等特殊安全事件的救援不同于常规事件的处理，存在较强的专业性和抗压性。因此，保险公司通常聘请专业的救援顾问公司协助客户处理相关救援工作，以确保受害人的安全。在整个救援过程中，保险公司完全不介入，而是全权委托其合作的专业救援顾问机构处理。在事件处理结束后，救援顾问机构将向保险公司提交一份《结案报告》，将事件的相关情况、处理过程、处理结果以及所有的费用和损失等情况报告给保险公司，保险公司以此启动保险理赔流程。该种服务在最大限度上减轻了企业启动保险理赔或主张自己所支出的费用或遭受损失证明的压力。

（2）保险理赔。保险公司在事件的处理过程中，全权委托专业的救援顾问机构进行处理，待收到救援顾问提交的《结案报告》后，保险公司将根据保险合同中保险责任、赔偿限额的相关约定，确定赔偿金额。同时，将根据保险合同中的约定，要求企业提供与受害人的劳动关系证明材料、救援过程中相关费用的支出凭证等。

（四）绑架勒索保险的不同之处

绑架勒索保险因其承保事件的特殊性和服务模式的独立性，较传统保险产品具有一定的不同，主要表现在以下两个方面。

（1）保密性原则。在绑架勒索的保险合同中，都会有明确且严格的“保密条款”，约束保险合同双方应尽可能控制双方知晓保险合同具体内容，甚至是保险合同存在的人员数量，更不能随意向第三方透露保险合同的存在。这主要是为了避免因对保险合同的过分宣传而导致被保险人被犯罪分子锁定成目标的事件发生。

（2）保险公司的选择标准。如前述，绑架勒索保险在前期服务和事后救援过程中，保险公司主要依靠其合作的专业救援顾问机构完成，而保险公司主要根据保险合同的约定和专业救援顾问机构最终出具的结案报告，确定保险责任并赔偿相应的费用和损失。因此，在采购绑架勒索保险的过程中，除了选择保障充分、保额合理的方案外，更要充分评估保险公司合作的专业救援顾问机构的实力和水平，包括公司历史、业务分布、专家顾问数量、案件处理经验等，确保自身得到高效、专业的救助。

附　　录

2021年大事记

1月

1月1日　鉴于新型冠状病毒变异且正在迅速蔓延，印尼政府决定自2021年1月1日至1月14日暂时禁止搭乘直飞或中转商业航班的除持有有效印尼外交或公务居留许可的外国人、持有有效印尼有限居留许可（KITAS）或长期居留许可（KITAP）的外国人、外国政府副部级以上代表团成员外的外国籍人士进入印尼。

1月2日　尼日尔蒂拉贝里大区瓦拉姆省尼马（里）边境地区的两个村庄先后发生不明身份武装分子袭击事件，累计造成百余名平民死亡。当时正值尼日尔总统大选，且新冠疫情较为严峻，当地安全和治安形势不确定因素上升。中国驻尼日尔使馆提醒在尼日尔中国公民在防范新冠疫情的同时，提高自我保护意识，跟踪安全形势，加强安全防范。

1月3日　马里安全形势严峻，恐袭、治安事件时有发生。外交部和中国驻马里使馆提醒中国公民暂勿前往马里中北部地区。

同日 喀麦隆极北大区劫持、自杀式恐怖袭击事件仍时有发生。外交部和中国驻喀麦隆使馆提醒在喀中国公民近期谨慎前往喀极北大区，暂勿前往喀西北、西南大区。

1月5日 针对近期发生的自称中国驻墨尔本总领馆人员，以配合调查国内案件为由，转接国内公检法机关，索要接电人个人信息并企图实施诈骗的情况，中国驻墨尔本总领馆提醒中国公民谨防电信诈骗。

同日 鉴于阿富汗安全形势依然严峻复杂，冲突不断，恐袭频仍，外交部和中国驻阿富汗使馆提醒在阿中国公民和机构务必注意安全，加强防范和应急准备，外出时采取严密安保措施，如非必要，请尽快撤离。

1月6日 鉴于叙利亚战事持续，安全形势不容乐观，同时叙疫情持续蔓延，感染风险较大，外交部和中国驻叙利亚使馆提醒中国公民近期谨慎前往叙首都大马士革，暂勿前往叙其他地区。请仍在当地的中国公民和机构密切跟踪局势变化，加强安全防范和应急准备。

1月7日 中国驻波兰使馆陆续收到多名在波中国公民反映，有不法分子冒充使馆工作人员，通过非法技术手段盗冒中国驻波兰使馆领保电话号码，要求当事人回拨电话或致电当事人，谎称需了解当事人个人信息、健康状况等，向当事人索要个人身份证件号码、银行账户等重要信息，或通过谎称当事人涉案，须配合警方调查等手段实施电信诈骗。中国驻波兰使馆提醒在波中国公民谨防电信诈骗。

同日 中国驻佛罗伦萨总领馆举办首批领事协助志愿者线上任命仪式。王文刚总领事代表总领馆正式任命13位来自领区内偏远地区的侨领和留学生组织负责人担任首批领事协助志愿者。

1月9日 芝加哥地区发生连环枪击案，一名32岁凶犯连续射杀数人（该凶犯后被警方击毙）。就读于芝加哥大学的一名中国留学生不幸遇难。中国驻芝加哥总领馆在此谨提醒领区包括中国留学生在内的中国公民密切关注居住地疫情及治安状况，注意及时了解当地政府及媒体发布的预警信息，进一步提高风险意识，加强安全防范，尽量减少外出，确保自身安全。

1月12日 针对在荷兰中国公民遭遇电信诈骗的情况，中国驻荷兰大使馆提醒电信诈骗出现伪装成使馆电话，询问是否涉及疫情、核酸检测、回国行程、冒充国内“公安机关”等新手段；驻荷兰使馆再次郑重提醒各位在荷中国公民防范诈骗分子骗术“更新换代”，谨防诈骗分子借疫情“蹭热点”，务必加强防范意识，谨防陷入上述骗局。

1月13日 中国驻瑞士使馆和驻苏黎世总领馆注意到，近期出台的个别所谓学术研究报告对中国驻瑞使领馆、旅瑞侨胞、留学生群体及有关机构正常的对外活动与交往“泛政治化”“污名化”，报告充斥了“阴谋论”“渗透论”等荒谬论调，对广大旅瑞侨胞合法权益造成伤害，并破坏中瑞两国之间的正常交往和合作，对此驻瑞使领馆予以强烈谴责，并坚决反对。

1月14日 鉴于不法分子使用技术手段模拟驻爱尔兰使馆领保手机号频繁向外拨出，并声称是使馆工作人员，伺机诈骗，驻爱尔兰使馆暂停使用领保电话对外拨出并提醒中国公民提高警惕，谨防诈骗。

1月19日 针对中国留学生在墨尔本过马路时无端遭遇当地陌生男子袭击的情况，中国驻墨尔本总领事馆提醒领区内的中国公民注意出行安全。

1月20日 中国驻菲律宾使馆提醒在菲中国公民高度警惕电信诈骗，提醒中国公民通过正规合法渠道接种菲官方批准使用的新冠疫苗，以免上当受骗，危害个人健康和安全。

1月21日 中国驻瑞典使馆提醒驻瑞中国公民提高警惕，谨防电信诈骗。

同日 针对伊拉克首都巴格达发生自杀式爆炸袭击事件造成百余名平民死伤的情况，驻伊拉克使馆提醒所有在伊中国公民和机构密切关注当地安全形势，务必牢固树立安全防范意识，加强安全防范和应急准备；如遇紧急情况，请及时报警并与中国驻伊拉克使馆联系。

1月26日 中国驻菲律宾使馆举办首届年度“领侨之友”颁奖活动，对大力支持使馆领事侨务工作的菲政府和华社各界人士代表予以表彰。黄溪连大使为菲律宾外交部副部长杜莱等14位“领侨之友”获奖者颁发奖牌并致辞。

2月

2月8日 驻埃塞俄比亚使馆公使衔经济商务参赞刘峪赴葛洲坝集团和中工国际营地，看望因2020年11月当地爆发武装冲突，从提格雷州撤离、暂时滞留亚的斯亚贝巴的中方员工，并代表使馆向他们致以节日问候。自2020年11月4日以来，埃塞俄比亚提格雷州同联邦政府爆发武装冲突，当地安全形势骤然紧张。中国驻埃塞俄比亚使馆第一时间启动应急机制，成立领导小组和工作专班，积极协调帮助把冲突地区的中国公民转移至安全地区。

2月21日 鉴于中国侨商夫妇在比陀地区回家途中遭遇歹徒持枪抢劫，二人均受枪伤，手机等财物被抢，中国驻南非使馆提醒驻南非中国公民，南非近期抢劫侵财类案件数量有所上升，应高度关注当地安全形势，提高出行安全意识，对外交往保持低调，冷静稳妥应对险情，严格遵守当地各项防疫规定。

2月22日 刚果（金）北基伍省戈马市附近发生武装分子袭击世界粮食计划署车队事件，共造成包括意大利驻刚大使在内3人死亡。中国驻刚果（金）使馆再次提醒中国公民避免前往刚果（金）

东部北基伍、南基伍、伊图里等省。请在当地的中方人员提高警惕，近期减少不必要的外出，特别是避免夜间出行。

2月24日 针对柬埔寨出现涉及中国新冠疫苗诈骗的情况，中国驻柬埔寨使馆提醒在柬中国公民中国援柬疫苗不存在流入市场的可能，所有兜售中国新冠疫苗的行为均属诈骗，新冠疫苗不是普通商品，在存储、运输等方面有严格要求，接种注射须由专业人员进行。任何通过非正规渠道获取的疫苗及由非专业人员接种注射，均可能导致健康安全风险乃至法律后果，务请大家谨慎对待。

3月

3月2日 针对塞内加尔多地发生示威游行，部分地区爆发警民冲突、数名当地公民受伤的情况，驻塞内加尔使馆提醒全体在塞中国公民和机构，关注当地安全形势，增强自我保护意识，提高警惕，加强防范。

3月3日 2021年2月，中国驻南非开普敦总领馆领区西开普省开普敦 Monte Vista 和 Strand 区域先后发生两起中国公民遭绑架案件。目前，被绑架的两名中国公民均已平安获释，警方已逮捕1名嫌犯，有关案件尚在进一步侦破中。

同日 新冠疫情以来，美国一些城市连续发生针对亚裔的歧视和暴力犯罪事件。中国驻美国使馆提醒在美中国公民切实加强安全防范，遭遇此类情况务必保持冷静，妥善应对，尽量避免发生口角和肢体冲突，确保自身安全，事中或事后及时报警。例如，在校园、公司等场所遭遇此类情况，还应及时向校方、雇用方反映和寻求帮助；必要时，寻求法律途径维护正当权益。

3月7日 针对赤道几内亚巴塔一军火库发生爆炸致1名中国公民受轻伤的情况，中国驻赤道几内亚使馆提醒在赤几中国公民加强安全防范，密切关注赤几政府发布的提醒，并继续做好疫情防控工作。

3月11日 针对琅勃拉邦省勐南县和波乔省会晒县先后发生中国商户遭老挝籍员工攻击、抢劫案，造成中国公民死亡、重伤并遭受重大财产损失的情况，中国驻老挝琅勃拉邦总领馆提醒在老挝北部的中资企业和中国公民引以为戒，务必提高警惕，加强自身安全防范。

3月14日 缅甸仰光莱达雅工业区多家中资工厂遭不法分子打砸抢烧，多名中方人员受伤，有员工一度被困。中国驻缅甸使馆第一时间同缅甸中国企业商会和相关企业取得联系，迅速要求当地警方采取有力措施，保障中资企业及人员安全；使馆还再次向中国在缅企业和人员发出安全提示。

3月17日 针对多名旅土侨胞、留学生向使馆反映遭遇电话、网络诈骗的情况，中国驻土耳其使馆特此提醒，警惕电信诈骗新动向，提高防范意识，谨防上当受骗。

同日 中国驻大阪总领馆与浙江省杭州市国立公证处合作，顺利完成首例跨国远程视频公证试点工作，为一名旅日中国公民办理了远程视频委托公证书。外交部领事司、中国驻大阪总领馆、司法部公共法律服务管理局、中国公证协会、浙江省等相关部门负责人通过视频在线指导和观摩。

3月18日 针对多名在加拿大的中国公民反映，接到自称中国驻卡尔加里总领馆或中国护照制证中心的电话，要求补充申请材料并汇款付费等情况，中国驻卡尔加里总领事馆提醒防范以“不见面”办证为由的电信诈骗。

3月18日 针对不法分子通过拨号软件冒用领事保护电话称自己是使馆工作人员致电当事人，谎称对方居留过期、涉嫌重大经济犯罪、信用卡被盗用等或邀请当事人到中国驻德使领馆注射新冠疫苗，中国驻德国使馆再次提醒在德中国公民提高警惕，防范类似电信诈骗，并吁请大家将有关提醒向身边亲友推送。

3月19日 针对多个西方国家驻马里使馆发出反恐警报，表示有消息称恐怖分子拟在巴马科及周边地区发动袭击，目标是外国人经常光顾的酒店、餐厅、商场等场所的情况，中国驻马里使馆提醒在马中国同胞增强安全意识，升级防范措施，避免前往上述场所，避免人员聚集。

同日 针对有群众反映阿拉木图直飞乌鲁木齐、阿拉木图中转加德满都回国等定期航班或包机售票信息的情况，中国驻哈萨克斯坦使馆已发布《关于警惕虚假航班信息的提醒》，辟谣有关回国包机不实消息。经核实，上述航班传言均为虚假信息。中国驻阿拉木图总领馆郑重提醒领区同胞切勿轻信谣言，以驻哈使领馆和航空公司官方网站信息为准，妥善保护好个人信息，严防不法分子借疫情从事诈骗等非法活动。

3月20日 针对国内一些开发商和中介公司宣传赴“北塞”地区投资移民项目等虚假信息，中国驻塞浦路斯使馆提醒，赴塞投资应充分了解该国历史、政局、法律、政策等方面情况。

3月22日 针对斐济当地连续发生多起中国公民被盗抢案件的情况，使馆已敦促斐警方加大案件侦破力度，尽快将犯罪分子绳之以法，并加强对华人社区的治安巡逻。斐警方表示，新冠疫情导致失业率上升，当地治安形势较为严峻，盗抢等侵财案件多发。中国驻斐济使馆提醒在斐中国公民和机构注意安全。

3月29日 针对电信诈骗犯频繁使用伪基站模拟假冒使馆电话号码，以在新西兰华侨华人为目标实施电信诈骗犯罪的情况，驻新西兰使馆提醒，谨防模拟使馆电话的电信诈骗。

同日 针对极端分子在莫桑比克德尔加杜角省北部帕尔马等地发动恐怖袭击，造成较大人员伤亡和财产损失的情况，中国驻莫桑比克使馆提醒当地中国公民和机构高度警惕，加强防范和应急准备，外出时采取严密安保措施；如非必要不停留，请尽快撤离。

4月

4月9日 针对北爱尔兰多地连续发生暴力骚乱事件，造成当地执法人员受伤和公共财产损毁的情况，中国驻贝尔法斯特总领馆提醒在北爱中国公民密切关注当地安全形势和疫情情况，提高警惕，注意安全防范，减少不必要的外出，避免夜间外出，慎重考虑前往公众场所。

4月13日 针对1名所籍华裔人士在所罗门群岛首都霍尼亚拉商铺内遇袭身亡事件，中国驻所使馆提醒在所中国公民、中资机构切实增强安全防范意识，注意加强办公、居所安全措施，确保自身安全。

4月19日 针对马拉维抢劫、盗窃等恶性刑事案件多发，社会治安风险有所上升的情况，中国驻马拉维使馆提醒在马中国公民和企业在做好疫情防控的同时，切实提高安全防范意识，保障人身和财产安全。

4月26日 针对1名中国留学生在加拿大埃德蒙顿市地铁站被歹徒持刀刺伤的情况，中国驻卡尔加里总领馆表示，对该案高度重视，迅速联系埃德蒙顿警方并敦促其尽快破案，依法惩治凶手，全力保障中国公民人身安全。

同日 针对全球新冠疫情给渔业生产、船舶安全和船员生命健康造成冲击，给海上作业人员带来新风险的情况，中国驻安哥拉使馆提醒全体在安中资渔业公司和中国籍船员，注意安全防范，合法经营，安全生产，禁止前往容易引发执法争议和存在海盗隐患的海域作业。

4月27日 针对1名中国公民在洛杉矶遭遇枪击，不幸遇难的情况，中国驻洛杉矶总领馆提醒领区内中国公民要树立安全风险意识，提高防范应对能力；留意美国枪击案频发情况，了解应对枪击事件的常识；尽量避免夜间外出，或前往治安不靖的高风险地区。

5月

5 月 10 日　针对近期索马里极端反政府武装在索首都摩加迪沙所在的贝纳迪尔地区频繁发动汽车炸弹爆炸、暗杀、迫击炮袭击等暴力活动并造成严重伤亡的情况，外交部和中国驻索马里使馆提醒在索中国公民近期暂勿前往索马里贝纳迪尔地区和加尔穆杜格州、希尔谢贝利州、西南州、朱巴兰州，在当地的中国公民和机构尽快撤离。

同日　针对目前也门战事持续，安全形势严峻的情况，中国驻也门使领馆已暂时关闭。外交部和中国驻也门使馆留守组提醒中国公民近期暂勿前往也门，请在当地的中国公民和机构尽快撤离。

5 月 14 日　针对近期以色列和巴勒斯坦冲突进一步升级，以境内多地遭大量火箭弹袭击，造成人员伤亡的情况，中国驻以色列使馆在 4 月 25 日提醒的基础上，再次紧急提醒在以中国公民和机构密切关注相关新闻报道和局势发展，加强安全防范，确保安全。

5 月 17 日　针对近期埃塞俄比亚提格雷州、阿姆哈拉州与提格雷州交界地区、奥罗米亚州与贝尼山古尔-古木兹州交界地区部族冲突、武装袭击事件时有发生，安全风险增大的情况，中国驻埃塞俄比亚使馆提醒在埃中国公民提高安全意识，密切关注相关地区安全形势，不要前往安全风险较高的地区。

5 月 25 日　针对英国个别地区仇恨犯罪的发案情况，为进一步提高在英中国公民的安全防护意识和紧急救助能力，中国驻英国使馆发布预防仇恨犯罪提醒及应对措施，介绍仇恨犯罪、英国的仇恨犯罪发案情况以及遭遇仇恨犯罪后的处理途径。

5 月 27 日　南苏丹首都朱巴郊外拉杜地区发生一起武装袭击事件，造成 1 名中国工人和 1 名随行的南苏丹士兵遇害。中国驻南苏丹使馆向遇难者表示沉痛哀悼，向其家属表示深切同情和慰问，对袭击事件予以强烈谴责。

同日 针对刚果（金）东北部北基伍省尼拉贡戈火山爆发后，余震持续不断的情况，中国驻刚果（金）使馆提醒戈马地区的中国公民密切关注当地政府发出的预警信息，遵守当地的应急管理规定，立即从当地撤离，并提醒其他中国公民近期暂勿前往戈马及附近地区。

6月

6月9日 中非共和国治安不靖，武装冲突时有发生。首都班吉以外地区武装团体同联合国维和部队、中非政府军等冲突不断。2020年12月，曾发生中资企业遭抢劫事件，相关人员经使馆紧急协助才得以安全撤离。鉴于班吉以外地区存在巨大风险，外交部和中国驻中非共和国使馆提醒中国公民暂勿前往中非首都班吉以外地区。

6月10日 根据财政部、国家发展改革委《关于取消、免征部分出入境证件收费的公告》精神，中国驻外使领馆自2021年6月10日起受理的普通护照加注不再收取费用。

6月11日 鉴于尼日尔西北边境地区多个省份存在巨大风险，外交部和中国驻尼日尔使馆提醒中国公民近期暂勿前往下列地区：蒂拉贝里大区的托罗迪、泰拉、班吉拉雷、阿约鲁、瓦拉姆、巴尼邦古、阿巴拉等省，塔瓦大区的塔萨拉和蒂利亚两省在当地的中国公民和机构请尽快撤离，如遇紧急情况请及时联系使馆寻求协助。

6月20日 大量来自东南亚的跨境网络赌博团伙“转战”阿联酋，驻阿联酋使馆提醒中国公民切勿从事网络赌博及相关产业。

6月22日 阿富汗国内冲突不断，恐袭频仍，安全形势更趋严峻复杂。外交部和中国驻阿富汗使馆提醒在阿中国公民和机构，请进一步加强防范和应急准备，并利用国际商业航班等尽早离境。

6月24日 尼日利亚安全形势持续复杂严峻，多地接连发生武装抢劫、绑架等恶性安全案件。外交部领事司和中国驻尼日利亚使领馆提醒中国公民近期谨慎前往尼奥贡州、奥逊州、贝努埃州、塔拉巴州、尼日尔州、赞法拉州等地区。

6月29日 鉴于叙利亚战事仍在进行，安全形势不容乐观，以及叙疫情仍在持续蔓延，感染风险较大，外交部和中国驻叙利亚使馆提醒中国公民近期谨慎前往叙首都大马士革，暂勿前往叙其他地区。请仍在当地的中国公民和机构密切跟踪局势变化，保持高度警惕，加强安全防范和应急准备；如遇紧急情况，请及时报警并与驻叙利亚使馆联系。

7月

7月1日 由于突尼斯安全形势依旧复杂，外交部领事司和中国驻突尼斯使馆提醒在突中国公民密切关注当地安全形势，提高警惕，加强防范，注意人身财产安全，外出尽量结伴而行；前往西部边境、南部沙漠地区须特别注意安全；如遇紧急情况，请及时报警并与驻突尼斯使馆联系。

同日 针对布基纳法索东部和北部边境地区恐怖组织和非法武装分子活动猖獗的情况，外交部和中国驻布基纳法索使馆提醒在布中国公民和中资机构密切关注局势进展，务必提高警惕，加强安全防范和应急准备。

7月2日 斯威士兰发生示威暴乱，抗议者打砸抢烧、封锁道路，事态逐渐升级恶化。斯政府已取消往来南非航班，实施更严格的宵禁，电信、网络服务也受到影响。外交部和中国驻南非使馆提醒中国公民近期暂勿前往斯威士兰；在斯中国公民加强安全防范和应急准备。

同日 由于马里安全局势依然严峻，马里中北部及马里、尼日尔、布基纳法索边境地区恐怖袭击、治安事件等时有发生。鉴于当前情况易给当事人带来巨大安全风险，使馆难以提供有效协助，外交部和中国驻马里使馆提醒中国公民暂勿前往马里中北部及马里、尼日尔、布基纳法索边境地区。

7月7日 由于巴基斯坦俾路支省安全形势仍然十分严峻，安全事件时有发生，外交部和中国驻卡拉奇总领事馆提醒中国公民暂勿前往俾路支省，在信德、俾路支两省的中国公民和中资机构提高警惕，密切关注当地政府和驻巴使领馆发布的安全信息，加强防范和应急准备，外出时采取严密安保措施。

7月26日 阿根廷首都布宜诺斯艾利斯市、布宜诺斯艾利斯省、圣菲省、科尔多瓦省、内乌肯省等地发生多起涉中国公民刑事案件，数名侨胞伤亡，华侨店铺、超市遭受财产损失。中国驻阿根廷使馆高度重视，在案发后第一时间同阿警方取得联系，了解案情，敦促其尽快破案。

7月30日 针对当前阿富汗安全形势进一步恶化的情况，外交部和中国驻阿富汗使馆再次提醒在阿中国公民尽快撤离。中国公民如坚持留阿，将面临极高安全风险，因此产生的一切后果由个人承担。

8月

8月5日 两名因遭遇海上恶劣天气而落水的中国渔民，在漂流至菲律宾巴拉望海域时被菲律宾渔民成功救起，并及时送至当地医院进行治疗。

8月7日 以色列北部地区安全局势升级。中国驻以色列使馆提醒广大在以中国公民和机构，密切关注当地局势发展，提高警惕，加强防范，近期尽量避免前往危险地区。

8月9日 尼日利亚博尔诺、约贝、阿达玛瓦、尼日尔、卡杜纳、奥逊、贝努埃等州接连发生针对外国和当地公民的武装绑架、袭击等恶性安全案件，安全形势更趋复杂严峻，中国公民如在野外或其他危险区域停留，很可能成为绑架、袭击目标。驻尼日利亚使领馆提醒在上述各州中国公民进一步加强防范和应急准备，尽快撤出危险区域。

同日 中国驻旧金山总领馆与日本、韩国、印度、印尼、菲律宾、新加坡、越南驻旧金山总领馆及亚洲协会北加州分会共同举办名为“加强团结反对仇亚”网络直播研讨会。

8月10日 近期巴基斯坦安全形势严峻，连续发生多起恐怖袭击事件，造成当地多名中国公民伤亡。外交部和中国驻巴基斯坦使领馆提醒在巴中国公民务必提高警惕，加强安全防范，减少不必要的外出，切实做好安全防护；如遇紧急情况，请及时报警，并与驻巴基斯坦使领馆联系。

8月14日 海地西南部首府莱凯市（距首都太子港约154公里）附近发生里氏7.3级地震，南部省、大湾省等地损失严重，太子港地区震感明显。中国驻海地商代处提请旅海中国侨胞注意安全，加强防范，避免聚集，谨防余震发生。

8月18日 针对3名中国公民在刚东部伊图里省遭不明身份武装人员绑架一事，中国驻刚果（金）大使向刚方表达关切，敦促刚方采取一切必要措施，尽快查明3名中国公民的下落，并在确保人质安全的前提下全力实施营救。

8月20日 位于巴基斯坦俾路支省的瓜达尔东湾快速路项目，载有中国人员的车队遭遇自杀式炸弹袭击，造成1名中方人员受轻伤，两名当地儿童死亡，多人受伤。事发后，巴方已在第一时间将伤员送往瓜达尔医院治疗。

8 月 31 日 针对马里中部塞古大区安全形势恶化，恐怖袭击和部族冲突时有发生的情况，中国驻马里使馆提醒在马中国公民近期请勿前往塞古大区，仍在该地区的中国公民应加强安全防护措施。

9月

9 月 3 日 刚果（金）安全形势严峻，东北部伊图里、北基伍和南基伍等省份的非法武装频繁发动袭击，3 名中国公民在伊图里省遭武装人员绑架。外交部和中国驻刚果（金）使馆再次提醒中国公民暂勿前往刚果（金）伊图里、北基伍、南基伍等省，谨慎前往刚果（金）其他地区。

同日 针对厄瓜多尔基多市数名歹徒持枪入户抢劫致一名中国公民受伤的情况。中国驻厄使馆已要求厄警方尽快破案并加强保障中国公民人身财物安全。中国驻厄使领馆特此提醒所有在厄中国公民、企业和商铺加强安全防范。

9 月 4 日 针对纳米比亚卡蒂马·穆利洛市几名歹徒持枪入户抢劫致 1 名中国公民重伤的情况，中国驻纳米比亚使馆已要求纳警方尽快破案并加强保障中国公民人身财物安全。中国驻纳米比亚大使馆特此提醒所有在纳中国公民、企业和商铺加强安全防范。

9 月 6 日 针对几内亚发生军事政变，中国驻几内亚使馆再次提醒在几中国公民保持冷静，暂勿外出，注意观察周边形势，切实加强安全防范，如遇紧急情况，尽快同使馆取得联系。

9 月 10 日 刚果（金）东北部乔波省暴发脑膜炎疫情。中国驻刚果（金）使馆提醒中国公民不要前往疫情发生地区，切实做好个人防护，如出现疑似症状，请及时就医。

9 月 20 日 彼尔姆边疆区彼尔姆大学发生枪击事件，目前已造成 8 人死亡，24 人受伤。驻喀山总领馆提醒领区中国公民和机构近期注意加强人身保护和安全防范意识。

同日 布隆迪经济首都布琼布拉发生恐怖袭击。中国驻布隆迪使馆提醒在布中国公民和中资机构密切关注当地安全形势及使馆发布的安全提醒，提高安全风险防范意识。

9月21日 苏丹喀土穆发生未遂军事政变。中国驻苏丹使馆提醒旅苏侨胞和中资机构人员务必提高警惕，尽量减少外出，加强风险防范意识，保护好自身生命财产安全；如有重要情况，请第一时间报告使馆。

9月27日 针对数名中国留学生在谢菲尔德遇袭的情况，中国驻曼彻斯特总领事馆强烈谴责针对中国留学生的暴行，对受害同学进行了慰问；中国学联和侨界也对受害同学给予及时声援和帮助。

10月

10月7日 一伙不明身份劫匪持械抢劫了马里巴马科一处中国公民住所，抢走手机和部分现金，一人受轻伤，当事人已在援马医疗队进行紧急缝合处理，目前情况良好，中国驻马里使馆和旅马侨团向其提供了必要协助。

10月8日 针对纽约总领馆领区某高校多名中国学生因未在规定时限内向学校有关部门提交I-94表进行注册报到，被终止F-1学生身份并被要求尽快离境的情况，驻纽约总领馆提醒广大留学人员注意遵守学校有关规定，保护好自己的学生身份，务必养成及时、耐心、认真查看学校有关部门特别是国际学生管理部门发送的邮件的习惯，根据要求按时作出反应，以免造成学业受阻的严重后果。

10月12日 受新冠疫情影响，利比里亚社会治安形势日趋严峻，暴力抢劫犯罪上升。日前，利首都地区发生一起针对中国侨胞的严重武装抢劫案件，造成人员受伤及财产损失。接到求救信息后，利比里亚华人华侨商会迅速行动，及时与利警方沟通，赶往事发地点营救，避免了更严重的人身财产损失发生。中国驻利比里亚使馆已敦促利有关部门尽快破案，推动利方进一步加强对中国机构和人员的安保工作，并再次提醒在利中资企业、华人华侨进一步提高安全防范意识，加强企业驻地、个人住所和商铺安全防范措施。

10 月 13 日　针对海地治安形势急剧恶化，示威游行、打砸抢烧时有发生，绑架案件激增的情况，外交部和中国驻海地贸易发展办事处提醒中国公民近期暂勿前往海地，提醒在海地中国公民和机构继续保持高度警惕，加强安全防范和应急准备。

同日　鉴于埃塞提格雷州及其邻近地区、奥罗米亚州西部、贝尼山古尔-古木兹州等高风险地区的安全形势仍存在较大的不确定性，中国驻埃塞俄比亚使馆提醒在埃中国同胞尽量不要前往上述地区，已在该地区的中国企业和公民要密切关注安全形势，进一步加强安全防范，尽快组织人员撤离。

10 月 14 日　在华盛顿特区和北卡罗来纳州连续发生针对中国留学人员的持枪抢劫案件。此类案件使中国留学人员个人财产遭受巨大损失，人身安全受到严重威胁。中国驻美使馆再次提醒广大在美留学人员注意安全防范，提高自我防范意识和保护能力。

10 月 25 日　针对西班牙加纳利群岛拉帕尔马岛火山爆发，岛上机场受火山灰影响，尚未恢复正常运营等情况，中国驻西班牙使馆提醒在该岛中国公民密切关注当地预警，服从当地疏散安排，注意安全，做好防范，未雨绸缪；如遇紧急情况，请及时报警求助。

11月

11 月 5 日　中国驻菲律宾使馆正式向菲律宾国警反绑架大队（AKG）提供语言翻译支持服务，以便其能够更好地处理涉中国公民的绑架案。在非同胞如遇险，无论是平时还是周末，拨通电话就能够与警方顺利沟通，维护其生命财产安全和合法权益。

11 月 9 日 针对埃塞俄比亚北部地区武装冲突加剧，政治安全局势不稳定性、不确定性增大，存在较大安全风险的情况，外交部和中国驻埃塞俄比亚使馆提醒中国公民近期暂勿前往埃塞俄比亚，提醒在埃塞中国公民和机构加强安全防范和应急准备。

同日 芝加哥大学一名刚毕业的中国留学生遭遇抢劫枪杀，经抢救无效死亡。中国驻芝加哥总领馆发布对领区中国公民加强安全防范的提示，总领馆对该中国同学不幸遇害深感震惊和痛惜，向遇害者家属表示深切哀悼和慰问。

11 月 10 日 针对马达加斯加海关及有关部门破获了多起野生龟、红木、宝石、黑珊瑚非法贩运、走私案，有在马外国公民涉案的情况，中国驻马达加斯加使馆提醒旅马中国公民出入境时切勿携带违规违禁物品。在马中国公民应严格遵守有关法律法规，远离走私、买卖、携带或非法拥有违规违禁物品活动。

11 月 11 日 一名赴美访学的中国学者在洛杉矶唐人街遭歹徒持枪抢劫。中国驻洛杉矶总领馆对此高度重视，即向洛杉矶市警察局表达关切并敦促其切实保护中国公民安全。

11 月 13 日 中国驻纽约总领馆领区康州、俄州、纽约州、麻州、宾州等地多所高校陆续收到炸弹威胁，校方紧急疏散学生和教职员工，警方搜索排查后解除警报，相关执法部门已开展深入调查。中国驻纽约总领馆提醒广大留学人员注意关注当地安全形势，提高自我防范意识和保护能力。

11 月 17 日 乌干达首都中央警察局附近、议会大楼附近接连发生两起自杀式爆炸袭击，中国驻乌干达使馆再次郑重提醒旅乌侨胞和中资机构继续密切关注乌安全形势，保持高度警惕，尽量减少非必要外出和聚集，采取更为严格的防护措施，确保自身生命安全和身体健康。

同日 中国援哥斯达黎加灾后重建物资交接仪式在哥外交部金色大厅举行。

11月21日 美国威斯康星州基诺沙市枪击案宣判后，引发包括总领馆领区在内的多个城市示威骚乱。中国驻旧金山总领馆谨提醒领区中国公民密切关注有关动向，切实提高警惕。

同日 刚果（金）南基伍省一矿业公司营地遭到不明身份武装分子袭击。经向涉事企业核实，有5名中国公民被绑架。目前，刚果（金）东部伊图里、北基伍和南基伍三省安全形势极其复杂严峻，多次发生涉我公民的武装劫掠和绑架等恶性案件。中国驻刚果（金）使馆再次郑重提醒中国公民，上述三省系安全高风险地区，请暂勿前往。

11月23日 中国驻乍得使馆谨提醒全体在乍同胞严格遵守当地有关安全管制要求，在事先未征得同意的情况下，切勿在机场、总统府、军事基地等敏感公共区域附近拍摄，避免不必要的麻烦。

11月24日 在纳米比亚首都和北部地区发生两起穿警察制服人员持械抢劫中国公民财物的案件，幸未造成人员伤亡。中国驻纳米比亚使馆已要求纳警方尽快破案并加强保障中国公民人身财物安全。

11月25日 所罗门群岛首都霍尼亚拉发生反政府游行示威，当地个别华商店铺遭打砸抢烧，蒙受严重财产损失。中国驻所罗门群岛使馆高度重视，第一时间向所政府和警方表达严重关切并提出交涉，要求所方采取一切必要措施，加强对中国企业和人员保护，维护中国企业和公民的安全和合法权益。所警方采取措施平息事态，宣布当晚在首都实施宵禁。

11月26日 刚果（金）反政府武装袭击了刚伊图里省一矿企工地，造成两名中国公民死亡、多人失踪。外交部和中国驻刚果（金）

使馆正与刚方保持密切沟通，要求刚方尽快核实有关情况，切实保障中国公民安全。

11月27日 一名中国公民在刚果（金）遭绑架。中国驻刚果（金）大使朱京分别同刚国防部长卡班达、警察总局代理局长亚夫通电话，就在刚中国公民和机构安全问题表达关切，希望刚方高度重视，全力搜救被绑架的中国公民，并采取切实有效措施，加强对在刚中国公民和机构的安全保护。

11月28日 中国驻西班牙使领馆接到有关旅西中国公民遭遇偷盗、抢劫的案件报告有所上升。驻西使领馆提醒旅西侨胞、留学生和中资机构人员关注圣诞和元旦前后社会治安形势，加强安全防范意识。

12月

12月1日 马拉维发生一起涉中国公民的持枪抢劫案件。中国驻马拉维使馆提醒在马中国公民加强疫情防控和安全防范，保障人身和财产安全。

同日 针对刚果（金）东部伊图里、北基伍和南基伍三省安全急剧恶化的情况，加之当地发生多起涉及中国公民的武装抢劫和绑架等恶性案件，中国驻刚果（金）使馆郑重提醒：请在上述三省的中国公民向使馆进行个人信息报备，请在上述三省的中国公民尽快撤离至刚果（金）其他安全地区。

12月8日 中国驻西班牙使领馆接到有关旅西中国公民遭遇偷盗、抢劫的案件报告有所上升。驻西使领馆提醒旅西侨胞、留学生和中资机构人员关注圣诞和元旦前后社会治安形势，加强安全防范意识。

12月13日 针对驻伊朗大使馆接到多起中国来伊朗从事商务活

动或务工的中国公民因经济纠纷导致护照被扣，人身受限甚至被限制离境等情况，中国驻伊朗使馆郑重提醒来伊从事商务活动或务工人员，应在伊驻华使领馆申请商务或工作签证。

12月17日 巴西接连发生多起涉中国公民袭击、抢劫案件。年底前后，是刑事犯罪案件高发期，中国驻圣保罗总领馆提醒领区中国公民提高警惕，加强安全防范。

同日 针对在安哥拉中国公民月平均感染疟疾超70例，已有两名中国公民死亡的情况，中国驻安哥拉使馆提醒在安中资企业和个人应结合新冠疫情防控，常态化对驻地分区域、分重点开展环境治理工作，及时清除积水，定期开展灭蚊；要加强药品储备和管理工作，建立健全预防、检验、救治整体预案。

12月20日 中国驻西班牙巴塞罗那总领馆连续接到中国公民报案，表示在地铁站、服装店、汽车站、餐厅、咖啡馆、加油站遭遇盗抢。总领馆再次呼吁领区中国公民“非必要，非紧急，不外出，不旅行”，已在当地人员须切实采取措施，规避防疫和安全风险。

12月21日 喀西北和西南大区严峻安全形势未见好转，暴力活动不断发生，喀军警时常遇袭，针对外国人的袭击、绑架事件频发。外交部和中国驻喀麦隆大使馆提醒在喀中国公民近期谨慎前往喀极北大区，暂勿前往喀西北、西南大区。

12月29日 中国驻开普敦总领馆领区西开普省开普敦市连续发生中国公民遭绑架及未遂绑架案件。在领馆和南非警方的共同努力下，人质安全获释。